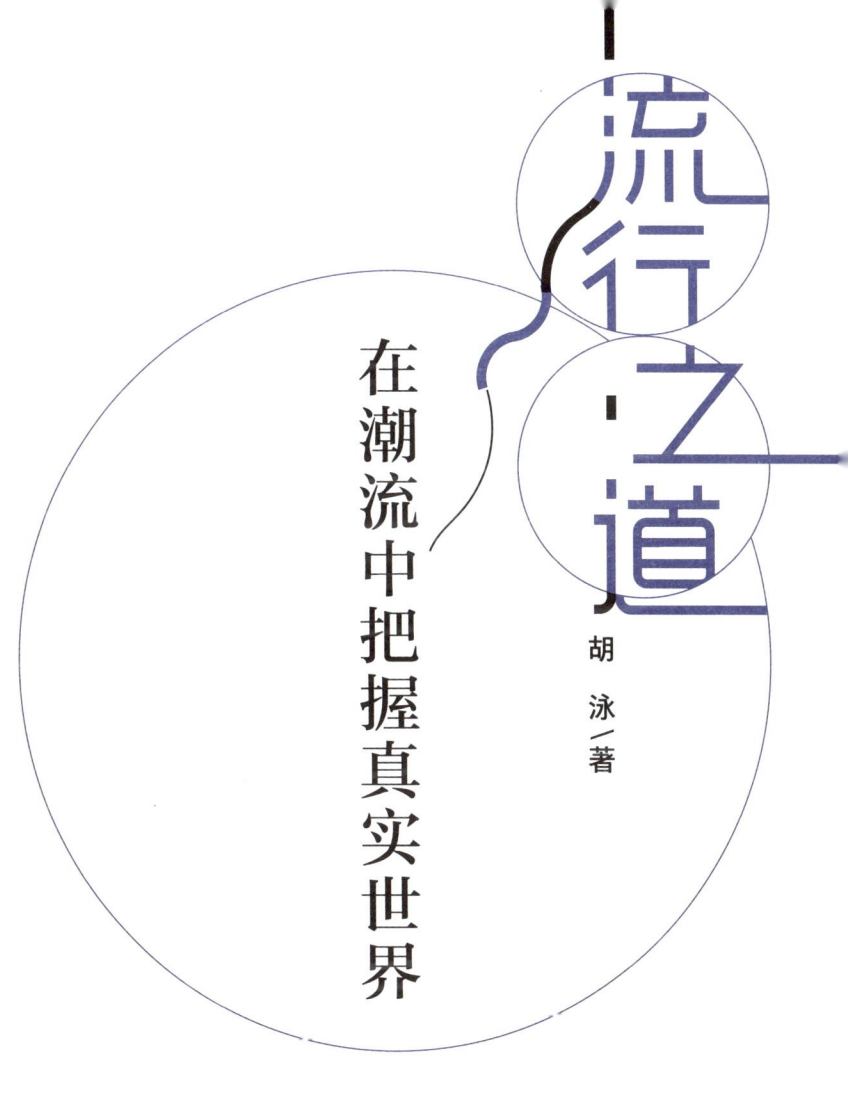

流行之道

在潮流中把握真实世界

胡泳 / 著

北京联合出版公司

自序

≈ 事物如何变得流行

太阳底下无新事？

流行是一种常见的社会现象。为什么有些歌曲、电影、游戏、应用程序或名人会爆红，而另一些则会失败？"走红"到底是运气还是有科学依据？

本书虽名为"流行之道"，但并不能揭示某种单一的流行秘密——显然，如果作者知道这样的秘密的话，就会变成一个万亿级的企业家，而不是来写一本书。流行从来没有完整和完美的公式，因为假如有的话，每个人都会竭力仿效它，那么流行物反而随之变成大路货了。

尽管没有流行的成功公式，但流行背后还是有规则可循。这些规则事关我们为什么喜欢我们喜欢的东西，以及流行背后的文化是如何变化的。一个金科玉律是，消费者或用户往往在对立的紧张关系中纠结。特别是他们在"喜新厌旧"和"恐新症"之间纠结——他们中意新的东西，喜欢新的想法；但与此同时，他们又害怕任何太新的东西，不喜欢改变他们的偏好或迫使他们改变习惯的事物。

大脑对新与旧有一种奇怪的平衡：人类期待看到熟悉的、舒适的模式从新奇（但也不要过于新奇）的情况中出现，流行因此永远处于某种"半混沌"状态。单纯地模仿很少能带来成功，但把熟悉感、创新性和难以捉摸的大胆营销共同组合起来，却有更多机会。热门产品诞生于流畅性（有关事物对消费它的人来说似乎很熟悉，因此容易消化）与新颖性（该事物带来了新鲜感，在某种程度上具有挑战性）的结合。如果只有前者而没有后者，那么这一事物就会显得很无聊，从而乏人问津。但假如情况相反，人们就会感到沮丧，转而去寻求别的事物。

因此，成功的诀窍在于，在新产品中融入某些熟悉的东西，锁定"熟悉的惊喜"（familiar surprise）的甜蜜点。而这有赖于对我们习惯的、舒适的、自己喜欢的和令我们出乎意料的东西的一种精确的判断，这两者之间的平衡点被20世纪中期伟大的美国工业设计师雷蒙德·洛伊（Raymond Loewy）归纳为MAYA（Most Advanced Yet Acceptable）原则——"最先进但又可接受"原则。过于先进的想法不太可能获得广泛的接受，而人们能够欣然接受的东西，总是既足够舒适，又足够新奇。

例如，人类喜欢音乐，是因为我们喜欢重复。按照《大西洋月刊》编辑德里克·汤普森（Derek Thompson）的说法，"重复是音乐的上帝粒子"。重复也是流行的虚构或非虚构作品的核心——要么是熟悉的故事的重复,要么是一种能够讲故事的成熟模式的重复。同理,电影制片人提出过拍出好电影的秘诀:把任何成功类型中的 25 个要素聚集到一起,再将其中一个颠倒。

面对差不多的选项时,我们往往总会选择那些我们熟悉的或者曾经带给我们美好回忆的事情。心理学家将此称为"曝光效应"(exposure effect),它指的是人会单纯因为自己熟悉某个事物而产生好感。在社会心理学中,这一效果也被称作"熟悉定律"(familiarity principle)。通过对人际关系的研究,我们可以发现,某个人在自己眼前出现的次数越多,就越容易对其产生偏好和喜爱。

对熟悉的事物的偏好是如此普遍,以至于有人认为它一定是早在我们的祖先在大草原上游荡时就写进了我们的遗传密码。对"曝光效应"的进化解释很简单:如果你认识一种动物或植物,那就意味着它还没有杀死你。我们的祖先生活在一个危机层出不穷的世界,不得不经常小心翼翼地去应付不熟悉的事物或情境,而这种针对不熟悉的情境的谨慎又加强了人类的生物适应性。通过与这样的环境不停地相互作用,带来危险的不熟悉之物逐渐为人所适应,对人而言也就变得熟悉与安全了。

熟悉性与喜欢的关系可以被应用在许多地方。一个例子是在线音乐流媒体平台 Spotify 的"发现周刊"(Discover Weekly,一个用于服务用户的个性化播放列表),每周一它会根据用户的品位为其挑选歌曲。当平台对这一应用进行内部测试时，他们希望所有的歌曲和艺术家都是新的。但意外的是，算法中出现了一个错误，让一些大家已经听过的老歌和老艺术家溜了进来。然后程序员修改了这个错误。猜猜结果发生了什么？这一应用的参与度随之大幅下滑。

更让人容易联想到的例子是电影。乔治·卢卡斯（George Lucas）将《星球大战》（*Star Wars*）描述为"以外太空为背景的西部电影"，他大量借鉴了20世纪30年代的系列电影《闪电侠戈登》（*Flash Gordon*），将人们已经熟悉的类型——西部片、英雄之旅等——以新的和令人兴奋的方式（在太空！）结合起来。汤普森将卢卡斯的电影描述为"一个原创的汇编"。卢卡斯自己则说："它不像一种冰激凌，而是一个非常大的圣代。"

《星球大战》的成功生动地证明了，对熟悉的事物重新包装，会产生强大的吸引力。不仅卢卡斯如此，漫威电影宇宙也如此。为什么好莱坞有那么多大片都是续集和重拍片？因为娱乐业害怕失败，厌恶风险，瞄准的是观众的熟悉感。正如汤普森所指出的，在过去的16年里，除了一部电影外，美国电影院中票房最高的电影都是续集，要么是改编自已经流行的书籍或电视节目。

流行就是产品

流行常常与病毒的隐喻联系在一起。本书中提到，在《自私的基因》（*The Selfish Gene*）最后一章，讨论用模因（meme）来表达文化当中的各种复制的时候，生物学家理查德·道金斯

（Richard Dawkins）使用了"病毒式的"的隐喻。

互联网模因与疾病的流行共享一个形容词，这绝对不是巧合。因为爆发需要三样东西：首先是传染性足够的病原体；其次是不同人群之间要进行大量的互动；而在大量的互动以后就会产生足够多的易感人群，即到达了临界量（critical mass），这构成了第三样东西。所以，所谓流行，就是在某一个门槛上跃过临界量，突然就从小众的偏好变成大众的流行，人人皆知，人人皆用。

现代内容创作最常见的理论是，如果你做出伟大的内容，它就会被认可、分享，并成为"病毒"。其实，现实的流行远没有那么简单。传染病模型，即人们感染他人，而他人又感染更多的人，并不是总能解释大规模的点击率。网络营销者一向声称口碑营销强大无比，但我们可以发现，在一个明显的"病毒式"流行浪潮背后，总是有一个或多个影响者或组织使用的是大规模老式"广播"，这些影响者或组织本来就拥有数以百万计的关注者。因此，内容是否流行的关键依然在于广播的规模——不是一百万个一对一的模式，而是几个一对一百万的模式。

固然，要想有关事物具备流行度，对大众来说它必须是有趣的或引人入胜的，但它也必须被放置在一个可以被发现和传播的地方。所以，内容或许为王，但传播才是真正的法宝。你可以说一首歌曲是世界上最好的歌曲，或者一本书充满了有益的真知灼见，但假如没有一个有效的传播策略来触达人心，就没有人会听到这首最好的歌，或是读到这部杰出的著作。

马尔科姆·格拉德威尔（Malcolm Gladwell）提出了"引爆点"理论，他相信观念、产品、信息和行为方式都会像病毒一样传播和流行开来。但实际上，从文化模因到科技扩散，都并非基于一个人感染两个人、两个人感染四个人这样的指数传播，而是仰赖于想尽一切办法在现有的社会网络上"搭便车"。

例如，Facebook（脸书）最初的"病毒式传播"，不是设计一个每个人都可能与其他五个人分享的产品，而是巧妙地利用现有的网络：先是将已经存在的哈佛的网络予以数字化，然后再扩大到常春藤盟校的网络。

Skype 也是这样的例子，它允许用户在广大的范围内建立偶然的联系，也可能会因此发生有趣的对话（以及大量的滋扰），但 Skype 真正的引爆点在于它连接了本来就互相认识的人。如果它不是开发了这类功能，或者没有加强这类功能，它就不可能获得"病毒式成长"。

同样的道理，微信的大规模流行并不在于产品的设计能够巧妙地实现用户之间的互动。虽然用户同用户交互的便利的确是微信的卖点，但并不因此就生长出"病毒"，因为用户缺乏强大的动力介绍他人使用产品。说穿了，微信能大行其道，缘于在开始推广时采取了正确的策略：要想注册微信，要么通过 QQ，要么通过手机号，这两个都是经过一层筛选的。也就是说，凡有微信账号的，已经是经过两层现有的人际关系网筛选的了。尤其是手机号，几乎一个手机号就对应一个真实的人。从微信 5.0 版本开始，注册页面连"使用 QQ 号码登录"的选项都没有了，只能通过手机号码注册。

除了"引爆点"理论不符合实情,另外一个在互联网界大名鼎鼎的理论——"长尾"理论也难以成立。毕竟,热门产品往往是赚钱的产品。如果真正的钱来自世界上每一种产品在无限范围内的持续供应,那么为何还要努力生产热门产品?完全可以不用那么费力气,可从泛在网络中轻易获得好处。

"长尾效应"只是个假想,现实是生产热门产品仍然是通往长期成功的最可靠途径。虽然数字技术的进步乍一看似乎有"民主化"的倾向,但是多年以来的实践证明,它们带来的是相反的东西:促进了权力集中和赢家通吃。

是的,大热门的创作和营销可能是非常昂贵的,而且许多尝试都会失败。但是,正是这些主流的、大受欢迎的电影、歌曲、电视节目和产品最终会受到消费者青睐,并由此产生个人和企业的财富。

今天的消费者购买的不仅仅是一个产品,他们真正购买的是进入一个流行对话的入口。换言之,让消费者产生购买意愿的,并不是因为某些产品性能更优,而只是因为它们很受欢迎。在这个意义上,消费者所购买的不仅仅是产品,也是流行本身。

目录

流行的事物总是引人追逐。对于大部分人来说，潮流意味着成功的机遇，以及时代前进的方向。在这个意义上，流行并非泡沫，它的背后有确凿、实在的内容。

短视频·直播·真实内容·算法·沉浸·自我定位·网红·社交资产·多频道网络·冒险·改变世界·关心人类·顾客至上·"飞轮效应"·新物种·新媒介·架构·体验与感知·模拟人生·虚拟世界

TikTok 的流行之道　_003
15 秒会造就什么　011
未来每一位名人都是网红　_038
马斯克：钢铁侠还是魔法师　_060
贝佐斯：想大事，但从小事干起　_075
当麦克卢汉驾上特斯拉　_097
智能汽车：移动时代的里程碑　_106
游戏正在提供另类去处　115

潮流陷阱："风口"还是"虎口"？

"站在风口上，连猪也会飞"，无数追逐潮流的人，梦想着麻雀可以站上枝头变凤凰。但想象性感，现实骨感，盲动者往往遭遇吃人的獠牙。

元宇宙·乌托邦·流量·内容产业·伪个性化·机器学习·AI 决策·算法复杂性·量子计算·量子伦理·区块链杀手·加密术与密码解析·AIQC 契约·消费技术·社区团购·民间互助·直播电商·"马太效应"

元宇宙社会的新乌托邦想象 _132

流量密码 _157

人工智能不智能 _172

量子伦理 _181

区块链"杀手" _188

消费技术最新的"大决战" _193

直播电商从风光到失色 _202

汹涌暗流：不为人知的盲点

消费时代里，人们面对流行，如同聆听一首颂歌，唱出来的都是好听的。那些要紧的反调，像是波涛之下的暗涌，无法被轻易发现，但却影响至深。

后真相状态·信息流行病·公共利益·个人隐私·群己界限·数字排斥·数字包容·数字化养育·无屏幕生活·无媒体时间·交互式媒介使用·数字化成长·移动互联网·围墙花园·网络暴力·集体羞辱·在场与缺场·数字游牧

我们还能相信什么　_206

危机时刻的公共利益与个人隐私　_235

数字弃民　_245

新数字鸿沟　_254

技术改变了青春期的面貌　_262

乔布斯：互联网历史上最大的"罪人"　_265

社交媒体何以变成愤怒机器　_269

永远生活在别处　_272

流行与时代同步，喧嚣与冷静抵牾，历史告诉我们，反思是人类最宝贵的品质之一。每一轮流行的大潮都向着它的未来退去，并在沙滩上留下痕迹。

知识媒介·分布式认知·个体学习·大众媒体·社交网络·失忆陷阱·人类经验实验室·最重要的世纪·存在风险·水平化·多极化·生产率悖论·技术解决主义

互联网作为知识媒介　_277

历史的"插入语"　_290

没有历史感会怎样　_293

人类历史的枢纽期　_302

全球化已在我们身后　_311

"技术解决主义"的愚蠢　_318

第一部分

顺流而为

短视频·直播·真实内容
底层关键词

TikTok 的流行之道

来自应用监测公司 App Annie[①] 的数据显示，全球热门的短视频应用 TikTok（俗称"抖音国际版"）目前在美国和英国的平均使用时间均超过 YouTube[②]。截至 2021 年 6 月，在美国，字节跳动旗下的 TikTok 应用程序用户每月观看时间超过 24 小时，而在 YouTube 上的观看时间为 22 小时 40 分钟。在英国，差异甚至更加明显：用户每月在 TikTok 上观看近 26 个小时，而在 YouTube 上则不到 16 小时。

需要注意的是，这些数据只针对安卓手机用户，因而可能无法代表整个移动用户群体。但是，撇开这一注意事项不谈，TikTok 短短数年内在国际上迅速崛起的态势还是相当令人振奋，考虑到该平台上的大多数视频最长不超过 3 分钟，而许多 YouTubers（YouTube 的视频用户）喜欢 10 分钟的长度，TikTok 的成绩单甚至更令人印象深刻。此外，还不用说，在 2020 年的大部分时间里，TikTok 在一片混乱的谈判中面临着

---
① App Annie 是美国一家由 AI 赋能的聚合数据公司，现在已更名为 data.ai。
② YouTube 系美国谷歌公司旗下的视频平台，中文称"优兔"。

在美国被禁止的持续威胁（拜登在 2021 年早些时候，正式撤销了特朗普的行政命令）。

App Annie 指出，TikTok 的每位用户在应用上花费的平均时间更多，表明它的用户参与度更高。而很长时间以来，TikTok 都雄霸全球热门应用下载榜和收入榜的首位，已然颠覆了流媒体和社交环境。作为国内企业出海成功的代表产品，它到底为何能实现如此大范围的流行？

流行之道一：短视频

第一个法宝你应该很容易理解：TikTok 率先占领了短视频市场。它填补了世界上第一个短视频应用 Vine（Twitter 旗下视频分享应用）留下的空白。直到今天，Vine 被 Twitter（美国社交网络及微博客服务的平台，中文称"推特"）关闭的原因还是个谜。但不管怎样，TikTok 发现了短视频这个巨大的市场，并以更好的方式做了许多事情。

短视频通常只有 15 秒到 3 分钟的长度——足够快，为的是让普通观众保持注意力，同时又可以保证讲出有意义的故事，并在视频本身的跨度内提供价值。

短视频的时间限制鼓励用户把它当作一种挑战，并尝试创造有趣的内容。从产品设计上，用户相信，只要再滚动一下，就能发现更鲜活的人或事。因此，人们开始在某一特定信息上花费越来越少的时间。短视频的全部奥妙所在，就是吸引人们极短的注意力，并以多取胜。

在这种情况下，短视频鼓励人们搞笑，甚至信口开河也是受欢迎的。内容不需要有意义，而只需要在视觉上具有娱乐性。它成为一个为普通人而不是拥有高端设备和专业能力的人员提供服务的平台。

这意味着，如果用户想让自己制作的短视频脱颖而出，必须有高度的创造性，这样才能开发出足够吸引人的视频内容（立即说服观众），同时在整个视频中吸引住观众的注意力。

因此，平台需要最大限度地帮助自己的用户实现这样的目标。在这方面，TikTok 的产品和运营都做得相当出色。它所收购的 Musical.ly[①] 率先鼓励混搭，而 TikTok 提供的广泛和易学的编辑功能进一步促成了这种混搭。人们可以用最小的努力做出真正好看的内容。

除了让人走红之外，TikTok 还利用一个强大的人工智能管策引擎[②]为用户打造个性化体验。当你打开 TikTok 并进入"For You"（为你）页面时，就会看到根据你的兴趣管策的视频流，轻松找到你喜欢的内容和创作者。这个视频流由一个推荐系统提供，向每个用户提供该用户可能感兴趣的内容。TikTok 的神奇之处在于，"For You"页面可以做到千人千面——虽然不同的人也可能会看到一些相同的出色之作，但每个人的视频流都是独特的，是为了特定的人而量身定做的。这种自动发现

---

① Musical.ly 是美国一个即时音乐视频分享社交平台，以口型同步视频著称，2017 年 12 月被字节跳动收购，2018 年 8 月被关闭。实际上，TikTok 等于凭借收购淘汰了自己最大的竞争对手。
② "管策引擎"翻译自英文"curation engine"。

引擎，每刷新一下都会产生让人愉悦的多巴胺。

除了"为你"这种专属页面，你也可以去 TikTok 的"发现"页面寻找热门标签以及按类别分好的一些热门视频。将 TikTok 热门创作者的精选原创视频同来自专业出版商的内容并列，可以形成一个亮点流。专门的、经过管策的内容流的好处是，它既为顶级内容提供了一个展示平台（这本身就会广受欢迎），也为顶级创作者提供额外的影响力，促使他们在应用程序中保持活跃。

同时，TikTok 鼓励用户对内容的交叉分享。要真正实现病毒式传播，无论是创作者还是平台，仅仅停留在 TikTok 内部都是不够的。因此，虽然像 Instagram[①] 和 Snapchat[②] 这样的平台不允许用户将内容从应用中交叉分享到其他平台，但 TikTok 却鼓励这样做。在 TikTok 上制作的视频，用户可以从应用中下载，也可以直接分享到其他平台。这使得那些没有 TikTok 的人仍然可以看到你的作品，也会引发他们产生足够的兴趣下载 TikTok 并探索这一应用。

通过以上这些用户体验设计的创新性组合，TikTok 迅速达到了一个难以想象的规模。2021 年，TikTok 全球月活超过 10 亿。在这种情况下，其他社交媒体巨头都争先恐后地推出它们的 TikTok 版本，如 YouTube 的 YouTube Shorts、

---

① 美国 Meta 公司（前 Facebook）旗下一款图片分享社交应用，中文称"照片墙"。——编者注
② Snapchat（色拉布）是由斯坦福大学两名学生开发的一款"阅后即焚"照片分享应用。利用该应用程序，用户可以拍照、录制视频、添加文字和图画，并将其发送给自己在该应用上的好友。这些照片及视频被称为"快照"（Snaps）。

Instagram 的 Reels，以及 Snapchat 的 Spot light——这一点儿都不令人惊讶。

流行之道二：直播推动参与度提高

TikTok 推动了所谓的创作者经济。TikTok 正在通过 TikTok 创作者基金来积极培养社区，向前一个月粉丝达到 10000 名和超过 100000 次浏览量的用户支付补贴。此外，还有创作者市场平台，主要用来撮合品牌和创作者，也提供推广活动后的分析工具。头部创作者发布一条推广内容可以赚取数万美元。

在对创作者的资金资助中，直播收入正在快速增长。此前，App Annie 预计，2021 年消费者将在顶级社交应用中花费 5480 亿小时进行直播。在 2021 年上半年，以直播为"突出功能"的应用程序对创作者所支持的金额占了前 25 个社交应用程序所花资金的 3/4。

所以，直播不仅在推动社交媒体的持续繁荣，而且为崭新的创作者经济播下了种子。这背后折射的是社交媒体格局的重大变化：我们熟悉的社交景观已经从文本和聊天发展到照片分享，再到视频分享，最终来到直播间。

各平台为支持直播流纷纷推出自己的虚拟币，游戏网站 Twitch 有 Bits，TikTok 有 Coins，微信直播有微信豆，而 YouTube 也为创作者的直播流运行类似的计划。直播在推动社交应用的参与度提高的同时，也为消费者消费做好了准备——从第一代社交经济（如购买虚拟物品）向第二代社交经济（如打赏）演进。

这一切都反映在用户花费的总时间上。2021 年，仅在中国以外的安卓手机上，花在强调流媒体直播的前 5 个社交应用程序的总时间就超过 5 万亿个小时，3 年的复合增长率为 25%。

流行之道三：真实内容

在全球性新冠肺炎疫情期间，利用居家的长时间消费，TikTok 开始成长为国际社交媒体巨头，影响力逐渐逼近 Facebook[①] 和 YouTube，而且在年轻人当中享有"时髦"、"大胆"和"唯我所有"的品牌声誉。

有意思的地方在于，随着人们有更多的时间在家里，他们在网上发布的内容种类出现了明显的变化。你不会再看到那么多阳光明媚的夏威夷度假照片，或是过度纵情的派对。相反，在 TikTok 这样的平台上，穿着睡衣、素颜的创作者试图通过发布滑稽的场景、激昂宣泄和"真相时刻"来保持娱乐性。

TikTok 上甚至出现了一种趋势：嘲笑 Instagram 上的网红。后者通常会策划在异国他乡拍摄的内容，经常穿着昂贵的服装，因为追随者喜欢看到他们迷人的生活。但现在许多人认为那些内容是肤浅的，不过是精心打造的产品促销。TikTok 上的创作者开始用短视频恶搞网红，以 YouTube 和 Instagram 网红的口头禅"你们很多人都在问……"开始，然后跳到充满嘲讽

---

① Facebook 是美国一家著名的社交网络平台，其母公司现已更名为 Meta。作者写作时该公司尚未改名，为保持一致性，本篇后文中仍以 Facebook 称之。——编者注

的日常生活场景，例如用洗手液洗手。①

现在，原来的社交媒体巨头都同意，社交媒体的未来看起来像 TikTok。以 Facebook 为例，它一向自称为一家"社交图谱"公司，主要的功能是连接用户，并且鼓励用户关注共同的兴趣。然而，近来 Facebook 及其同类公司利用大量用户数据来发布个性化广告的商业模式正在失宠，这主要是因为主张保护用户隐私的新政策允许消费者控制自己的数据，无论是苹果的安全设置，还是欧盟的《通用数据保护条例》(GDPR)。相比之下，TikTok 是"内容图谱"公司，主要的目标不是加强联系，而是提供娱乐。由于青少年非常热衷于寻找有趣的内容，而 TikTok 擅长为用户提供大量持续更新、易于访问的搞笑片段，所以它很快成为 13 岁到 24 岁的青少年经常观看短视频的平台。

有别于 Instagram 等网站，TikTok 开启了一个不经过滤的极富个性和幽默的时代。长期以来，在 Instagram 平台上，奢华的旅行和设计师产品的精美快照获得了最多的点赞。相比之下，TikTok 的算法经常推出日常创作者的视频，他们没有网红身后的诸多追随者和雄厚的资金。然而，TikTok 却正用更真实、更贴近的内容来迎合许多社交媒体用户的胃口。

在 TikTok 社区，成员们通过展现真实的自我来引导潮流

---

① YouTube 和 Instagram 的网红在发布视频时，常常以一句话开头："你们很多人都在问……"例如，如果促销护肤用品，就会说："你们很多人都在问，我的皮肤护理程序是怎样的……"所以，TikTok 用户通过模仿这句话来恶搞。

和发起活动。这些展现包括讲述快乐、幽默、富有勇气和诚实的故事。这种通过做真实的自己来吸引人们观看的做法并不局限于个人创作者，品牌也正在逐渐认识到真实的价值。

TikTok 美国前商业营销主管索菲亚·埃尔南德斯（Sofia Hernandez）声称："当今的影响力来自普通人的真实想法和想象力。真实性是新的文化货币。"TikTok 认为自己要做的是让用户在其中度过有干劲、有动力、可以获得自信和快乐的时光。

认识到社会风向的转变是很重要的。人们已经厌倦了在社交媒体上投射一个不真实的自己，他们正在回归自身，并想要分享属于他们的真实。对表面质量的较低期望（与 Youtube 或 Instagram 不同）使 TikTok 具有视频的沟通优势，同时保留了对内容而非美学的关注（如 Twitter），因而创造了一种比竞争对手更接近现实生活的社交媒体形式。

算法・沉浸・自我定位
底层关键词

15 秒会造就什么

中国短视频产业在 2012 年前后就开始萌芽，但由于技术和市场等条件并不适配，直到 2018 年才迎来真正的爆发期。在众多平台中，又以抖音最为引人注目。移动数据分析公司 Sensor Tower 应用商店情报数据显示，2022 年 1 月，抖音及其海外版 TikTok 以将近 6700 万下载量，蝉联全球移动应用（非游戏）下载榜冠军，较 2021 年 1 月增长 7.1%，且在全球 App Store（苹果应用程序商店）和 Google Play（谷歌应用程序商店）总下载量已经突破 30 亿次，是目前第五款达到 30 亿次下载的非游戏应用，也是首款非 Facebook 系达成此规模的应用。[①]

抖音在不同种族、文化、制度下的成功并不应仅被视为运气或偶然——它一定是在技术设置或内容取材等方面把握住了人性的某些"最大公约数"。而反过来，这些技术设置或内容呈现方式，也必将对生活在不同地域的人们施加类似的影响。

---

① 其他 4 个达到 30 亿次下载量的应用是：WhatsApp、Messenger、Facebook 和 Instagram，它们都是 Facebook 旗下的。

在众多可能的认知、态度和实践方面的影响之中，我们选取通过用户的自我认识（包括对自身及对自己所处阶层的感知与定位）来展开讨论。

视频的长与短

随着"媒介即讯息"的跃迁步伐，在口语媒介、印刷媒介、电子媒介时代之后，我们来到数字媒介时代，互联网将以往的一切"旧媒介"都变成了自己的"内容"，视频也是其中之一。对于互联网用户而言，网络视频早已司空见惯，但短视频却在2018年崭露头角后一度被视为新事物。其中的共识是，正如微博不是博客的迷你版，短视频也不只是长视频的压缩版——它是更具革命性的信息表现形式，更符合碎片化时代人们的内容消费习惯。

因此，短视频之短，不只是指视频的时长，更是指视频消耗的注意力之短暂。它是关于即时满足的。用户希望快速消费内容，以了解突发新闻、最新的趋势性话题以及新奇有趣的事情，他们根本没有时间或耐心去看冗长的视频。Facebook发布的2017年视频报告显示，该年度第一季度发布的视频平均长度为3分48秒，但平均观看时间只有10秒，仅占整个视频长度的4%。

还要记住，用户比以往任何时候都更多地在他们的移动设备上浏览信息和观看视频。移动用户面临着无数的干扰，无论是在他们周围的世界，还是在他们手机上的信息流中。短视频使他们能够在移动中快速了解一个观点，获得一个故事的线索，或是感受社交媒体上的情绪。

所以，当我们谈到短视频，一般将其理解为播放时长在3分钟以下、主要基于移动端传播的视频。对短视频革新性的认定基于两个层面的判断：首先，视频物理时长的缩短会带来很多应用上的社会后果，比如在用户参与、传播速率、信息理解等方面可能都会带来意想不到的变化；其次，短视频不仅会嵌入已有的网络平台作为一种信息载体存在，还形成了独立的传播渠道，例如抖音、快手、微视等，这意味着它将拥有自己独特的信息传播生态和用户群。

沿着"媒介即讯息"的线索探究，我们不难发现短视频首先改变的是"看"的方式。无论是作为信息介质还是作为信息环境，短视频的"看法"都不同以往——不同于对图片、电影、电视以及长视频的"看"。我们希望首先从视觉角度进入，将短视频与其他介质和渠道区分开来，从而体察它的不同。

现代社会的视觉化转向及其对"现代主体"的塑造，一直是现代性讨论中的重要议题。现代人被视觉图像包围，人依据视觉把握、理解世界。而工业革命之后，媒介是呈现视觉形象、构建视觉文化的利器，对现代人的感知结构具有不可估量的塑造力。技术的进化，使得不同媒介具有不同的特性，不断重塑人们感知、理解和参与社会生活的方式。我认为，短视频与以往出现的任何视觉媒介都有所不同，它营造的视觉生态，或许将改变人们"看"与"被看"的方式，并将催生新的人与媒介互动的动力机制甚至新的"自我"。

同一个世界，不同的"看法"

电视一度是人们投入主要关注和评价的观看样式，它征服了整个世界。当电视诞生的时候，专家们预测它将造成阅读的死亡，但事实证明并非如此。所以，当人们预言互联网传播、"长尾效应"、用户生成的内容、社交媒体的兴起等众多因素的复杂作用，将分裂观众，劫持公众的注意力，造成一种注意力缺陷障碍，从而导致大量观众不看传统电视节目，我们理应对这样的预测抱持怀疑的态度。

电视并没有退场。相反，社交媒体上最广泛讨论的话题是电视。在美国，1/3 的推特用户发布关于电视的信息，超过 10% 的推文与电视节目直接相关。新的内容形式以及新的传播方式提高了优秀节目的首要地位，而不是削弱了它们。来自谷歌、苹果、亚马逊、Netflix[①] 和其他平台的竞争意味着网络和有线电视的竞争更加激烈，也意味着节目创作者对所有新发行商正在争夺的内容拥有更多的权力。

尽管通过网络平台可以获得大量的内容——每分钟都有 100 分钟的视频被上传到 YouTube，但人们仍然花很多时间看电视，电视节目继续覆盖经济发达国家的大部分人口。最初参与线性电视[②] 的品牌仍然有很多节目可以提供，并且作为内容

---

① Netflix 是美国一家会员订阅制的流媒体播放平台，中文称"奈飞"。
② 线性电视为观众提供通过订阅有线电视、卫星服务、空中广播获取内容的机会。"线性"这一术语指的是观众消费内容的方式。他们只能根据广播公司的节目表来观看节目。如果他们想看自己喜欢的内容，必须在特定时间调到特定的电视频道。这是传统电视台和广播电台多年来一直使用的播放方式。

制作公司，在未来的几十年里仍然存在巨大价值——如果他们决定接受技术转变的话。此外，观众的消费习惯并不那么容易彻底改变。研究协同工作的英国学者查理·李德彼特（Charlie leadbeater）在报告中指出，一位电视主管人员最近告诉他，年轻人的分享行为会随着他们长大而逐渐消失，因为工作会耗费他们太多的精力，以至于他们回家后在空闲时间里除了"瘫在电视机前"什么都不想做。由此来看，"电视的消亡"似乎远非迫在眉睫。

然而，必须指出，电视只是一场巨大运动的一个阶段。用新的方式观看的新型移动形象很可能将这场运动带至顶峰。我们需要一个新的词语来涵括将要到来的新阶段，恰如业界把计算机和电视的结合称为"融合"。"视频"或许是一个合适的词语。

首先，"瘫在电视机前"这个说法并不确切。消费者普遍存在多屏观看（电视＋笔记本＋手机）行为。消费者用手机观看视频的时间多于用电视和电脑观看；同时，消费者付费观看视频的意愿也显著增强。美国战略分析公司的调查发现，消费者通过智能手机观看的内容同以往在大型显示设备上观看的内容逐渐趋同：多为时长较长的内容（例如电视剧等）。

其次，线性电视的商业模式的确难以为继。我们知道，以往的电视似乎是一个相对简单的业务：通过提供内容（包括新闻）来吸引观众，然后再将观众的注意力"卖"给广告商。互联网及其应用程序使这样的业务再也无法实现。观众不再以相同的集中度聚集在一起，一个家庭也不再仅从电视上获取新闻。大多数家庭都有多个屏幕，内容被随时随地吸收，"电视约会"几乎已经消失，至少对于年轻人来说是这样。

其实，当新媒介来袭时，旧媒介并不会束手就擒。互联网让电视有了第二春。电视已经成功地适应了一个新的具有挑战性的环境。一方面，当报纸有视频制作室，你可以在手机上追剧时，"电视"这个词的内涵和外延都需要改写；另一方面，流媒体节目已经不同于我们所知的电视剧。它正在成为一种独特的类型，其惯例和美学我们才刚刚弄清。

现在，网络公司正在为规模较小的观众开发利基节目，并通过新的平台进行分销和再分销，从而挤占传统电视市场获得发展。Hulu[1]、Netflix、YouTube 和 HBO GO[2] 开创了新的观看形式，成为创新商业交易的催化剂。刷剧（binge-watching）的做法，即观众在短时间内观看一整季（或更多）的节目，是按需点播流媒体网站和社交媒体的产物。在此之前，观众必须在电视剧集播出时逐集消费，或是购买盒装 DVD，才可以实现一次消费许多剧集，但这往往意味着要等待相当长的一段时间。而现在，电视网正在将整季节目一次性推送到 Netflix 等平台。只要你有足够的空闲时间，就可以在一个极其紧凑的时间框架内消化整个系列。

这改变了电视内容的性质与结构。在电视中，叙事一直是

---

[1] Hulu 是起源于美国、在多国提供网络付费点播流视频及影视节目的 OTT 服务网站，即内容或服务建构在基础电信服务之上而不需要网络运营商额外的支持的网站。
[2] HBO GO 是美国有线电视网 HBO 为美洲以外的客户提供的国际视频点播服务。

内容交付机制的产物。为什么要制造悬念？因为你将在下周收看。为什么节目时长多为半小时或一小时？因为实时观看需要可预测的时间表。为什么情节具有多幕结构？因为需要为广告留出空间。

打破了这些限制，编剧们得以开发出比以前更深入、更复杂的故事情节。过去，冗长而繁复的故事情节属于电子游戏的范畴，而现在我们在电视剧中经常可以看到这种类型的故事。像《朽木》(*Deadwood*)这样的HBO剧集，抛弃了电视网的广告时间和内容限制，就好像狄更斯的连载小说。甚至可以说，观看流媒体剧集更像是阅读一本书，即打破电视的"时间暴政"，完全按照自己的日程安排来观看，但它也类似于视频游戏，因为刷剧是沉浸式的，完全由用户控制。它创造了某种令人沉迷的动态感，即一种被卷入节目并让它在你身上冲刷数小时的麻醉感。观看的默认设置为"播放下一集"，操作非常简单，甚至可以变成一场比赛：你的朋友们每小时都在社交媒体上发布他们的刷剧进度，每一集似乎都变成了一个解锁关卡。

然而，通过点播流媒体平台看电视，并不是我们消费电视内容的唯一重大变化。观众如何参与电视节目，以及如何围绕电视进行互动，都发生了巨大的变化。在电视发展的最初几十年里，观看电视是一项被安排好的活动，在私人住宅和公共场所都能吸引到一群人。节目是这种聚会的推动力，看电视就是那些坐在客厅里或酒吧里的人的主要活动。但技术革新最终改变了观众的行为。遥控器、录像带、DVR（硬盘录像机）和移动设备使人们更大量地消费电视内容，但他们越来越多地在孤立的情况下这样做。电视节目曾经是一个备受期待的社会事件，现在变成了一个无处不在的环境因素。

随着这些新机制的发展，电视与观众之间建立了新的关系。传统的电视假设观众的时间很匮乏，而且观众基本是在睡前花费几个小时看电视。流媒体服务的假设完全不同：它们想要随时随地拥有你的空闲时间（旅行时、假期、周末），以填充 5 个到 10 个小时的娱乐。也因此，流媒体电视不仅仅是一种新的观看媒介，而且是一种新的文类（genre）。[①]

流媒体服务提供的当然是长视频。那么，当短视频作为当下的"内容之王"席卷全球时，我们是否也可以得出结论，即与长视频相比，短视频也是一种新的文类？

首先，我们需要看到，短视频的流行是个代际现象。新一代人拥有快速发展的技术和繁忙的生活，对慢的时间不以为意。他们重视即时沟通和技术带来的高度动员，非常容易分心，对无聊、耗时的内容不留情面。他们所寻找的是能够填补他们的碎片时间并即刻为他们带来娱乐的东西。

其次，短视频的爆炸与更高水平的客户参与是分不开的。TikTok 不仅是下载量领先的社交媒体应用程序，而且在同其他社交媒体竞争中呈现出最高的每篇帖子参与率。之前有的社交媒体巨头，如 Facebook 和 Instagram，主要向用户展示它们已经关注的创作者的内容，大大减少了新的和令人兴奋的因素。

[①] 此处借用文学批评术语，意指某一媒介样式遵循一套相对固定的惯例或者规则。

相反，TikTok 的用户会看到自己喜欢的内容，不论他们是否关注创作者。比如，如果你是一个喜欢健身内容的人，你肯定会被推荐观看健身、饮食技巧和增加肌肉方法的视频。

当你在 TikTok 上观看视频时，可以点击屏幕上的一个按钮，用你自己的视频来回应，使用同样的配乐。再点一下，就会出现一套编辑工具，包括一个定时器，使你可以轻松地拍摄自己的视频。视频成为你可以模仿的模因（meme），或在此基础上进行改编，迅速繁殖，像病毒一样扩散开来。从本质上讲，TikTok 平台是一个巨大的模因工厂，鼓励用户参与挑战、使用标签和汇入趋势。

最后，与用户之前使用的流行应用相比，TikTok 有一个根本性的不同：机器的作用远远大于人的作用。当你打开 TikTok 时，最明显的线索就在那里：你首先看到的不是你的朋友的信息，而是一个名为"为你"的页面。TikTok 的算法像一个筛子一样工作，以找到最吸引人的视频。当一个视频被上传时，TikTok 会将其展示给一小部分用户，并衡量他们如何与之互动。如果该视频通过喜欢、评论和分享拥有较高的参与度，就将得到更大范围的推广。如果该视频不能吸引很多人，它就会沉底，几乎没有浏览量。

如此下来，机器学习系统通过分析每个视频并跟踪用户行为，可以为用户提供一个不断完善、永不停息的管策视频流，在保持眼球粘在屏幕这一点上，有着不可思议的效果。这预示着社交媒体的未来：经由一个不断向用户学习的过程，"大规模人工智能模型"将决定我们的"个性化信息流"。

在这样的情况下，我们可以初步辨析短视频的"观看之道"。

● 个人时间即黄金时间

内容已经民主化。现在，你不仅可以观看电视台提供的"网络流"节目，而且可以选择基于互联网的观看，即在自己选定的不同时间内观看视频内容，而不再遵循所谓黄金时间的逻辑。事实上，打造个人黄金时间是每个月访问 YouTube 的 19 亿人所做的事情，也是每个月访问 TikTok 的 10 亿人所做的事情。他们创造了跨时段、跨内容类型和跨屏幕的高度参与性会话，因此，黄金时间第一次变成了复数。

传统的黄金时间意味着受欢迎。个人的黄金时间意味着激情，两者都能吸引人们的注意力。但是，个人黄金时间不仅仅是吸引注意力，它还会产生影响，而这完全是另一种收视率，具有深远的意义。

在个人黄金时间里，观众被激发出采取行动的欲望。他们看短视频时处于前倾模式，这意味着比起后仰模式来，他们更容易采取下一步行动，比如造访网站或是进行购买。

● 无论是内容或广告，相关性是一切

传统电视时代的质量标准对观众来说不像以前那么重要。当人们决定看什么时，与他们的个人兴趣和热情相关的内容是首要因素。人们选择平台时更看重平台帮助自己挖掘兴趣的能力，而非视频的高制作质量，或平台上闪现的名人和明星的

身影。

在一个公共和私人之间的界限已经崩溃的世界里，视频世界的赢家是那些设法打破第四面墙并以其亲和力吸引观众的人。随着无数人开始自己制作视频，存在新的机会与观众"说同样的语言"，使他们感到与你的艺术、品牌或激情更接近并发生联系。这意味着，哪怕视频没有传统的优质外观，只要它击中了人们的心弦，也会受到青睐。

● 观众的心情决定内容选择

从获得购物建议到学习新技能，世界各地的人们越来越依赖视频，而不仅仅是单纯为了娱乐——许多人说，如果没有视频，他们"不知道如何生活"。这表明视频在我们的日常生活中扮演着越来越个人化的角色。事实上，根据谷歌与宏盟媒体集团的一项调查，每两个视频用户中就有一个人说，他寻找的内容能给他带来关于自己生活的新视角。

既然我们的心情在变化，那么我们观看的原因也会随之变化。前述调查发现，人们正在使用短视频和用户生成的内容来满足以前与视频无关的需求和心理状态：思考、联系和学习。

以往，有些人把看电视作为一种逃避现实的形式，让自己沉浸在另一个世界中，通过他们最喜欢的虚构人物短暂地体验生活。但在短视频平台上，可以看到人们主动选择视频内容，帮助自己更深入地思考生活。全球有 46% 的观众使用视频内容来学习新的东西。此外，虽然人们把花在屏幕前的时间看作是一件孤立的事情，但实际上许多人都希望通过在线视频与他人建立联系。51%的被调查者说他们觉得有必要通过视频内容与他人建立联系并更好地了解他人,这使一项看似被动的活动变得非常具有社会意义。

总之,短视频平台上的趋势创造了一些时刻和行动,这些时刻和行动延伸到平台之外,成为我们日常生活的一部分。无论是反思、交流还是学习,人们都在寻找新的方式来满足他们的个人需求。

以上分析显示,或许影像技术是为了保存转瞬即逝的现实而被发明出来的,但实际上人们并不总是"乖乖地"使用它们,而是在影像中寄托着其他可能自己都不曾意识到的社会期待。这种心理虽然源远流长,但进入互联网时代得到了更广阔的发展空间——网络上的观看变得更加复杂了,不仅电视、电影这样的旧媒介经由数字化、网络化,被重新整合进新媒介,成为互联网的内容;流媒体剧集、短视频、直播这样的新型视频生态也被打造出来。与此同时,网络用户成为"产消者"(prosumer),作为观看者和被观看者的身份界限也日益模糊。这些共同构建了今天我们所处的新的观看环境,也提供了更丰富的自我想象。

抖音与已有社交媒体的不同

具体而言,抖音并不是一个社交网络应用——虽然它几乎有着社交平台的所有功能,但据我观察,用户并不倾向于沿着设计者的意图使用这些功能,导致虽然其生产、社交功能完备，生产可供性与社交可供性①却相当有限。以目前普通用户的主流使用方式，抖音更像是一个用算法将人与内容连接的平台，在社会价值塑造、社会行为增强和扩散等方面引入了新的可供性。

与社交媒体不同的是，抖音的主要功能体现在首页推荐——基于算法在用户上传的内容里选取反馈较好的作品，以竖满屏的方式呈现在首页"推荐流"中供观看，用户只需要上滑或者下滑就可以切换视频。这使得抖音的浏览方式就像信息流（feed）一样，而不是通过点击或侧向滑动来浏览。

严格来说，竖版观看始于苹果公司具有里程碑意义的创新——乔布斯在 2007 年发明了 iPhone。他当时不知道（也可能知道），这款全世界第一部智能手机和它所创造的应用程序生态系统，将改变我们世界的一切。不过，使用竖版视频的想法首先在 Snapchat 上真正起飞，而抖音，从一开始就几乎完全使用竖版视频。

这是因为，无论是展示内容还是广告，竖版的效果最好，因为它可以占据手机屏幕的大部分空间。如果你把智能手机的屏幕看成是房地产，就会想把它全部利用起来。呈现的画面越大，就越有可能抓住用户的注意力。传统的 16∶9 景观在这个时代并不完全有效。考虑到有研究表明，我们有 94% 的时间是竖着拿手机的，这就意味着，长宽比为 9∶16 的视频会更加

---

① "可供性"的概念由美国生态心理学家詹姆斯·吉布森（James J. Gibson）最先提出，用于解释生物与环境的对应关系，如今用来指事物提示可以帮助人们做什么的一种属性或特征。

吸引我们观看。事实也正是如此，竖版视频的观众完成率比起横版要高出 90%。

在竖版的情况下，用拇指滑动，一个视频出现在另一个视频的下面，并且不断地出现……无限地出现。在你意识到这一点之前，原来仅仅打算浏览几分钟变成了一个小时甚至更长。

这是一个任何人都可以分享自己喜欢的东西的地方。深入地讲一个故事、充分发展人物个性？绝对不可能。但可爱的小狗、愚蠢的舞蹈、搞笑的段子和神曲大串烧等，应有尽有。不难看出，在这个时代，抖音如何可以轻易成为世界上这么多人的一种容易的选择。

抖音几乎是一个活物，它分析着你的眼睛和拇指的每一个动作，抛出越来越多你想看的东西。而这正是让许多人长期着迷的原因。这些想看的东西是如何来的？在谈起抖音时，我们总是可以听到两个字——算法。算法是神秘而无所不知的推荐引擎，是短视频平台的基础。算法能够迅速理解每次暂停、点击、滑动和分享，衡量你对某一特定视频的观看时间，看你是否对其做出反应，是否保存或分享了它，以及许多其他因素。

算法为每个用户提供独特定制的无限视频流。没有哪两个信息流是完全相同的。随着抖音人气的爆炸式增长，该应用的推荐页面已成为世界上最有价值的数字房地产之一。

然而，正如丹尼尔·贝尔（Daniel Bell）所言："一切技术都在并非全由它左右的背景（诸如政治和文化）下运作。"如果说基于用户反馈进行算法筛选是流量（市场）逻辑，那么在此之上抖音还有另外一重筛选逻辑：政治（生存）逻辑。除法律规定外，还有政治的、社会的、文化的禁忌，而用户上传的内容太过庞杂，只有算法筛选是远远不够的——抖音必须一直采用机器和人工双重审核的措施来应对那些"模糊地带"。

抖音在功能定位、连接方式、内容呈现等诸多方面都与微信、微博等社交媒体存在明显差别。其首页推荐的内容是经过算法和人工筛选后的结果，而筛选标准的来源为市场和政治考量——这并非本文讨论的重点。但毫无疑问的是，筛选后呈现的结果中包含着明确的价值取向：既要吸引观看者注意力，又要尽量减少平台运营风险、避免任何社会争议。这使得普通人的"业余摄录"因戏剧性、美学和专业性的欠缺，在抖音上获得肯定的可能性很低，进而降低了他们用抖音记录日常和社交的欲望。

总之，抖音在功能设计上的主要目标，是用算法将人和内容进行关联，将"优质"且安全的内容筛选出来，投用户所好，使他们能够更长时间地停留在平台上，进而孕育更多可能（比如品牌认知或购买）。因而，虽然抖音也是视觉媒介，包含关注、留言、转发等全套线上社交功能，但它不同于建构虚拟身份的典型社交媒体，也并不致力于打造承载网络舆论和热点资讯的公共空间，而更像是一个集纳日常生活戏剧性的剧场，有特定的价值取向，并且夹杂着真实和虚构的影像——对真实生活瞬间的碎片式记录、流行内容的模仿和有故事情节的虚拟表演进行混合、组装。

抖音的观看情境

从可供性视角来看，技术设施不断演化，用户的应对也并非千篇一律——两者间的关系不断变化，不断相互适应而形成复杂网络，且充满了不确定性。这个过程所带来的影响不能仅仅归因于技术设施本身的改变。抖音的特定观看情境也是技术和用户交互的结果，具体包括以下几个特征。

- **沉浸式注视与"主动的被动"**

多屏消费的急剧上升也许是现代媒介消费中最重要的变化之一。这种媒介多任务的形式，即观众同时与两个或更多的屏幕设备打交道，现在占据了大量在电视屏幕前花费的时间。半数以上的平板电脑用户和近 90% 的智能手机用户表示在使用他们的设备时观看电视。

目前，电视观众更有可能在补充设备上参与相关电视节目的内容（如在社交媒体上发布状态更新），大约 60% 的观众在看电视的同时也在使用社交网络。显而易见的是，即使我们在独自看电视，也并不是真正地独自观看。

在抖音上观看短视频的体验，却与此形成了有趣的对照。在我们针对"抖音用户的使用习惯"而做的访谈中，抖音用户自述，抖音的使用场景，包括遛狗时、刷牙时、乘坐公共交通工具上下班时、晚饭后，最频繁被提到的是睡前躺在床上，这些在一定程度上反映了碎片化时间的使用特征。不过，不论在何种场景下，一旦使用者打开抖音，就会立即被竖满屏的视频情节俘获，进入沉浸式观看。换言之，抖音虽然操作简单，但是观看方式却是个人化的、排他的，不能像电视一样边看边进行多线程活动，也不太可能与身边多个人分享屏幕，用户一旦打开就要付出自己全部的注意力。也正因如此，一些受访者认为抖音有极好的心绪转换的效果。

而另一个直接的后果是，数以亿万计的观看者视线和全部注意力被框定在以手机屏幕外框为边界的画面里，被迫注视视频里的所有细节——就连背景、角落里的视觉信息都不容易错过。通过对抖音首页内容及评论区的长期观察，我们发现甚至有一种特定的互动模式形成了：观看者尤其乐于发掘视频拍摄者表达意图之外的细节，从而让自己的评论引起更多注意，而其他本来没注意到的观众看到评论，往往会回过头去将视频多看几遍，直到也发现那个细节为止。鉴于此，成熟的抖音拍摄者通常会对镜头内的环境进行控制，这也意味着对不善于此的拍摄者而言，视频里丰富的细节会有泄露隐私之虞。

沉浸式注视的部分原因是技术设计的结果——每个视频都很短，往往含有某类值得瞩目的"看点"吸引着观看者的注意力，而且播放完毕就需要用户转到下一条，否则就会无限循环。但沉浸的效果也与用户的使用习惯有关。访谈中，三组受访者在以下动机陈述上表现出了一致性：看抖音时通常是需要放松的时刻，并没有特定的目标，使用带有随机性，以娱乐自己为主。换言之，他们看抖音并不是因为"想做某事"，而总是因为"不想做某事"和"不知道该做什么"。缺乏目的性显然会使得观看者不那么挑剔，总是乐于知道系统安排的"下一条是什么"。

因而我们将这种观看情境特征称为"主动的被动",即用户本可以利用抖音做多种用途,比如搜索、社交,却主动将内容选择权交给了算法,让自己处于被动观看、开放接纳的状态。在这种状态下,用户感受到的冲突较少,即便看到了和自己已有观点或价值相抵触的内容,情绪消耗也比较低——只要轻轻划走就行了。

可以发现,短视频之所以如此强大,是因为它可以为用户创造身临其境的体验,反过来又可以为品牌带来令人印象深刻的效果。创新的视频格式和默认的"声音开启"环境意味着用户总是在接触新的东西,制造出一种难以拒绝的视觉和听觉刺激的组合。视频是通过内容图谱而不是社交关系来发现的,这也是促发用户从每个视频中获得惊喜和快乐的原因,因为每个视频都是用户没有主动寻找过的新东西。

● 共同瞩目与价值习得

抖音日活跃用户是一个极其庞大的观看群体,每天在各自的情境里共同观看特定数量的视频。按照算法逻辑,抖音首页的内容是由用户反馈决定的,因而用户每看一条视频,都会直接在屏幕右侧看到该视频的点赞人数。据研究者观察,这个数字通常数万起步,最高可达数千万。因而,每个用户都能清楚地意识到,他们看到的每条视频都是被至少数以万计的人认可的,是"主流意见"。其他观众的入场,为抖音的观看引入了社会性,在对共同观看者的想象中,用户逐渐习得了抖音的标准。

在访谈中，虽然并非每一位受访者都能列举出抖音的标准，但对"你发不发抖音"这个问题的回答，显示出他们对何种内容能够被公开认可具有某种程度的感知。

对于视频审美标准的感知

"我感觉要想拍得不仅自己觉得好，而且也给别人美好的体验太不容易了，肯定不是一个人能完成的。"

"如果抖音只用来看的话，它是一个'傻人'就可以看的东西，但如果要玩的话，它其实是需要一点智慧的，比如说镜头的运转，那些光影的叠加效果，等等。我觉得它并不是一个像微信那样的'傻瓜'都可以使用和发布内容的一个程序。我想要发的内容稍微精致一点，就觉得拍摄太难了，而拍出来的东西连自己都不满意的话，就不会把它发出去。"

对于成功标准的感知

"我现在不发抖音，将来可能发吧。要是以后我功成名就，说不定就会发，比如买了好几套海景别墅，我就拍一条说，啊，今天早上我也在海边，天气真好。现在不发是因为没有功成名就，没有什么素材可以吸引别人。"

对于外貌标准的感知

"如果我要发，就要先化好妆，'美美哒'完了之后，发的时候还会想要不要再减肥，或者再练马甲线……但目前我觉得很麻烦。"

对于热门内容类型的感知

"我会发抖音,因为我追星。我会经常去看明星的演唱会,比如李健的演唱会。在现场拍一些视频发上去,这种应该还是会有挺多人喜欢看的。"

理查德·查尔芬(Richard Chalfen)认为,从20世纪下半叶起,随着摄影技术的普及和业余摄影作品的广泛传播,人们围绕家庭影像建构了特定的符号环境,以及不同于真正生活版本的"现实"。为此,查尔芬建构了一个专门用于描述家庭视觉传播实践的概念——"柯达文化",意指"一个人为了得体地参与家庭影像交流实践而必须学习、懂得或者去做的一切"。查尔芬相信,人们在家庭影像的分享和解说中,面向他人做出文化意义上的自我陈述,从中确认自我及与他人的关系。

自从"柯达文化"出现以来,人们一直据此拍摄每一个活动、场所和事件,希望通过这些影像实践获得社会认可,而受访者的回答印证了查尔芬对摄影的观察,虽说现在已经进入了短视频时代——他们发抖音,实际上都是为了得到社会认可、避免无人问津的失落。这些回答表明,他们清楚地知道在抖音上什么类型的内容、制作水平达到何种程度会被认可。可以说,社会认可是网上自我呈现的主要目标之一。

值得注意的是,受访者对自己习得标准的过程可能处于完全无意识的状态。例如,有一名受访者声称自己经常发抖音,不在乎点赞量,只要自己高兴就行。但当研究者访问其抖音主页时,发现只有3条视频,追问原因,他表示其他十几条都设置了"仅自己可见",原因是"拍得不满意"。由此可知,他仍受被习得的评价标准所制约。

综上,抖音上的观看像是在大型剧场观看舞台剧,每个人都瞩目舞台,却能清晰地感受到身边数量众多的他人存在,并从他人的反应里推测着评价标准、确立着对舞台上演的剧目的判断。这种"共在"并非现实,或者说与抖音在现实中要求的排他性观看恰恰相反——这种"共在"全部在想象中完成。

需要指出的是,习得了标准的受访者,自述能够清晰地认识到这些标准只适用于抖音的影像世界。我们并没有充足的证据证明他们会将这些标准与现实生活中的价值观念混淆,不过我们的确发现了对这些标准的习得影响他们自我认知的情况。

● **自我观看与阶层定位**

如上文所述,由于害怕不符合视频的审美标准,普通用户并非积极的内容生产者,但这并不妨碍他们在观看的过程中反视自身。正如在"镜子"中看到自己,人们会不自觉调整自己的衣着、举止和表情——这已经成为一种社会本能,屏幕的镜像效果通常也是非常明显的。哈尔·尼德兹维茨基(Hal Niedzviecki)认为,不论是社交媒体还是视频网站,人们在互联网上对他人身份与生活的探视,正在日渐形成一种"窥探文化"。这种文化是有传染性的,接触之后,观看者也会希望别人看见自己,进入"我也想做这件事"的阶段。

抖音视频多数拍摄于普通人的生活场景之中——即便是模仿和表演,也要尽量仿造真实生活。即便情节呈现的总是生活美好、有趣、惊奇、怪异的一面，但其构造的"镜像"对普通人而言并没有距离感：城市、道路、小区、居家环境、宠物、亲子活动……都是自己非常熟悉的周遭事物。用户向网络中的他人展示自己的生活或才能，而这些人有望从中获得个人的、社会的和幻想的偷窥满足。从这一点而言，观看者看他人也就是在看自己。

访谈时我们发现，自我客体化在抖音的观看中是明确存在的，这在其他社交媒体上也会有，但问题是，受访者现在是在用抖音上习得的"专属"图像思维和审美标准来观察自己的生活。比如，短视频在视域局限、注意力全部贯注的情况下对细节的凸显，让他们察觉到了以前根本不会留意的生活细节——有时留意这些细节，是潜意识中想通过拍摄获得别人的认可，但有时却是视觉习惯被根本性地改变了：

"我看到了不同人的不同生活，抖音有一种美的体验这样一个导向，我发现我会越来越挑剔身边那些事物，就是它重塑了我的价值观。比如，在我进到这个屋子的时候我觉得，这道光不错，然后，我们这么坐位置很对称。如果没有抖音的话你就不会注意到这些，就不会带入这种视角去感受生活……以前你房里的东西随便乱丢乱放没关系的，而现在你会觉得这里那里都不整齐……"

多数情况下，受访者不会真的去拍视频，但他们会根据抖音的标准对自己或真实生活进行"头脑拍摄预演"，并直接设想观众的反应,当发现冲突却不能及时以行动调适时,焦虑就成了一种常见的情绪反应。

身体焦虑

身体焦虑是访谈中最常被提及的一类。由于抖音早期将目标用户群定位为35岁以下有娱乐或表达需求的城市青年人,所以内容上对17岁至30岁人群的呈现比例较高,彰显青春、美貌、才艺、活力的"小姐姐""小哥哥"的视频甚至形成了单独的一个热门类目。但这类影像的频繁出现给部分受访者带来了压力——他们开始意识到自己身体的不如意之处。有一名受访者自称因为刷抖音"受不了了"而立志减肥,参加访谈时已经坚持了两个多月;而多名受访者称"现在长得好看的人太多了",因自己"一无是处"而感到焦虑。

与其他基于外表的媒介类似,抖音经常呈现出无法实现的身体标准,女性主要是瘦身,而男性则主要是肌肉发达。身体焦虑在年轻女性群体当中尤甚。十几岁的女孩总是有为自己的容貌烦恼的倾向,然而抖音以视频为核心,将个人形象变成了一种日常困扰。例如,当女孩们拍摄视频时,抖音会为她们美颜和瘦脸。在通过滤镜美化之后,一个人似乎可以改变看待自己的方式,然而究其实,这种改变不过是一种幻觉。

地位焦虑

另一种频繁被提及的焦虑属于地位焦虑。这和用户对自己的阶层定位有关。由于主流用户群多为城市人群,抖音的内容更偏向都市题材:一系列包含居住环境、工作岗位、交通工具、旅行休假、宠物等城市阶层元素的短视频被缝合在一起，在推荐页上借不同的情节反复出现，共同构建了一种中等收入群体的生活方式映像。

当明显不符合这个阶层特征的视频内容出现，无论是拍摄者还是发布者，都能够清晰地意识到。例如，根据受访者反馈，对于家庭内部的居住环境，抖音提示的主流印象是干净、整洁、有序的，而当一名女性创作者想表演一段舞蹈，却因为清晰地意识到自己的拍摄环境不合标准，不得不首先在文字说明里表示歉意，即便这个室内环境跟她的表达意图（跳舞秀才艺）没有任何关系。

而当明显高于中等收入群体的生活场景出现时，也会被立刻识别出来，成为用户自嘲、调侃或者讽刺的对象——也正因为存在这样的互动模式，在早期抖音上，炫富视频也成为一个热门的类别。

地位焦虑也不自抖音始。由于社交媒体反复提醒着他人的生活方式和重要程度，近年来，关于地位、成就和成功的普遍焦虑水平已经飙升。哲学家阿兰·德波顿（Alain de Botton）将"地位焦虑"描述为"一种有害的担忧，以至于可以毁掉我们漫长的生活"，"我们有可能不符合我们的社会所规定的成功理想，因此被剥夺尊严和尊重；非常担心目前占据的阶梯太低，或者即将跌落到更低的位置"。

在某种程度上，这种"地位游戏"以及随之而来的焦虑，可以解释为什么有些抖音用户觉得有动力在网上发布他们的成功故事。也许这是他们重塑自己的一种方式，不仅是为了让别人看到，也是为了让他们也能从不同的角度看待自己。

媒介不同，其对自我采用的中介方式也就不同

媒介化的"观看"从不等同于简单的注视，与不同的媒介相伴而生的是不同的观众及社会后果。大数据时代的社会科学研究多青睐考察聚合的行为趋势，忽视个体的实践——如果我们将对抖音的使用仅仅视为"无聊经济"的一部分，将会错失许多反思的机会。

用户大多将抖音视为一个记录工具，而不是一个社交媒体应用程序。抖音的影像更直接地取材于真实生活，或者说看上去像是正在记录和呈现生活本身，但这种记录和呈现有其独特的技术可供性，并据此执行一系列的编码：视频筛选方面的技术设计，构建并推广了抖音特有的价值体系；拍摄者的自我展现中总是夹杂着伪装和模仿，而观看者感知了标准，反观自身时也会掺杂着与他人对比的动机。此外，沉浸式观看改变了观众观察自我的视角和意图；滚动播放的首页视频，缝合了反映城市中等收入群体生活各个方面的画面，合力描绘了人们的生活样貌；而观众则在无目标的沉浸式观看和特定互动模式中完成了价值认知和对自己的定位。换言之，抖音上每一个15秒的确都来自生活本身，但百万计的15秒以此种方式合在一起，却造就了别的东西。

媒介在人与真实之间构建了"拟态环境"，这其实是传播学的古老议题，议程设置、把关人、框架理论等都在表达类似

的发现。但和过去新闻媒体对真实的构建所不同的是，抖音的编码多与其技术可供性有关——是技术特征让人们更倾向于这样使用而不是那样使用，才造成了现在的局面——这看上去似乎是对现实世界的影响权从机构和精英等"把关人"手中转移到了技术尤其是算法手中，但我们不倾向于这种技术决定论的立场，因为正如罗兰·巴特（Roland Barthes）所说，照片的表意机制既不是自然存在的，也不是人工任意决定的，而是历史的，或称文化的共识所致。我们很清楚在抖音的技术架构之上有"把关人"，还有历史和文化的共识。社会与技术这种互为因果的影响循环、技术对价值的选择，都折射着特定地域和特定历史时期的社会特征。也正因如此，制造与解读抖音短视频，如同查尔芬所说的制造、解读照片一样，都需要一个进入特定文化学习的过程。

此外，本研究的另一个面向是"自我认识"。我们的研究初步发现媒介不同，其对自我的中介方式也就不同。为了说明目前媒介塑造的自我模式的多样性，乔格·杜恩（Joèrg Duènne）和克里斯蒂安·莫瑟（Christian Moser）提出了"自动中介化"的概念，他们认为"媒体技术化程度的提高并没有造成主体性的内在贫乏，相反，它生产了更多的自我参照物"。

不过，即便知晓了抖音给出的是一个经过高度选择的自我参照系，受访者也普遍表示"不介意"，原因是抖音对于他们只是一个"玩具"，他们并不会对一个仅提供娱乐的应用太当真。但我们认为，即便如此，普通人对影像生产、观看、编码过程的了解仍是必要的——或许能帮助使用者建立对视觉符号的警醒，因为它们对人类感觉甚至潜意识的影响很多是不可见的，而看似客观的视觉媒介，实际上暴露的信息和隐藏的几乎一样多。

打开抖音，人们不仅看别人，也看自己。看到自己，会影响我们的自我关注。自我关注有私人和公共两个维度：公共的自我关注包括对能够被他人感知的自我方面的关注（如身体外观、举止）；而私人的自我关注包括对不能被感知的内部和个人特征的关注（如记忆、感受）。如果自我关注是气质性的（即一种稳定的人格特征），它被称为"自我意识"；当自我关注是情境性的（即一种可以被操纵的状态），它被称为"自我觉知"。私人的自我关注的增加往往会形塑和强化对个人来说很重要的情感、动机或标准。相反，公开的自我关注则增强了一个人对自己受制于他人评价的那些东西的感知，因此人们会经历评价的忧虑，并可能试图修改自己的行为以满足他人的期望，即便这些期望与自己的个人标准并不一致。

纵观人类漫长的观看历史，短视频也许只是目前独领风骚——当下就有直播、虚拟现实（VR）等更生动逼真的视觉媒介在场外排队等候。拉兹洛·莫霍利－纳吉（László Moholy-Nagy）早在 1923 年就告诫人们："掌握摄影的知识与掌握字母一样重要。未来的文盲既是对笔也是对镜头无知的人。"我们会发现，即使我们把摄影换成短视频或者其他任何已经或将要到来的视觉技术，这条箴言仍然具有生命力。

网红·社交资产·多频道网络
底层关键词

未来每一位名人都是网红[①]

近年来网红逐步走入大众视野。与传统名人不同,网红栖身于社交网络,并借此获得知名度,与普通用户之间形成"30度角"的关系——形容一种抬头就能看见的亲切感,而传统名人则是"90度角"的关系,需仰视才能看见。正是因为网红的这类属性,带来了独特的商业化价值,协助网红进行商业化的MCN[②]机构应运而生,为其打造了电商、广告、直播打赏以及知识付费等多种商业化路径。本文通过"社交资产"的概念进一步衡量网红的商业价值,以此观察其在中国消费互联网中的作用与价值。

网红与传统名人的不同

互联网名人(internet celebrity),也称社交媒体影响者(social media influencer),是指通过互联网尤其是社交媒体获

---

① 此文与徐辉合写。
② MCN 是 "Multi-Channel Networks"(多频道网络)的缩写。

得和提高其名声和显著性的人。这类名人俗称"网红",因其在特定主题上的知识和专长而享有声誉,并在自己偏爱的社交媒体渠道上定期发布有关该主题的内容,由此吸引了大量热情而乐于参与的追随者,通过影响其消费决策,使自身具备可观的商业价值。

传统上,"名人"(celebrity)是指通过大众媒体获取声望和关注的个人或团体,例如运动员、政治领袖、艺术家、影视明星等。但是,在21世纪,随着互联网的迅猛发展,"名人"的概念逐渐演变,例如我们首次见证了"名声的民主化"(democratization of fame)。正如克里斯托·阿比丁(Christo Abidin)所说,只要通过在线平台获得合适的曝光,无论其能力或技能如何,即使是普通人也有机会成为互联网名人。

这种"DIY明星"的成就来自其所谓的"与普通人无异",也就是说,他们的最大卖点是某种"不凡与平凡"的奇妙混合。明星从旧日很高的位置降落,成为可识别的个体,包含所有的脆弱和幻想、强势和缺陷,令人充满爱意和心生厌恶的一切,悉数暴露于全社会的视野中。每个人似乎都可以在他们身上看到自己熟悉的一面——名人义化由此发生了普通人转向。

这对积极寻求认同的青少年尤其具有吸引力。一项针对美国千禧一代的调查显示,这代人正变得越来越对通过互联网成名的超级巨星感到习以为常。1/8 的千禧一代表明,与电视明星和电影明星相比,他们对社交媒体名人更加熟悉。同等数量的青少年相信,电视明星和电影明星未来将变得完全无关紧要。也就是说,未来可能每一位名人都必须是网红。

传统名人的声望源于他们对特定产业如电影、电视、音乐、体育等行业的参与;网红之路则是一个渐进的、从草根发展的过程。首先,网红依赖在粉丝中创造可识别的权威,主要体现为社会的品位制定者;其次,他们十分注重投射某种不变的个性,有选择地将自己编辑为合乎粉丝口味的"产品",并保持首尾一致。他们也努力锤炼吸引注意力和管理观众的能力,同时学会与潜在好战的粉丝群体成员打交道。

名声民主化的结果,是使那些永远无法运用传统手段成名的人更容易成名。除了名人门槛的降低,网红文化与技术的崛起和消费主义密不可分。网络技术,例如社交媒体、电子商务、移动应用和网络视频,都为一代代网红的推陈出新开辟了道路。一方面,传播介质不断发展,从阅览到"读图",进而迈入多媒体时代,而短视频和直播更是把"作秀造名人"的做法推向顶峰;另一方面,互联网提供了无数可能性,帮助网红们展示自身,大大超出人们对传统舞台和屏幕的想象。这个时代的网红大都拥有鲜明的形象与个性,在社交媒体上不乏众多的粉丝,而且网红并非单打独斗,背后各有其所属的专业机构,导致"网红产业"已经形成了一条完整的生态链,对应着成熟的商业模式,也因此吸引了越来越多的从业者。

以往的名人或许可以带来多重价值,但网红的指向非常明显:消费价值胜过其他一切。本质上,网红意在通过社交媒体平台来影响他人的购买习惯或其他可量化的行为。消费者通常复制名人的时尚风格,以同名人产生联系,所以他们会对自己追赶时尚潮流的行为予以合理化。随着社交媒体平台的出现，这种趋势在更大程度上得到了模仿。人们所受的影响不再仅限于传统名人（例如演员、歌手和模特），而是大量跟随依靠在线平台成名的"微名人"（microcelebrity）来选择自己想要的东西。

特蕾莎·森夫特（Theresa Senft）将"微名人"定义为"从事新型在线表演的人，使用网络摄像头、视频、音频、博客和社交网站等来提高自己在读者、观众及其他在线联系者当中的受欢迎程度"。换言之，"微名人"把日常生活作为公共表演，时刻展示一种"公开的自我"，试图以"普通的名人"的形象打动普通人，他们在公众中的识别度基于崇拜、联想、渴望或认可等。在营销领域内，任何名人影响消费者需求和欲望的能力都是非常宝贵的，新老公司都在努力招揽他们推荐自己的产品，以最大限度地降低营销成本，并吸引大量消费者。近年来，这种现象在中国极为常见。众多在线名人使用社交媒体平台上传图像和视频，推广各种各样的产品和服务（尤其是美容和服装产品），在社会上拥有巨大的影响力。

这种影响力来自网红与粉丝的关系。所谓社交媒体影响的发挥，前提是在内容创作者和观众之间建立一种特定类型的关系，这种关系可以规模化，且取决于观众受到影响的意愿。社交媒体用户认为影响者比起广告商或付费代言人更像是自己的亲密朋友，因为他们产生的内容流以及轻松随意的分享方式使影响者具备了真实感（authenticity），而这样的真实感在商业空间中很少见。

而且，互联网名人的受欢迎程度取决于观众的"造星能力"。在过去，成名不是由名人控制的，当然也不是由观众控制的，而主要是由媒体所有者控制的。但现在，提升名声是观众要做的事情，而观众的行为也很简单：创建链接、转发分享、点赞打赏、打榜投票、控评反黑，等等。我们可以由此颠覆马歇尔·麦克卢汉（Marshall Mcluhan）那个著名的命题：在网络上，媒介不是信息，媒介是观众。某人在互联网上得以成名，是因为观众决定将该人的信息广为扩散。网络用户可以使任何人成名，"普通的名人"被选择推出是因为他们像我们，而不像明星。

简而言之，互联网名人是由网络用户的能量驱动的，其后存在着商业模式上的革命性变化：粉丝不仅可以同网红直接互动，更重要的是可以直接付款。

MCN 的诞生与演化

社交媒体让个人的传播力得到了极大的增强。例如在微博上，一个网红个人账号有机会直接面对几百万甚至上千万人进行多媒体信息广播，并且这一庞大的用户群与网红之间还存在"关注"关系。它意味着，这种信息广播并非一次性的，而是一种长期稳定的能力，可以通过合适的手段进行商业变现，而这就是目前许多网红和 MCN 公司在做的事情。

MCN 起源于美国的视频网站 YouTube。在该网站上，博主可以上传自己制作的视频吸引用户观看和订阅，网站则会将用户点击与观看获得的广告收入与博主进行分成，这样博主就通过制作内容获得了收入。随着这类商业模式越来越成熟与普遍，出现了一类新的公司，即 MCN 公司，通过协助博主制作更为精良的内容来获取更多的关注，同时也帮助博主拓展更多的商业模式，例如对接品牌广告、进行软广告内容植入、推出自主品牌的产品，等等。通过更加科学的运营，博主可以在 YouTube 或其他社交媒体上获得更多的关注与订阅，从而获取更多的收入，而 MCN 公司通过扮演"经纪人"和"制作人"的角色，也可以从中获取一定比例的收入。

MCN 弥补了创作者不受平台重视的缺失，因为平台更注重从博主的劳动成果中获得收入，而不是投资于为平台精心提供内容的人。MCN 通过聚集独立制作人及其粉丝来追求规模。通过这种方式，MCN 使内容创造者比以往任何时候都更接近分发，同时令其受益于 MCN 网络中相关资产的网络效应。结果，创造内容的任何人都可以绕过传统的名人仲裁者，通过可信任的渠道吸引数百万甚至更多的消费者。这样达到的总体效应是，MCN 令名声的民主化遍及整条价值链，从传统的集中和受控的内容市场转变为高度分散且不受限制的环境，无论从原创、供应和访问来说都是如此。

MCN 的作用主要体现在内容创作和商业化这两个环节。网红一旦走红以后，如果不签约 MCN，创意很容易枯竭，也就丧失了可持续发展的可能性。以某短视频网红为例，早先个人出于兴趣做搞笑视频引发流行，后来签约 MCN 通过聘请专门的编剧协助创意，并承揽拍摄、剪辑等事务，形成以其本人为核心创意人员的传播团体。在商业化方面，虽然像这样的头部网红单凭个人影响也能接到广告，但是谈判、执行、收款等都还是要依赖专业的人员运营，才能够形成稳定的营收。此外，身为资源相对集中的头部网红，她还通过成立短视频MCN机构，签约了数十位短视频博主，实现了规范化的公司化运营，摆脱了小作坊式的单打独斗。

MCN通常关注某个垂直领域，如儿童、游戏、时尚、美容、食品、旅行、体育、喜剧、电影、舞蹈、音乐等，只有少数几家试图通吃市场，获取尽可能多的关注。与单打独斗的账号相比，MCN可以更加专业地进行内容创作，更快速地覆盖各个垂直品类，更好地满足广告商业需求，并且在不同账号之间形成联动效应。

从视频类MCN来看，这种新型聚合者和分发商的出现显然是因为观众越来越少地把时间花在传统电视上，而在视频网站、社交媒体和OTT[①]服务上进行更多的视频观看。MCN一度被视为数字视频生态系统中必不可少的关键部分，除了在若干垂直领域深耕，还致力于扩大同传统媒体巨头的合作，以及制作并拥有属于自己的IP（指互联网个人品牌符号）。

然而，近几年来，MCN失去了此前的热度和势头。原因是多方面的：大多数MCN起初主攻广告，然而仅仅依靠广告规模的增长未必能够有效地资本化，尤其是MCN须与互联网

---

① OTT是"Over The Top"的缩写，指互联网公司越过运营商，发展基于开放互联网的各种视频及数据服务业务。

平台分享广告收入，而平台上的广告资源本来就泛滥成灾。人们不再相信将网红与广告商打包会形成大规模的业务，如果其构成 MCN 唯一的赚钱之道的话。广告业本身也波动极大，所以广告类网红的天花板清晰可见。

其次，广告驱动的商业模式受到挑战，意味着创作者的收入常常达不到预期，那些并非最"红"的创作者越来越感到他们不能获得应有的关注。一般而言，MCN 只会投资创作者中的前 2%—5%，剩下的其他人所获得的支持极为有限。原因很简单，MCN 需要利用头部网红庞大的粉丝群与主要广告客户讨价还价。

最重要的是，随着平台的成熟、传统机构和媒体公司的加入以及网红的成长，数字化创作者对中间人的需要在减少。一些网红开始感觉越来越难以证明与 MCN 签约的合理性。在全球范围内，MCN 的声誉一度很差，因为它们违背初衷，过于关注利润率，签约成千上万个频道，只是为了获得哪怕一小部分广告收入。这样一来，MCN 公司无法提供一对一的分析支持，当然也不能提供创作者所需的品牌支持。那些拥有足够多观众的创作者可以组建自己的团队，由此 MCN 就变得多余了。

自"MCN"概念问世以来，很多不同形态和业务的公司都这样称呼自己，尤其在前些年受到投资人追捧的情况下，MCN 变成了一个筐，行业中的巨大差异遭到掩盖。面对激烈的竞争，MCN 很快产生分化，有些视自身为多平台娱乐公司，有些致力于打造影响力营销平台，还有的则认定自身的主要业务是识别、发展、孵化创意人才，与人才合作并实现营收。有意思的是，一些公司拼命想跟这个概念扯上关系，另一些公司却开始不愿意自称 MCN，而宁愿以更广阔的视角重新定义自己的愿景。

总体而言，MCN 业务正在经历广泛而多样的革新。在某些情况下，这意味着建立消费者可以识别的分发品牌，而另一些情况则类似传统的制片厂模式，为越来越多的数字发行商制作节目乃至电影。无论何种情况，出发点都是相同的：要生存，MCN 必须演化。

最终，尽管分发商在聚集创作者及其粉丝方面占了上风，但粉丝的忠诚度始终是指向创作者的。因此，MCN 需要支持这些真诚的联系，以继续从创作者的劳动中获利。

网红商业价值的衡量尺度

在中国，MCN 的共生关系极为明显，它依赖于广泛的合作伙伴网络：MCN 与社交媒体平台合作以吸引新的关注者，通常由社交媒体平台根据自己的算法推荐；MCN 向社交媒体平台提供预筛选的一批网红和相关内容；MCN 为网红提供专业资源来改善其内容；网红赢得新粉丝，增加自身商业机制，而社交媒体平台则收获了流量。MCN 的目标是发展自己的影响者网络，以便自身可以拥有庞大且经过聚合的追随者。

随着中国互联网基础设施的不断完善，移动互联网普及率日益提高，社交媒体也获得了长足的发展，出现了数个亿级

DAU（日活跃用户数量）的社交产品，如微博、抖音、快手、微信，还有一部分千万级 DAU 的社交产品，如小红书、陌陌、虎牙、B 站（"哔哩哔哩"公司）等。自然而然地，在这些互联网平台上会演化出基于网红的生态，也衍生了数量庞大的 MCN，其中一些比较知名的公司已获得大型投资机构的投资，甚至有捷足先登者抢先进入资本市场。

MCN 的价值主要取决于公司签约的网红的价值，而网红的价值大部分基于其在社交媒体上发布内容获得的观看次数及由此吸引的粉丝数量，正是因为有这些粉丝带来的关注，网红才得以进行商业变现。由此就产生了一个问题：这些关注所带来的价值究竟应该如何量化成我们熟悉的资本价值呢？例如如涵电商风光上市，但其股价很快开始下跌，市值最多时甚至跌至不足 3 亿美元，究竟其签约的网红价值几何，二级市场的投资人也很难准确衡量。

有人将网红作为品牌来进行价值评估，亦有人将网红视为其所签约公司的无形资产来予以评估，这些都将网红纳入品牌或无形资产的研究中进行拆解量化，在某种程度上确实对网红的价值有所衡量。然而，这样做往往忽略了网红所依赖的社交网络的多种属性，不能够全面反映网红的真实价值。

在此我们引用曾担任美国亚马逊公司首位战略规划分析师的尤金·卫（Eugene Wei）在其博客文章《地位即服务》中提出的一个概念——社交资产（social capital asset），以试图对网红价值给出一个更好的解释。在这篇文章中，作者提出了"社交资产"的概念，这是每个用户在社交平台上所获资源的综合概念，是该社交平台提供给用户的"工作量证明"。也就是说，用户为平台贡献的有效工作越多，获得的社交资产也越多。

准确地说，社交资产是有关社会资本的资产。社会资本在现有文献中定义纷纭，但正如弗朗西斯·福山（Francis Fukuyama）指出的那样："尽管对社会资本有许多不同的定义，但其中大多数都是指社会资本的表现形式，而不是社会资本本身。"

从根本上说，社会资本包括两个必要的但不充分的条件。首先，社会资本需要紧密的社会互动网络。它要求个人进入多个社会网络，这些社会网络是构建社交资产的反复互动的场所。其次，社会资本要求这些社会网络发挥两个截然不同的功能：降低信息交易成本并提供有关合作或背叛倾向的信号。

通过提供信息流的替代通道，社会资本可以帮助降低信息交易成本。具有较高社会资本的人通常依赖于他们对潜在业务合作伙伴、投资者和服务提供商的非正式知识，削减同调查和搜索此类信息相关的成本。

社会资本还提供有关他人合作或背叛倾向的信息和信号。这里讨论的是个人遵守协议或违反协议的决定（采取如此行动会带来一定收益）。个人倾向于合作，是因为基于某些内心道德或标准而不会选择背叛；或者，如果博弈不是一次性的而是重复的，背叛的可能性也会降低。在重复博弈中，一个玩家将来会再次遇到另一个玩家多次甚至无限次，假如另一个玩家拒绝合作，此玩家就会因自己当初选择背叛而处于不利地位。

卫认为，"社会资本是金融资本的重要指征，因此，社会资本的性质应受到更严格的审查。它不仅是良好的投资标的或商业实践，通过分析社会资本动态，还能够解释各种看似非理性的线上行为"。但卫同时指出，"对于社会资本，我们并没有一套行之有效的方法来衡量它的价值和转移，至少在准确性和精度上无法和货币资本相提并论"。

我们了解到，社会资本需要通过社会网络来构建，而社会资本的高低又决定了合作的好坏，因此，研究网红问题，以网红社交资产的来源与积累方式作为切入点，或可获得新的洞见。既然社交资产是社交平台创造出来的非常重要的"工作量证明"，那么这就意味着，你在社交网络平台上发布的内容如果获得更多的观看、点赞、转发、互动，就可以积累更多的社交资产。社交资产是一个社交网络能够有效运转的重要元素，我们通过几个具体案例可以看出社交资产的几个显著特点。

- **越早进入，可能获得的社交资产越多**

每个社交平台都会经历早期的高速发展，这个时期通常被相关从业者称为"红利期"，因为此时平台的用户数在高速增长，而平台上的优质内容相对稀缺，获得有效关注的成本相对较低。随着平台用户数增速的下降，用户数越来越庞大，获得有效关注的成本就会变高，竞争也会变得更为激烈。这意味着，进入越晚，获取社交资产就会越困难。例如微博早期有许多"段子手"账号，通过搞笑段子获得了大量的关注，而现在再想要通过相似的内容获得关注就变得几乎不可能了，而这些早期获得大量关注的账号，到目前仍然可以通过其早期积累的社交资产获得不错的收益。

- **外生的社会资本可以平移进任何社交网络，大众知名度就是其中之一**

虽然早期进入社交网络平台更容易获取社交资产，但是也有许多人可以随时进入一个社交网络平台获取大量关注，那就是拥有大众知名度的人。

通常来说，除去大众知名度带来的社交资产，此种资产很难在不同社交网络平台之间平移。从中文互联网近 10 年的发展中，我们可以明显看到这一点：不同的社交网络平台催生了各自的网红，然而绝大部分网红都无法在"站外"持续获得关注。这主要是因为不同社交网络的"氛围"不同，例如知乎上诞生了许多知识型网红，通过撰写知识类的问答内容获得了社交资产，可是这类网红在其他氛围不同的社交网络上就比较难以获得较多的社交资产；而与之类似，许多爱发自拍照或者会跳舞的帅哥美女就比较难在知乎上获得较多的社交资产，但同样这批人在抖音上就有较大概率获得更多的社交资产。

- **网红就是较多社交资产积累的具体体现**

虽然通过许多方法都可以获得社交资产，但是社交资产也需要维护与积累。例如支付宝在 2018 年"双 11"活动中推出了一名全网"锦鲤"，该用户获得了非常多品牌赞助的奖品，类似于中了彩票，其名为"信小呆"的微博一度被许多人所关注,此时可以说该微博用户获得了较多的社交资产。但是这类社交资产比较难以维护,如若该用户发布的微博内容无法持续获得较高的关注,其社交资产便会很快流失。

而网红恰好与之相反,他们通常是在某一个细分领域持续深耕,通过专业化内容吸引特定用户群,经由这种不断积累的过程,获得了越来越多的社交资产。

通过以上分析,我们知道了社交资产虽然可以从大众知名度平移过来,但绝大多数都是通过在社交网络平台发布专业内容、吸引关注与互动积累的。持续稳定的内容产出、成为专业的细分领域专家、以消费者的朋友面目出现等,对于持久积累社交资产都是有帮助的。正是这种对专业知识和可获性的感知将社交媒体影响者与名人和"锦鲤"这样的一次性"病毒"传播者区分开来。

社交资产的商业变现

社交资产的商业变现模式有以下几种:电商、广告、直播打赏、知识付费及其他增值服务。不同的商业模式涉及的产业链长短不一,难易程度也不同。

- **电商**

这是社交资产商业变现模式中唯一涉及实体商业的模式,其涉及产业链较长,难度也最大。电商可分为自营电商和品牌代言:自营电商是指售卖自有品牌的产品的商家,区别于帮助销售其他品牌产品的商家，而网红主播通过直播销售的基本上都是各大品牌的产品，可以类比为品牌代言。

我们都知道电商品牌相对于传统的线下品牌减少了店面房租这一成本，与之相对应的是线上流量成本的增加。随着线上平台逐步"归一化"，许多垂直领域的平台都形成了寡头垄断，这导致了线上流量的价格越来越高，从而削弱了电商品牌相对于传统线下品牌的优势。

网红的自营电商通过网红在社交网络平台积累社交资产，然后再将其在电商平台上予以变现，这直接节省了很大部分的线上流量成本，使得网红自营电商相对于传统电商又开拓出了新的优势。而且，网红的社交资产是可持续、可增长的，例如一些女性网红通过微博发布女装图片与推介文字，粉丝的留言反馈就是关于产品的第一手用户调研信息，这对于女装的选款和设计也有直接帮助，在积累社交资产的同时，也让社交资产与自营电商之间形成了良性循环。

无论是自营电商还是品牌代言，电商类网红的生命周期相对其他网红会长一些，这是因为其整条产业链条更长，环节也更多。许多知名网红的背后都有几百人规模的公司，有内容、选品和招商团队，自营电商还有电商和供应链管理团队，商业模式也因此趋向更加牢固。

● 广告

广告是最为普遍的社交资产商业变现模式，因为其产业链条短，不涉及实体商业，操作简便。

由于网红通常具备人格化的属性，与其粉丝之间普遍具备在某一专业领域的信任关系，于是许多品牌希望通过网红来推广其产品，这样的推广往往比较精准有效。例如某位美妆博主日常发布内容教大家化妆，那么这位博主推荐一款眼影盘给粉丝，就显得非常自然，其购买转化率也会比较高。

前文说到广告驱动的 MCN 在商业模式上受到挑战，但这不等于广告就不是主流模式了，在许多 MCN 的收入组合中，广告依然一枝独秀。比如那些依靠段子手起家的公司现在还是很大的 MCN 公司，随之又出现了一些短视频为主的的广告类网红。只不过现在人格化的账号多了，不像以前的段子手帐号都是非人格化的，以量取胜。

广告类网红很多主打泛娱乐，与传统明星更类似，爆红的偶然性成分相对较大，所以更迭也比较快。

- **直播打赏**

直播打赏是一类比较特殊的社交资产变现模式。相比于社交资产的其他商业变现模式，直播打赏的中间环节最少，没有实物电商，没有广告主，是粉丝对网红直接的打赏。当然，通常会有直播平台与网红所属的 MCN 公司两个中间方。

网络主播通过直播积累社交资产并且同时直接变现，当积累到足够多的社交资产时，这些社交资产甚至可以平移为大众知名度。例如某网络主播通过直播唱歌积累了大量社交资产，后来登上电视综艺节目，进一步拓展其大众知名度，并举办了个人演唱会，已经远远超出了直播打赏的范畴。

直播打赏可以称为社交资产转换为货币资本的好例子。观看网络直播是一种极其特殊的消费。一般而言，在消费场景中，消费者的支出与其获得的产品、服务体验成正相关关系，消费金额越高，相应的产品使用价值就越大，或者服务给人带来的满足感就越高。网络直播却并非如此，它面向所有观看的用户，无论是否打赏，主播都会提供直播服务。在公开场景中，巨额打赏的回报只体现为主播公开地与粉丝互动。但打赏者却赋予这些互动以更多的意义，比如存在感、控制欲、虚荣心的满足等。换言之，直播这个行业，主播和观众彼此需要，形成了社交资产与货币资产的奇特混合。

● **知识付费及其他增值服务**

知识付费也是一种中间环节较少的社交资产商业变现模式。其产业链上通常会有网红、平台、知识产品、用户这几个环节。知识付费平台十分依赖头部网红，创作者往往自带流量。

目前我们可以在许多社交网络平台上看到这类商业变现模式，例如微博问答、知乎 Live、得到专栏、喜马拉雅付费音频、基于微信的小鹅通等，这些产品都是基于网红积累的社交资产进行的知识付费变现。

知识类网红比较难以稳定产出。现实中，大部分知识类内容的天花板都很低，商业化程度也不高。例如，据知乎 Live 产品负责人介绍，最受欢迎的内容有三类：第一类是快速了解一个行业，如销售、房地产、律师等；第二类是帮助付费用户做决策参考，如消费类、就业类；第三类是自我技能的提升。

社交资产的可持续性

常常看到"过气网红"的说法,许多人会问网红会不会过两年就不红了,如果不红,当然就不能继续进行商业变现。这里的问题实际上就是社交资产是否可持续,其规模是否可能会缩小甚至消失。

这样的可能性当然是存在的,我们都经历过各种事物的衰退与逐步消失,例如明星的知名度下降,品牌的老化,系列电影的票房下降,因而网红的社交资产规模缩小,完全是可以预期的。在两种情况下,网红的社交资产规模会缩小。

• 社交平台衰退或直接干预

由于社交资产是依附于社交平台而存在的,如果社交平台衰退,自然该平台上所有的社交资产规模大概率都会缩减。

或者,由于社交平台对个别网红的账号进行"封锁",也会使得其社交资产出现萎缩,这是一种最为直接的干预,通常很少发生,但一旦发生,对于社交资产的影响几乎是毁灭性的。

• 网红无法持续发布优质内容

网红依靠优质内容吸引粉丝,一旦无法持续输出优质内容,社交资产就会萎缩。例如,一个专业的母婴内容博主突然不发布母婴内容了,转而发布搞笑段子,粉丝数与关注度如果双双下降,其社交资产就会开始缩减。

competition关系也可能导致网红创造的内容吸引力降低，从而引发社交资产萎缩。例如，同样是发布服装穿搭图文内容，照片漂亮和穿搭风格更时尚的，能够获得更多关注。但是时尚风格总会变化，如果没能及时跟上变化，可能关注度就会下降。

以上两种可能导致社交资产规模缩小的风险，可以分别称作外部风险和内部风险。外部风险通常很难完全消除，而内部风险可以通过多种手段进行有效规避。

对于外部风险，网红及其 MCN 公司通常采取的做法是多平台内容分发，即在多个社交网络平台都发布内容，例如同时活跃于微博、微信、小红书、抖音、快手等平台上，将在这几个平台上获得的社交资产统一变现。这样，当其中个别平台出现衰退风险时，其他平台上的社交资产仍然存在，还可以继续进行商业变现。对于"封号"风险的预防，则需要从内容发布上进行把关，避免出现引发风险的表达。

对于内部风险，网红及其 MCN 公司的应对手段是进行更加科学的运营。网红社交资产的积累依靠优质内容，而优质内容是什么，应该以什么形式和什么节奏发布，是否该做适当的内容拓展，这些都是网红所属的 MCN 公司协助网红进行运营时需要考虑的问题。如果是专业性的内容，那网红就应该展示出专业精神，成为粉丝心中该领域的专家，做到粉丝一旦有关于该领域的疑问，第一时间就会想到该网红。例如，一位儿科医生从 2009 年起在微博上一直坚持发布儿科医学相关内容，获得了非常多宝妈的信任与关注，从而积累了大量社交资产。他通过在线下开设儿科诊所、线上 App（移动应用程序）开设知识付费内容等方式，对其社交资产进行了商业变现。

上文曾提到时尚类的内容，这类内容可能因为时尚潮流的变化而导致观看人数下降，这就好比许多服装品牌因为设计风格无法跟上潮流而慢慢被市场淘汰。但在时尚网红的生态下，紧跟潮流比传统服装品牌要更有优势，因为网红与粉丝之间是直接沟通互动的，什么服装款式会获得粉丝喜欢，粉丝又希望出什么颜色，都可以通过社交网络平台的互动获取一手信息。只要善于利用社交网络平台，倾听用户的声音，这类时尚网红的社交资产就能够获得稳定增长。

虽然网红可以通过多种手段与方式稳定持续积累社交资产，但是社交资产依然是依附于社交网络平台而存在的。某些出色的网红可以通过社交资产衍生出自己的品牌，从而将社交资产的价值附着于品牌之上，使得品牌可以脱离社交网络平台而单独存在，并具备一定的品牌价值。

例如国内某美食短视频创作者以发布古风田园诗意生活的视频内容吸引了众多关注，被称为"东方美食生活家"。目前她在 YouTube 上的粉丝数超过 1600 万，发布了 100 多个短视频，合计超过 26 亿次的观看。在社交网络平台积累了一定的社交资产后，她将这些资产的价值导入其自主品牌中，开设网店，推出具有中国传统特色的食品：和故宫联名打造苏造酱，与胡庆余堂合作参蜜，其余品类还有螺蛳粉、藕粉、蛋黄酱、草本茶、湖羊肉等，在传统佳节也会推出粽子和月饼这样典型的中国食品。不同于一般的食品企业，其品牌承载了创作者在视频中展现的中国传统文化，这个品牌的价值和创作者的社交资产紧密关联，共同成长。

上述品牌的成长路径代表了许多新一代品牌的努力方向，例如美妆护肤类品牌等，它们的共同特点就是在品牌成长的过程中大量借助了网红进行宣传与销售，并且将价值沉淀到品牌上，成为新国货品牌的代表。这些品牌没有在传统媒体上大量投放广告，甚至也没有大量投放互联网硬广，而是与众多网红合作，将每一个网红都当成一个渠道，通过这样的"毛细血管"渗透找到目标用户，在短时间内做到了传统品牌可能需要很多年才能够达成的业绩。

某护肤品牌是 2017 年创立的，2019 年 3 月在国内彩妆市场占有率就达到第三名，仅次于 MAC 和美宝莲。2019 年 1—11 月，天猫彩妆销售额达 276.76 亿元，以销售额超过 15 亿元的成绩夺冠。2019 年 9 月该品牌完成的新一轮融资，估值已达 10 亿美元，成功跻身独角兽行列。该品牌的股东中有高瓴和红杉这样的知名投资机构，体现了投资机构对其模式的肯定与看好。

网红的商业前景

中国数量庞大的人口基数和完善的电信基础设施是互联网企业生长的沃土，社交网络平台是其中的获益者之一。快递物流企业在线下布设的网点越来越密，消费者能够体会到快递速度越来越快，体验感越来越好，这为电子商务的发展打下了坚实的基础。中国在改革开放后迎来了高速发展时期，逐步成为全球的"制造中心",积累了强大的工业制造能力,这使得新创立的产品品牌能够以比较低的门槛对接全球最优质的供应链资源。

以上这些都是网红积累社交资产并将其变现的商业模式得以成立的前提与基础,基本上源自中国消费互联网在这些年的高歌猛进。"网红经济"堪称"消费互联网"产业中充满亮色的一笔,网红带货和网红自营电商已覆盖服装、美妆、美食、母婴、汽车、日用品、数码等消费品类,越来越多的品牌开始和网红合作,甚至着力于培养属于自己的网红。

重要的是要认识到,这些网红不仅是营销工具,还是品牌可以与之合作实现营销目标的社交资产。同时,领先的网红已然迈开品牌化的步伐,充分利用自己积累的社交资产,创造趋势并鼓励追随者购买他们推出的产品。

虽然"网红"还是新生概念,新的网红品牌也才经过数年的高速发展,但他们展现出了与以往不同的活力与模式,尤其是网红在社交网络平台上积累的社交资产,将成为未来商业生态中的重要变量。

冒险・改变世界・关心人类
底层关键词

马斯克：钢铁侠还是魔法师

"情况越艰难，他表现越佳"

英国作家乔纳森・斯威夫特（Jonathan Swift）说："当一个真正的天才出现在尘世中时，笨蛋们都会联合起来攻击他，由此你可以将他辨认出来。"

埃隆・马斯克（Elon Musk）一生都在蔑视攻击他的人；到2021年末，他似乎终于有机会让他们闭嘴了。《时代》周刊2021年12月13日宣布，这位SpaceX公司（美国太空探索技术公司）创始人与特斯拉CEO（首席执行官）被评为年度风云人物。《时代》周刊没有吝惜加在马斯克头上的称谓："这是一个有志于拯救我们的星球并让我们有一个新的居住环境的人：小丑、天才、挑衅者、有远见的人、工业家、杂耍演员、无赖。"

看上去贬义词还是多过褒义词，但没有人敢嘲笑马斯克：截至2021年12月，马斯克的净资产约为2550亿美元，是世界上最富有的人。

2021年，马斯克刚好50岁。他在社交媒体平台Twitter上拥有5700万粉丝，其中一人问马斯克想要什么样的50岁生日礼物。而马斯克的回答很简单："超重型星际飞船"（Starship Super Heavy）。此种超重型星际飞船被设计用来运送货物和多达100名船员到月球、火星，甚至是到宇宙更深处。

2001年，马斯克30岁。"我不再是个神童了。"他半开玩笑地告诉他的新婚妻子。1988年，马斯克从南非一路移居加利福尼亚，靠两家互联网公司Zip2和PayPal[①]赚了数以亿计的钱。人们期望他像一个刻板的互联网富翁一样，再去开办一些其他的网络服务。不过，马斯克心心念念的却是小时候的梦。

那时他就渴望着火箭飞船和太空旅行，一本本"吞"下罗伯特·海因莱因（Robert Heinlein）、艾萨克·阿西莫夫（Isaac Asimov）、阿瑟·克拉克（Arthur Clarke）和道格拉斯·亚当斯（Douglas Adams）的科幻作品。对于大多数人来说，在硅谷获得成功就是他们的目标。而对马斯克来说，那不过是一块垫脚石。

2002年6月，马斯克创立了SpaceX（美国太空探索技术公司）。在从俄罗斯人那里购买火箭未果之后，他决定自己造火箭。朋友说他疯了，特地去找了俄罗斯、欧洲和美国火箭爆炸的剪接视频给他看。马斯克不为所动，逢人就谈Space（太

[①] Zip2是一家向报纸提供和授权在线城市指南软件的公司，1995年在加州帕洛阿尔托成立，1999年被康柏电脑公司收购。PayPal是一家美国在线支付服务商，2002年被易贝（eBay）收购。

空），有的投资者还以为他指的是办公空间，好似进入房地产游戏一样。他们不知道，马斯克喜欢一句拉丁语名言"ad astra"，意思是"循此苦旅，以达星辰"。

SpaceX 的第一枚火箭被命名为"猎鹰 1 号"，是向《星球大战》（*Star Wars*）中"千年猎鹰"的致敬，尽管 2006 年 3 月第一次试射时，"猎鹰 1 号"直接坠落在发射场上。2008 年 9 月，经过 6 年时间（比马斯克计划的多了大约四年半）和 3 次发射失败，第一枚私人制造的液体燃料火箭终于在第四次发射时成功进入轨道。

然而，就在 SpaceX 想出如何驾驶火箭的时候，公司却面临破产。这 6 年，马斯克并不只是在制造火箭。2003 年，在他创办 SpaceX 大约一年后，马斯克帮助创建了特斯拉汽车公司，计划销售电动跑车。多年来马斯克一直在追求好的电动汽车，此前已经向 SpaceX 投入了 1 亿美元，他决定向特斯拉再投入 7000 万美元，并最终成为该公司的 CEO。这是一个几乎令两家公司都陷入瓦解的决定。

2008 年，SpaceX 与特斯拉均面临严重的现金短缺。记者们似乎对攻击特斯拉尤其感到高兴。这家电动汽车制造商经历了无数次产品延迟、管理层变动和成本超支，耗费 5 年时间和数千万美元的投入，仍然没有一辆特斯拉汽车可供购买。

与此同时，马斯克还经历了丧子和离婚之痛，私人生活直坠谷底。他回忆说："你有这些巨大的怀疑，你的生活不正常，你的车不正常，你正在经历离婚和所有这些事情。我觉得自己很糟糕。我不认为我们会走出来。我想事情可能是注定的。"

马斯克的痛苦常人难以想象：两个亲手抚养的"孩子"，该舍弃哪一个？SpaceX与特斯拉，看起来只有一家公司可以生存。如果把自己剩下的钱平分给它们，也许两个都会死。如果把钱只给一家公司，它存活的可能性更大，但这意味着另一家必死无疑。那段至暗时期，唯一的亮点是他开始与英国女演员塔卢拉·莱利（Talulah Riley）约会，他们结了婚。

莱利把马斯克的生活看作是莎士比亚式的悲剧。马斯克有时会对她敞开心扉，有时则退缩。莱利说："看着你爱的人这样挣扎，真的很难受。"由于长时间的工作和不良的饮食习惯，马斯克开始长出很大的眼袋。"他看起来就像是死亡本身，"莱利记得，"我在想这家伙会心脏病发作而死。他似乎是一个处于崩溃边缘的人。"

特斯拉每月烧掉大约400万美元，需要完成另一轮重要的融资，才能度过2008年并保持生存。马斯克不得不依靠朋友，筹集所有他能找到的个人资金，包括从SpaceX贷款。最后他铤而走险，决定以SpaceX的贷款作为自己的出资，向风险投资商举债。与此同时，在SpaceX，马斯克和高层管理人员在恐惧中度过了12月中的大部分时间。然而在2008年12月23日，SpaceX赢得了一份金额为16亿美元的合同，为美国国家航空航天局的空间站提供12次补给飞行。福能双至，特斯拉的融资交易也最终成功，就在圣诞节前夕，于公司即将破产的几个小时前，当时马斯克账上只剩几十万美元。

安东尼奥·格拉西亚斯（Antonio Gracias）是特斯拉和SpaceX的投资者，也是马斯克最亲密的朋友之一，他目睹了这一切的发生。他说，2008 年告诉了他关于马斯克性格的一切。"大多数人在那种压力下都会崩溃。他们的决定会出问题。埃隆变得很亢奋，但他仍然能够做出非常清晰、长期的决定。情况越困难，他表现越佳。"

我们不禁好奇，马斯克的性格是如何形成的？他是如何成长为莎翁悲剧中的人物的？

钢铁侠怎样炼成

马斯克成功的主要原因包括他改变世界的强烈渴望、冒险精神、工程师思维和把市场当作实验室的做法。他将所有这一切与辛勤的工作混合在一起，没有辛勤的工作，以上所有东西都是徒劳的。

为了实现梦想，马斯克付出的努力，无论是身体的、头脑的还是精神的，都是常人无法想象的。他在社交媒体上说："我每天工作 16 个小时，每周 7 天，每年 52 周，人们还认为我很幸运。"

- **改变世界的强烈渴望**

马斯克的每一家公司和每一项计划都有相同的目标：改变世界。

他还在念高中的时候，总是在两个科目上获得优异成绩：物理学和计算机科学。所以，当时他认为自己长大后最有可能利用粒子加速器从事物理学研究。对马斯克来说，这似乎是一个合乎逻辑的职业选择，因为他对宇宙充满了好奇，并且热爱科学。

但在1993年，马斯克22岁的时候，计划发生了改变。那一年，世界上最大的粒子加速器项目在美国被取消。看到这条新闻，马斯克想："哇，如果我在对撞机上工作，花去这么些年，然后政府就把它取消了怎么办？"那时，他是宾夕法尼亚大学的一名学生，主修物理学和经济学。

1997年毕业后，马斯克没有从事物理学研究，而是利用他的计算机科学技能，创办了他的第一家企业，一家名为Zip2的城市指南软件公司。为什么进入互联网？这也不奇怪，年轻的马斯克认为，有5件关键的事情会影响世界。"当思考什么最可能改变未来时，我认为有5件事。"

第一件事是20世纪90年代刚出现的互联网。它将"从根本上改变人类"，马斯克说："我不会把这看作一个深刻的见解，它是一个明显的见解。"此点无须多说，事实上，马斯克的确是在互联网上淘到了他的第一桶金和第二桶金。

第二件事是多星球化生活。马斯克深信，应该"让生活多星球化，让意识多星球化"。原因是，文明和意识在地球上的存在的确有些脆弱。这构成了他最大、最梦幻的目标：将人类送往火星。

第三件事是人类遗传学。改变人类基因组以摆脱疾病或各种疾病的倾向，将成为生活常态。眼下这件事也开始做了，因为有了像CRISPR（规律间隔性成簇短回文重复序列）这样的基因编辑技术。

第四件事是可持续能源。马斯克的传记中提到，他在十几岁时就对人类的命运感到负有"个人义务"，有朝一日要创造"更清洁的能源技术"。

第五件事是人工智能（Artificial Intelligence，AI）。这是马斯克创办机器智能企业 Neuralink 的初衷，因为他认为人类必须与人工智能相融合，以免在将来变得无足轻重。马斯克后来在"西南偏南"大会上说："我们确实希望在人类集体智慧和数字智能之间形成紧密耦合，Neuralink 试图在这方面提供帮助，尝试在人工智能和人脑之间建立一个高带宽接口。"

由此可见，对于 21 世纪真正的技术应该做什么，以及人类要创造什么样的未来，马斯克可能比同时代的任何人都拥有清晰的愿景。为了追求这一愿景，马斯克创建、振兴和重新定义了他涉及的每个行业，从运输到能源，从 AI 到航天。

和高谈阔论未来的人不同，马斯克是一个行动主义者。从贝宝（PayPal）被收购后，他把拿到的钱切实砸到了可能影响人类未来的事业上。他向来不从什么是最好的赚钱方式的角度看问题，"这无关金钱"，绝对是马斯克商业态度的重中之重。

虽然他极为成功并且拥有巨大的个人财富，但这并不是他的动力。他认识到："大多数人在赚很多钱时都不想冒险。"

● 冒险精神

只有非凡的冒险者才能在人生中实现和马斯克一样多的成就。

特斯拉的成功生动地证明，伟大的企业源于对风险的渴望。自1925年克莱斯勒成立以来，在美国未出现任何一家新的汽车制造商。在特斯拉2010年进行首次公开募股（IPO）之前，马斯克甚至不希望人们投资这家刚刚起步的公司，因为他认为失败的风险太大了。

特斯拉吸收了几乎所有证明电动汽车能够成为一个可扩展市场的风险，从而降低了其他所有人的风险。2010年，许多汽车行业高管认为，到2020年，电动汽车的销售额将占到10%—20%。他们错了：全球市场仅仅超过1%。马斯克凭借一己之力，将电动汽车从狭隘的奢侈品市场带入美国乃至全球的主流市场。

当SpaceX和特斯拉双双濒临破产时，马斯克没有去止损并保护自己的剩余财富，而是将所有资金都投进去。在一个又一个的巨大冒险中，马斯克建立了全球汽车充电网络，发明了可重复使用的火箭，开辟了高速运输隧道，创办了脑机接口技术创业公司，并建立了一个高速互联网系统……在太空中。

● **工程师思维**

马斯克是一位对物理学着迷的工程师。他为此自豪："工程师是现实世界中最接近魔术师的存在。"他曾经说，每天早上让他起床的动力，是对解决技术问题的渴望。

马斯克曾给创业者如下建议："如果你要创立一家公司，应该尝试做的第一件事是，创建一个工作原型。一切在PowerPoint（演示文稿软件）上看起来都很好。你可以使任何东西在

PowerPoint 上工作。"但是，要想说服人们，你必须实实在在地拿出示范产品，哪怕是最原始的形式。

马斯克相信很多公司本末倒置了，比如，人们获得的激励往往来自财务端，然而产品才应该是最高管理层的核心关注。他抨击经营公司的 MBA（工商管理硕士）太多，管理者应该减少时间开董事会，减少时间关注财务，因为财务状况不过是一个结果。他呼吁美国企业的 CEO 们，"花更少的时间在会议室、演示文档、电子表格上，花更多的时间在工厂车间，花更多的时间与客户在一起"。顺理成章，马斯克的领导哲学是：走出去，到工厂车间去，到商店去与客户交谈。

在特斯拉公司，马斯克亲自负责所有产品的开发、工程制造和设计。公司于 2010 年上市，但长期处于危机状态。由于生产落后于计划，公司总是面临资金耗尽的风险。在 2018 年 4 月的大部分时间里，马斯克都睡在工厂的车间里，试图解决装配线问题。他睡在一张小床上，半夜醒来，看着墙上的显示器，然后去寻找瓶颈因素。他的顾问回忆说："他会在那里检查系统，亲自重做代码，解决问题。他以身作则，忍受最多痛苦，而周围的人在没有他那么拼的情况下，真的不能抱怨什么。"

2002 年，当马斯克开始 SpaceX 的创业时，他给自己设定了角色：首席工程师、首席设计师兼首席执行官。他说："我遇到那些不了解技术细节的 CEO，这对我来说很可笑。"

当 SpaceX 自制的火箭前三次发射尝试全部失败时，马斯克遭受了巨额经济损失，令他的个人财产处于危险之中。但是他看到的是机遇而不是失败,因为每一次失败都意味着有更多的数据和机会,来识别问题并加以解决。

2014年,马斯克宣布,特斯拉将把自己的技术专利提供给任何想要真诚使用的人。他的意图是吸引汽车制造商加快电动汽车的发展。他知道,每当自己的公司攻克了一个障碍,便会一劳永逸地帮助其他每一个正在试图解决同一问题的人。

2017年,在世界政府峰会上,马斯克表示自己总是使用相同的面试方法,向每个候选者提问:"告诉我你所处理过的一些最困难的问题,以及你是如何解决这些问题的。"他解释说:"真正解决问题的人,他们确切地知道如何解决问题,他们了解一些小细节。"他把传授解决问题的方法看成头等重要的事情。

● **把市场当作实验室**

在一个完美的世界里,一个技术不断进步的世界里,有人渴望投资进步的事物以保持进步,马斯克可能只是一位在某个实验室里修修补补的工程师。但世界并不完美。美国放弃了太空探索、可替代能源和可持续交通运输。技术并没有以马斯克期待的速度发展,甚至他这一代人的成长也达到了上限。

简而言之,马斯克为自己和世界所设想的未来并不会凭空出现。因此,他别无选择,只能自己创造未来,哪怕为此要冒巨大的风险。这正是真正的马斯克项目的标志——一部分是硬科学,一部分是冷酷的商业,还有一部分是直接的科幻。

传统思维是,企业家可以运营一家真正有实力的公司,来进行很多短期优化。但是，这样的公司很难取得重大的技术进步。马斯克没有选择传统模式，而是决定着眼于未来——推动航天和电动汽车的里程碑式发展，即使它们并不是商业上最可行或利润最大化的选择。

在航天方面，马斯克并不是在开拓技术，而是在利用已经知道的东西。对他来说，太空问题似乎很简单：目前所有的火箭都使用政府开发的技术，在不考虑成本的情况下实现最佳性能。每一枚火箭都是按订单生产的，可用于一次飞行，然后扔掉。如果 SpaceX 可以制造完全可重复使用的火箭，每次飞行的燃料成本将仅为 20 万美元。

一般认为，洛克希德·马丁空间系统公司（Lockheed Martin Space Systems Company）及波音公司（The Boeing Company）两家公司合资成立的联合发射联盟（United Launch Alliance）垄断了卫星发射，其他公司无法进入该市场。然而，美国国家航空航天局却与 SpaceX 签署了商业合约，让 SpaceX 有足够资金来研发新火箭。对马斯克来说，美国国家航空航天局的合约是一个疯狂的、巨大的梦想的开始，他可以建造和发射更多的火箭，降低它们的价格，并且像飞机飞行一样可靠。

在特斯拉汽车公司等马斯克的企业中，可以看到相同的"投资—实验—资本化—再投资"模式。通过将自己的资金投入公司，他得以推动将数百个锂离子电池连接起来以获得前所未有的电池寿命的方法，从而完善了电动汽车的概念。对于每一代特斯拉汽车，马斯克都致力于降低汽车的价格。每一代都为下一代提供资金，这既使普通消费者能够用上电动汽车，解决了市场上迫在眉睫的问题，又使马斯克有能力进一步改进他的技术，直至宣布免费提供特斯拉所有专利。这其实是马斯克的真正目标：超越利润的技术进步。

关心人类存亡

马斯克的诸多产业中让所有人都震惊的一点在于，所有设想有多么大胆。他想改革汽车行业、策划"火星绿洲"项目、在真空隧道中建造超快列车、把人工智能整合到人脑中，并颠覆太阳能和电池产业。

如前所述，所有的项目都在某种程度上是一种未来主义的幻想。在未来的某个地方，马斯克根据自己的想法创造了一个新的技术世界——基于物理学，以及科幻小说留下的50年未能实现的承诺。

《2001太空漫游》（2001：A Space Odyssey）作者、科幻小说家亚瑟·克拉克（Arthur C. Clarke）曾说："任何足够先进的科技都与魔法无异。"小时候的马斯克受此影响，决心走上发明创造之路。成年后，他说自己一直有一种存在的危机感，很想找出生命的意义何在、万物存在的目的又是什么。最后他得出的结论是："如果我们能推进对世界的认识，如果我们能做到扩大意识的范围和规模，我们就能更好地提出正确的问题，更容易获得顿悟，而这确实是唯一的前进方向。"

彭博（Bloomberg）①的记者到SpaceX总部采访，在通往马斯克的隔间的墙边，看到两张火星海报。左边那张是今天的火星——一个寒冷、贫瘠的红色球体。右边的海报显示，火星上有一片被海洋包围的绿色陆地，这个星球已经被加热，并改造成适合人类居住的样子。

马斯克对记者说："我希望我在死去的时候，心里想着人类会有一个光明的未来。如果我们能解决可持续能源问题，并顺利成为一个多行星物种，在另一个星球上拥有自我维持的文明，以应对最坏情况的发生和人类意识的消亡，那么我认为这将是非常棒的事情。"

马斯克相信人类有物种灭绝风险，这就是为什么他主张人要成为多行星定居者。"如果你展望未来，人类成为一个太空文明，那就是在远处探索恒星，这与我们永远被限制在地球上，直到最终灭绝，这两者之间存在根本的区别。"由于受到"巨型过滤器"观点的影响，马斯克希望人类能够成为银河系中第一个通过该过滤点的文明。这种观点相信，宇宙中的所有文明在其进化过程中都面临着一个使其灭亡的截止点。

虽然马斯克在科技领域有突出成就，但是相当多的人认为，在气候变化、大流行②、日益扩大的不平等和许多其他日趋严重的全球问题中，马斯克和杰夫·贝佐斯（Jeff Bezos）等富豪主张人类远行，不值得信赖。"上太空，拯救人类"的论点，

---

① 彭博是美国一家全球商业、金融信息和财经资讯的提供商。
② 大流行指某种疾病的发病蔓延迅速，涉及地域广，人口比例大，在短时间内可以越过省界、国界甚至洲界形成世界性流行。

往小了说根本难以服人，往大了说可能包含别的目的。尤其是在这个特定的时间点：21 世纪，我们面临着无数的生存威胁，这些威胁并不是局部的，而是很容易扩散开来，从生物工程的潜在危害到错位的人工智能。甚至这类威胁还完全有可能随着人类的扩张而到达地球之外。从近期来看，引发一场关于极端风险的世界性对话，可能比冲刺火星更具成本效益。

科幻作家西姆·克恩（Sim Kern）最近的一篇文章捕捉到了这种情绪。他指出，太空可能提供了诱人的救赎和重新开始的理想，但事实上，"无论我们旅行到多少光年之外，都无法将我们的混乱抛之于脑后"。

而且无论如何，克恩写道，我们已经有了一个相当不错的轨道上的定居点。"它是巨大的，大到足以盛下我们所有的朋友和家人。它有极好的重力和辐射屏蔽，给了我们可呼吸的大气。还有一个几乎是无限的可再生能源——太阳——在它变得太热和烧毁我们之前，它应该能让我们再坚持 10 亿年。"

这就是我们的"地球号"太空船。"我们的飞船上有超过 800 万种不同的生命形式供我们研究，它们的行为、语言和智能，我们才刚刚开始了解。这些其他物种的朋友为我们提供空气、食物、药物、水过滤——有些甚至为我们唱歌，让我们的空气充满芳香，并使我们的飞船变得惊人地美丽。"

所以，为什么人类最终决定不忽略太空，转而专注于地球，用绿色能源、可持续农业等建立一个稳定的社会？至少，让我们短期内先把地球从洪水、野火和热浪的困扰中解救出来吧。

问题是，即使到了遥远的未来，也总有不启动移居太空项目的理由。在地球上，总是会有我们需要解决的紧急问题。还有，等灭绝灾难真的到了眼前再准备，肯定就晚了。即使是不同意现在就开启移居的人，也很难为把它推迟到人类崩溃前的那一刻辩护——那将是一场规模难以想象的灾难。

成为多行星物种是一个伟大的愿景，从长远来看是一件好事，但它可能永远不会真正成为一件理性的事情。甚至可能会出现一种奇怪的局面：人类命运选择那些非理性的人来向前迈进。所有的进步都取决于不讲常理的人。所以，即便马斯克或贝佐斯正在做的事情实际上是不合理的，但它仍然可能是一件好事。

无论你对这一代亿万富翁持有什么看法，不可否认的是，他们短时间内在太空旅行方面取得了重大进展。能否把开拓外太空的任务留给后代而不是他们？也许吧。但这并不意味着他们的贡献毫无价值。

当然，如果人类真的去建立一个拯救其长期未来的星系文明，它并不需要按照21世纪初一两个亿万富翁的奇思妙想和愿望来建造。如果我们不希望太空为少数特定的人的愿景所设定，那么我们也应该提出我们的愿景。

这时候，听听马斯克在美国加州理工学院对年轻人的劝告还是很有益处的："我认为我想说的是，你们是21世纪的魔法师，不要让任何东西阻碍你们。你们的想象力才是你们的极限。出发吧，去创造一些魔法！"

顾客至上・飞轮效应
底层关键词

贝佐斯：想大事，但从小事干起

每当经济面临又一场强震的时候，总会有一些先知先觉者察觉到地壳的轻微颤动，并因此行动起来，而这样的行动看上去是那么鲁莽，甚至有些愚蠢。经营渡船的科尼利尔斯·范德比尔特（Cornelius Vanderbilt）瞥见铁路的妙处，迅速转航，终成一代铁路巨头；小托马斯·沃森（Thomas Watson Jr.）在人们尚不知计算机为何物的时候，就预见到日后它将无所不在，造就了信息业的多年霸主IBM（国际商业机器公司）。

强震到来前的先知先觉者

贝佐斯面对的则是网络，或者更确切地说，是电子商务。他创办的亚马逊是世界上最大的网络商店，而且，有可能成为有史以来最庞大的零售帝国，人们能在其中找到任何想要的东西。在使网络成为安全的购物场所方面，贝佐斯的贡献比任何人都大。所以，在35岁的时候，贝佐斯荣膺1999年《时代》周刊年度风云人物。

贝佐斯最崇拜的历史风云人物是谁呢？一位是托马斯·爱迪生（Thomas Edison），出色的发明家和不甚高明的商人；另一位是华特·迪士尼（Walter Disney），相当不错的发明家和极为出色的商人。贝佐斯佩服的不是迪士尼的电影而是其主题乐园，他曾多次造访迪士尼乐园。最令贝佐斯难忘的是迪士尼强有力的远见。"他知道自己想要建造什么样的梦幻之乡，然后组织了一批真正优秀的人去建造。所有的人都认为他的想法不会成功，迪士尼费尽口舌才从银行借出 4 亿美元。最后，他成功了。"

和迪士尼一样，贝佐斯的创业故事如今已成神话。他突发灵感从华尔街辞职而投身网络，于传奇般的西部之旅中写下亚马逊书店的商业计划，在西雅图一间租来的车库中日夜奋斗，从一家在线书店起家，一路扩展到各种其他电子商务产品和服务，包括视频和音频流、云计算和人工智能。据 2021 年《财富》世界 500 强榜单数据显示，亚马逊总营收位列全球第三，由于旗下拥有 Amazon Web Services（AWS，即亚马逊云服务），亚马逊也成为全球最大的云基础设施服务提供商。

1999 年，当贝佐斯被评为《时代》周刊年度风云人物时，网购才刚刚开始流行。是时，在《时代》周刊历史上评出的所有风云人物中，贝佐斯的年轻程度居第四位，他前面有查尔斯·林白（Charles Lindbergh，1927 年获评时 25 岁，是驾机飞越大西洋的第一人）——一位探索者；英国女王伊丽莎白二世（Elizabeth II，1952 年获评时 26 岁）——一位国王；美国著名黑人活动家马丁·路德·金（Martin Luther King，1963 年获评时34岁）——一位革命家。作为"电子商务之父"，贝佐斯集探索者、革命家等于一身，只不过他开拓和统治的是一片虚拟的疆土。

解决大市场中的大问题

贝佐斯辞职创业的故事充分反映了他的个性。这位后来成为世界首富的人原来也只是华尔街一家对冲基金公司的打工仔。当时是1994年，贝佐斯从大学毕业8年，已届而立之年，虽然他在金融行当中的工作很赚钱，但他缺乏个人实现感。

他很快发现了一个令他怀有紧迫感的东西：一份报告预测互联网使用率将会快速增长。"Web[①]的使用每年以2300%的速度增长。我从未见过或听说过如此迅速的增长，我想到，如果我可以建立一个拥有数百万种图书的在线书店，那太令人激动了。"贝佐斯在2010年回母校美国普林斯顿大学演讲时如此回忆。

他同自己的老板谈了这个想法，老板认可这是一个好主意，但同时警告说，只是对于没有好工作的人来说，它才是一个好主意。

贝佐斯花了几天时间考虑老板的建议，他决定尝试一项心

[①] Web（World Wide Web）即万维网，是一种基于超文本传输协议（HTTP）的、全球性的、动态交互的、跨平台的分布式图形信息系统。它是建立在Internet上的一种网络服务，为浏览者在Internet上查找和浏览信息提供了图形化的、易于访问的直观界面，其中的文档及超级链接将Internet上的信息节点组织成一个互为关联的网状结构。

理练习。"最好的思考方式是将我的生活投射到 80 岁。"一种对后半生也许会后悔的担心促使他想去冒险。"我不希望自己到 80 岁的时候,静静地回想自己的一生,列出一大堆遗憾",所以需要"最小化后悔"。

"在经过深思熟虑之后,我走了一条不太安全的道路去追随自己的热情。一个人可以选择'轻松自在'的生活,也可以选择'服务与冒险'的生活。到 80 岁时,你会为后者感到骄傲。"

这一"最小化后悔"原则的前提是,拥有独到的洞察力。贝佐斯并不是盲目进入网络零售市场的。他研究了 20 个他想象会被电子商务打乱的零售市场,最终将目光投向图书:一个 820 亿美元的庞大市场,没有明显可见的主导者,其产品成本低廉,可以出售给任何地方的任何人。

从贝佐斯的经历中创业者可以学到什么?寻求少有人知的洞见,尽早进入新兴行业。最重要的是,努力解决大市场中的问题。

铭刻在计算历史中

2000 年,亚马逊还仅仅是一家面临规模挑战的电子商务公司。这些问题迫使公司建立坚实的内部系统来应对它所经历的高速增长,在早期阶段,该系统仅包含数个不同的工具和服务。2003 年下半年,面对简陋的基础设施难以承受迅猛流量的现状,克里斯·平克汉姆(Chris Pinkham)和本杰明·布莱克

（Benjamin Black）提交了一篇论文给贝佐斯，描述亚马逊零售计算基础架构的愿景，该架构是完全标准化和自动化的，并且将在很大程度上依赖于 Web 来提供诸如存储等服务。在论文的末尾，他们提到出售虚拟服务器访问权的可能性，并建议公司从新的基础架构投资中获得收益。

平克汉姆和布莱克向贝佐斯展现了一幅未来图景：大学生凭借亚马逊的服务，在寝室里就可以创办起一家公司。贝佐斯非常欣赏这个想法，AWS 就此启航。3 年后，亚马逊推出了它的"基础设施即服务"（Infrastructure as a Service，IaaS），即允许任何机构、企业或任何开发人员在其技术架构平台上运行应用。AWS 从构思想法到实施成功，贝佐斯再次证明了自己的方法论：大胆赌博，不怕失败，敢于挑战传统智慧。这种大赌大赢的策略催生了首个现代云服务，竞争对手花了好几年时间才做出回应。"我们做了 7 年，都没有遇到想法相同的竞争者。这真令人难以置信。"贝佐斯后来自夸道。

AWS 工程师詹姆斯·汉密尔顿（James Hamilton）在 2016 年撰写了一篇回顾性文章，介绍了 2006 年至 2016 年的亚马逊云服务 10 年奋斗史。他如此评述 AWS 的颠覆性：

改变游戏的首先是服务的低成本。更加震撼的是你只需要一张信用卡就可以购买存储。没有需要财务批准的提议，没有请求建议书，没有供应商选择过程，没有供应商谈判，也不必四处寻找数据中心空间。简单注册以后就可以使用了。

至少与低成本和易配置一样值得注意的是，该服务来自亚马逊，而不是传统的企业 IT 供应商。那些公司追逐高利润，和它们谈判艰难无比，有时甚至还要进行许可证使用审核，而亚马逊是个完全不同的供应商，采取不同的模式，提供低摩擦的供应路径以及根本上不同的价格，起步价低还会不断降价，不会随着时间的推移逐步提高成本。

在 AWS 研发初期，亚马逊还是一家刚刚盈利两年的上市公司，在公司股东会上，不少股东对 AWS 的业务提出异议：将用于自身运营的存储和计算服务出售给其他公司，这和电商公司有什么关系？然而，坚信 AWS 价值的贝佐斯并不理会。

2006 年 AWS 正式发布的时候，大多数人对此仍不理解，他们认为这是狂人贝佐斯的又一个烧钱的妄想。在当年 10 月《商业周刊》的封面报道《杰夫·贝佐斯的豪赌》（*Jeff Bezos' Risky Bet*）里，一位华尔街分析师抱怨说，AWS 这条业务线完全可以看作亚马逊不走正道的表现。甚至蒂姆·奥莱利（Tim O'Reilly）这位很早就意识到贝佐斯的战略企图的产业分析家，也认为在日后与微软和谷歌的对抗中，亚马逊胜算不多。

十年磨剑，锲而不舍，AWS 成长为世界上最成功的云基础设施公司，赢得了 30% 以上的市场，超过了它的 3 个实力最接近的竞争对手微软、IBM 和谷歌的总和（并保有相当的利润）。2018 年，亚马逊的市场份额进一步上升到 40%，其后依次是微软（17%）、谷歌（8%）和阿里巴巴（5%）。

然而云服务仍处于起步阶段，根据 Gartner Group[①] 的统计，2015—2020 年，全球云计算市场渗透率逐年上升，由 4.3% 上升至 13.2%，至 2021 年，全球云计算渗透率将上升至 15.3%。IDC（互联网数据中心）最新发布的《全球及中国公有云服务市场（2020 年）跟踪》报告显示，2020 年全球公有云服务整体市场规模（IaaS/PaaS/SaaS）达到 3124 亿美元，同比增长 24.1%。

凭借 AWS 业务的强劲增长，亚马逊的股价一路水涨船高，在 2018 年 9 月 5 日，市值甚至超越了它曾经遥不可及的微软和谷歌，直追苹果，成为全球第二家破万亿美元市值的公司。迄今，亚马逊仍然在一路狂奔，2021 年 4 月，知名科技分析师布伦特·赛尔（Brent Thill）表示，"在云计算和广告业务推动下，未来 3 年亚马逊市值将增长 70%，意味着到 2024 年，公司市值将达到 3 万亿美元，这还没有考虑到它进军医疗、家庭安保、智能家用设备和娱乐领域的可能性。"

亚马逊曾经的"旁门左道"（零售公司做云服务，当年你也会笑话它吧），现在将其带向一家互联网计算巨头。几乎没有一家初创公司未在 AWS 上运行，而且它还对从通用电气到 Netflix 等大型公司的数字化运营至关重要，后者在亚马逊上运行所有的流视频。贝佐斯再一次视人所未见，事实证明，他所看到的乃是计算的未来。AWS 已然可以同惠普、IBM、微软、谷歌、Facebook 等创造了计算业务的公司一同铭刻在历史中。

---

① Gartner Group 成立于 1979 年，是一家专注于信息技术研究和分析的公司。

亚马逊的工作方式

有访问者问贝佐斯，他在商业成功方面学到的永恒经验是什么？贝佐斯回答：亚马逊自创业以来，始终坚持3个大的想法：一是将客户放在第一位，二是发明，三是以不同的时间尺度思考。

贝佐斯称，这3个想法，即以客户为中心、长期思考和对发明的热情，是紧密联系在一起的，共同构成亚马逊的工作方式。

最核心的原则是，执着于客户，而不是关注竞争对手。亚马逊网站上如此描述该原则："当我们进行创新和建设时，我们总是以客户为出发点，反向努力。尽管我们可能会关注竞争对手，但我们痴迷于客户。对客户的迷恋是我们的能量来源，我们总是想为客户做到最好。在每一次会议上，在我们做出的每一个决定中，有一个重要人物——我们的客户——不在场。我们必须大力伸张其想法，并赢得其信任，而这将促使我们不懈地追求改善客户的体验。"

而如果要以客户为中心，就必须把促进发明和创新作为商业模式的关键。从事发明，意味着需要大量试验，失败几乎总是相伴左右。为此，企业需要有能力承受打击，并接受失败作为过程的一部分。这样的事情，只有当企业长期在一个基础上思考和运作时才会发生。

贝佐斯说："我们真正关注的是长期思考，因为很多发明都是无效的。在我们的文化中，我们明白，即使我们有一些大型业务，新事业也是从小事开始的。最大的橡树是从一颗橡子开始的，如果你想做任何新的事情，你必须愿意让这颗橡子长成一棵小树苗，然后变成一棵小树，也许有一天它将成为一个独立的大业务。"

随着公司的发展，贝佐斯更加执着于他最初的想法，以近乎道德的方式看待它们。他称，自己的主要工作，是帮助维护亚马逊的企业文化。的确，亚马逊的不断创新，根植于竞争以及苛刻、严格的组织文化当中，该文化被一些人形容为"角斗士文化"。在贝佐斯所有的管理理念中，也许最与众不同的是，他认为和谐在工作场所中的价值往往被高估了——它可以扼杀诚实的批评，鼓励对有缺陷的想法进行礼貌性的赞扬。与之相反，亚马逊人被要求"不同意并承诺"（disagree and commit），在做出决定之前，对同事的想法进行抨击，反馈可能是直率的，甚至是痛苦的。最后大家可以不达成一致意见，但决策一定下来，每个人都必须遵守承诺。

贝佐斯强调，领导者必须拥有不懈的高标准。在外界看来，许多人可能认为这些标准高得不合理。领导者不断提高标准，推动他们的团队提供高质量的产品、服务和流程。领导者确保缺陷不会被送往下线，问题一经发现，就必须修复。看似不合理的高标准是亚马逊经理们推动其团队向客户提供不断提高的服务水平的工具。

然而，亚马逊的成功并不只是因为其自身的"残酷"或高要求的文化，是因为它的内部文化和外部品牌背后有一个单一的、统一的动力。亚马逊独特的组织文化培养了一个以业绩为导向的环境，激发了员工的创新热情，以追求卓越的、不断改进的客户体验。它的品牌形象也是基于提供同样的具备颠覆性创新的客户体验。

正是亚马逊的文化和品牌的融合为公司提供了动力。每位员工都只专注于一件事：代表客户追求卓越。没有人需要花费额外的精力去思考该做什么或怎么做，才能实现亚马逊品牌在世界上的代表地位。客户已经用他们的尊敬、忠诚和更重要的价值投入来回报组织的单一决心。而员工也认可亚马逊的独特文化，使其成为全世界最杰出的服务提供者之一。

"飞轮效应"战胜"厄运循环"

对于构建面向服务的架构，贝佐斯有一套"飞轮理论"常挂嘴边，如下图所示。

亚马逊飞轮

客户体验是关键，亚马逊的任何行动都以客户需求为前提，所有员工都将客户服务作为第一要务。

出色的客户体验推动网站的访问量。

卖家被吸引将其产品放到网站上。

这将为客户创造更多的产品选择。与此同时，网站销量的增长使亚马逊可以降低成本结构并降低价格，这与客户体验一起增加了流量。

各个板块好比咬合的齿轮——客户体验好，导致网站流量增大，从而吸引更多卖家，回过头来客户体验更好。一旦飞轮开始启动，每个要素都会强化，并具有自己的生命，推动整体高速发展。

这个 2001 年由贝佐斯手绘在餐巾纸上的亚马逊飞轮（Amazon Flywheel）也称"亚马逊良性循环"（Amazon Virtuous Cycle），是一种利用客户体验引流到平台和第三方卖家的策略。它不仅是一种工具，而且是一种思维方式，更是一种在效率低下的行业中抓住机会的方法。同时，它通过在客户体验上进行尽可能多的投资来帮助加速增长。

当亚马逊在 1995 年推出时，贝佐斯规定它的使命是"成为地球上最以客户为中心的公司"，客户可以在其中找到他们可能想在网上购买的任何商品，而网站则努力为客户提供尽可能低的价格。公司起步之后不断做大，但它的重心从来没变过：保持对客户的关注力，而不是关注华尔街和短期获利能力。贝佐斯赌的是，只要亚马逊保持疯狂增长，投资者就会继续投入大量资金，而唯利是图的华尔街也因此不会过多关注利润。亚马逊直到 2001 年才有一个季度盈利，但其后仍然没有多少净利润。

正是这种利润的再投资造就了亚马逊举世闻名的基础设施。当公司经历大幅度增长时，存在两种选择：其一，向华尔街报告利润，股价上涨，派发股息，让股东高兴；其二，把挣来的钱重新投资于业务上，不在乎股价，也罔顾专家对低利润业务的悲叹。

飞轮的实施成为亚马逊成功的秘诀。在早期，这个良性循环很简单（与沃尔玛的做法并没有多大不同）：降低价格以鼓励更多的客户来访，然后吸引第三方卖家，从而提高亚马逊基础设施的利用率。然而很快，Amazon Prime（亚马逊的付费会员服务）成为推动业务发展的中央飞轮。

如果我们观察一年一度的 Amazon Prime Day（专为 Prime 会员举办的大型全球购物活动），很显然，它与短期销售（尽管也令人印象深刻）无关，而与推动亚马逊业务的长期持续有关。一切都是为了让飞轮更快转起来，这就是 Prime Day 不仅仅是销售活动的原因。

首先，它是一场主要的会员招募活动。充分利用会员日的唯一方法就是成为会员，因此它成为会员增长的主要驱动力。亚马逊表示，它在 7 月 16 日迎来的新 Prime 会员数量比 Prime 历史上的任何其他一天都要多。这些新会员拥有极高的含金量：除了年费（119 美元）之外，Prime 会员平均每年花费的购物金额要比非会员高出 800 美元。

其次，它是销售亚马逊设备的大好时机。亚马逊会在

Prime Day对自己的设备大幅打折，目的是将更多用户纳入其生态系统，并加速飞轮的转动。该策略是成功的：在2018年Prime Day之后，将近一半的亚马逊购物者都拥有连接Alexa（亚马逊人工智能语音助手）的设备，而购物节上全球销量最高的商品是带有Alexa声音遥控的Fire TV Stick。Echo（亚马逊的智能音箱）产品，尤其是带有屏幕的产品，被大量放进购物车，而Echo所有者是亚马逊最忠诚和交易最频繁的购物者，比普通的Prime会员每年多支出400美元。

再次，它相当于一场大型的有关如何在亚马逊上购物的培训计划。在Prime Day的准备活动中，亚马逊向购物者提供了激励措施，鼓励他们试用应用程序中的某些功能，例如AR视图和Camera Product Search（视觉搜索商品服务）。亚马逊还允许那些通过Alexa（亚马逊的一家子公司）购物的人尽早获得Prime Day交易，甚至为首次语音购物用户提供10美元的Prime信用额度。用户访问的渠道和功能越多，对亚马逊来说就越好，因此他们积极地训练购物者以新的和不同的方式进行交互。

最后，这是一场非常典型的全渠道营销。亚马逊现在拥有了全食超市（Whole Foods），在店内消费的顾客会收到返现，用于Prime Day的购物。特定时间段内在商店中使用Amazon Prime Rewards（亚马逊会员回报卡）付款的购物者，可获得常规返现的两倍。所有这一切都是为了推动飞轮以更快的速度旋转。

吉姆·柯林斯（Jim Collins）提出了"飞轮效应"

（flywheel effect），但贝佐斯将其发挥到了极致。前提很简单：飞轮是一个令人难以置信的沉重的轮子，需要巨大的力气才能推动。而一旦推动，就需要更多的努力，直到它开始产生自己的冲力——而那就是一家公司从优秀走向卓越的时候。

企业必须勇于变革，但变革管理却是一门不易掌握的艺术。有关"变革"的一个流传甚广的说法是：大变革必须是猛然、极端和痛苦的——一次非连续性、破坏性的大决裂。柯林斯花了5年时间研究到底是什么原因使得一家优秀的公司变成一家卓越的公司。他的结论是：由优秀到卓越的公司大变革没有奇迹般的时刻。变革与其说是一个手术，不如说是一个生长的过程。这不是一个耀眼的闪电或来自上苍的突然启示，而是持续不断的修炼对临时修补的胜利。

要把握从优秀到卓越转变的过程，我们不妨想象这样一种情形：一枚鸡蛋日复一日地放在那里，没有人注意它。突然有一天，蛋壳裂开了，跳出来一只小鸡。破壳的那一刻，只不过是长长的一连串步骤中的又一步，正是这一连串的步骤导致了那一刻。

柯林斯说，在所有卓越的公司当中，都是"飞轮效应"战胜了"厄运循环"（doom loop）。什么叫作"飞轮效应"？把你的公司想象为一个飞轮，你的工作是让这个飞轮尽可能快地转起来。当飞轮静止时，要让它动起来，你需要做出极大努力。你尽力推它，终于，让它动了一点。经过两三天不断的努力，你让它转了一圈。你继续推，轮子动得快点了。这要求付出更多努力，但至少轮子转了第二圈。你继续不停地用力推，它转了三圈、四圈、五圈、六圈。每一圈它都转得更快了。然后，在某个时间点上（你说不出到底是什么时候），你取得了突破。沉重轮子的势头让你得到极大乐趣。它越转越快，因为自身的重量在推动它。你并没有更用力推，但轮子在加速，它的冲力在起作用，速度不断提高。

与其说你依靠了一项大变革方案，毋宁说你用自己的肩膀去顶这个轮子。你和你的团队着手逐渐地、不断地转动这个飞轮。当人们开始体会到"冲力"的魔力时——当他们看到明显的成果，并可以感受到飞轮开始形成速度的时候——也就是他们形成队形，用肩膀顶或推轮子的时候。

而"飞轮效应"的反面，是"厄运循环"。陷入"厄运循环"的公司想实行变革，但它们缺乏引发"飞轮效应"的暗中起作用的"修炼"。相反，它们大吹大擂地发布变革纲领，准备"招兵请将"。它们走上一条路，只是为了改变方向。在前后徘徊多年后，这些公司发现它们没有能够形成任何一种持续的冲力。它们不是转飞轮，而是陷入了"厄运循环"：令人失望的结果导致缺乏理解的反应，这又导致走向一个新的方向（新的领导、新的纲领），而新的方向导致没有冲力，没有冲力又导致令人失望的结果。这是一个稳步下降的螺旋状过程。那些经历过厄运循环的人，知道它是怎样抽干一家公司的精神的。

柯林斯总结说，戏剧性的成果并非来自戏剧性的过程。"一旦你完全掌握了如何创造飞轮冲力……并以创造性的力量和严格的纪律应用你的这种理解，你将获得战略的复合力。"

一旦你正确地找到了自己的飞轮,你就数十年如一日地坚持推下去,一个决策接一个决策,一个行动接一个行动,一个转折接一个转折,每一转都增加累积效果,最后达到惊人的复合力。亚马逊正是这样做的。

保持初创企业的草莽精神

一个官僚制的企业,很难想象会产生"飞轮效应"。贝佐斯从一开始就致力于将他的组织建立为反官僚主义的。为了应对组织膨胀的趋势,他实施了被称为"两个比萨团队"(two-pizza teams)的原则。就像贝佐斯的其他管理创新一样,这听起来像是某种把戏,但高级工程师和具有博士学位的经济学家的确是按照这种组织原则来组建他们的专业团队的。根据该原则,理想情况下,亚马逊的团队应该足够小,小到吃两个比萨就可以打发。

与亚马逊所做的几乎所有事情一样,这样的团队设计专注于两个目标:效率和可扩展性。前者是显而易见的:一个较小的团队花在管理时间表和保持信息畅通上的时间较少,而有更多时间做需要做的事情。但对亚马逊来说,后者才是真正重要的。

"两个比萨团队"具有自主权,富于端对端经验,并且掌握合适的资源代表客户快速开发、测试、反复和扩展,降低了对复杂系统的依赖性。这是组织上的一项重大创新,颠覆了传统的矩阵式管理,有助于将决策权下放到团队,同时也促进了问责制，因为这样的团队拥有明确的章程，可以监督对客户产生最大影响的正确指标和关键绩效指标（KPI）。每个团队，尤其是产品和工程团队都拥有自己从头到尾所做的事情。每个团队都作为应用程序接口（API）与其他团队互动，获得特定的输入和输出。这意味着团队可以真正快速行动，开展创新，令亚马逊能够在许多公司挣扎增长的时候，保持独到的灵活性。

亚马逊在其仓库中使用电子游戏来激励员工，这些游戏可以追踪产量，并让工人相互竞争，促使他们更快地行动。"两个披萨团队"代表了这种游戏化的更微妙的白领版本。小团队可以对项目灌输一种主人翁感。然而，在这样小的团队中工作的员工也更容易遭受失败的恐惧，因为没有更大的地方可以藏身或更多地分散责备和批评。

亚马逊有很多程序来指导其不同的团队。贝佐斯坚称计划要用完整的句子写成 6 页的备忘录，他形容为计划具有"叙述性"。这种感觉源于 PowerPoint 已经成为掩饰模糊思维的工具。贝佐斯推测，写作需要一种更为线性的推理方式。正如该公司的前员工约翰·罗斯曼（John Rossman）写的一本名为"像亚马逊那样思考"（*Think Like Amazon*）的书所描述的那样："如果你不能写出来，那你就不准备捍卫它了。"6 页的备忘录用于在贝佐斯所谓的"自修室"氛围中开始会议。仔细阅读备忘录，也可以确保参与者无法假装自己参加了整个会议。只有在无声地读完了备忘录之后（这段阅读时间可能会使备忘录的作者备感焦虑），参与者才可以提出有关它的问题。

亚马逊的大多数团队都是封闭的小实体。每个小组中都嵌入了独特的专业知识。以亚马逊拥有博士学位的经济学家为例，在过去的几年中，该公司已经雇用了150多名经济学博士，这使亚马逊成为比美国任何一所大学都更大的经济学博士雇主。尽管其他公司倾向于将经济学家保留在集中化的部门中，负责预测或政策问题，但亚马逊采取了不同的做法。它将经济学家分配给多个团队，他们可以在其中进行受控实验，以科学、有效地操纵消费者行为。

"不懈努力"（relentless）可能是最流行于亚马逊的词（想想飞轮是如何一点点被推动的），但贝佐斯也谈到了探索的美德。他在2019年致股东的信中写道："到处探索是效率的根本平衡。"（Wandering is an essential counter-balance to efficiency.）很多员工欣赏公司给予的智力自主感。一旦他们在6页备忘录上清楚地阐明了一项任务并获得通过，他们通常就有很大的自由度去实现这一任务，而不必担心多层的掣肘。到处探索的心态还帮助亚马逊不断地扩展到相邻的业务，或乍一看似乎与己完全无关的业务。借助不断收集的海量增长的消费者和供应商数据，以及不断发现的有关人类需求和人类行为的洞察力，亚马逊不断寻找新的增长机会。

亚马逊飞轮的运转也离不开技术的支撑。公司拥有持续不断、实时细致的度量标准，能够测量用户的几乎一切行为：他们会把什么放在购物车内却不去购买；根据以往的购物记录，用户会收到什么样的推荐信息等。这些衡量标准同样能检测出信息工程师们设计的哪些页面加载过慢，或者何时一个销售经理未能储备足够的花园手套。庞大的数据使决策过程变得更加清晰，为公司运营带来难以置信的自由。

当然，员工的表现也会受到各种复杂评判体系的衡量，不同的团队会在每周或者每月接受业务测评。会议开始前一两天，员工们会收到打印的测评结果，有时候它们会长达五六十页。开会过程中，员工们会冷不防地被点到名字，或是被问及有关测评的各种细节。在测评中，"我们不太确定"或"我会再给你答复"等这样的解释是不可接受的。一些经理有时会直截了当地说"蠢透了"或"不用解释了"。员工抱怨这样的测评会挤占很多工作，但他们也承认，业务测评迫使他们紧盯业务指标，也更了解自己任务的细节。

在亚马逊，员工觉得自己的工作从未完成或永远不够出色。一个建筑群被贝佐斯命名为"Day 1"，这是在提醒人们，仅仅才刚刚步入新商业时代，还有很多工作等待去做。AWS全球创新文化主管丹尼尔·斯雷特（Daniel Slater）写道："Day 1既是一种文化，也是营运模式，其将客户置于亚马逊工作的中心。我们竭力深入了解客户，并从其痛点逆向工作，以迅速发展创新，为他们的生活创造有意义的解决方案。Day 1即持续的好奇心、敏捷性和实验。"

将此与Day 2心态做比较：企业随着时间的推移不断发展，调整自身的方法，以在成规模的增长下有效地管理组织。危险在于，决策速度可能会减慢，公司的敏捷性可能会降低，渐渐将重点转移至内部挑战而非外部以客户为中心的创新，从而离客户越来越远。

这不会在一夜之间发生；它会逐渐蔓延，并以微小的方式表现出来，而这些方式本身并不会立即引起警示，甚至不会很显而易见。如果任其发展，Day 2 心态就会显现出来。当被问到"Day 2 是怎样的"时，贝佐斯在 2016 年股东信中回答："Day 2 是停滞，然后是无关紧要，然后是极度痛苦的衰退。然后是死亡。这就是为什么务必保持 Day 1。"为了避免出现 Day 2 文化，公司必须保持高度警惕，始终专注于客户，并避免采取妨碍其快速创新能力的做法。

贝佐斯十分忧虑那种随着时间的流逝而削弱企业的力量——官僚主义，所以他将自己关于工作场所的想法整理成一套概念（其中相当一部分是违反直觉的），以足够简单的方式加以阐明，令新员工易于理解，同时又足够宽泛，适用于他想进入的几乎无限量的业务，并足够严格，避免他所担心的平庸。

结果就是产生了亚马逊著名的"14 条领导力准则"，即规范亚马逊人应该采取行动时的信念条款。很多公司也有自己的相应准则，但要么因其含混不清而难以落实，要么因是陈词滥调而丧失用处。亚马逊的准则不同，它们是公司日常语言和工作管理的一部分，在员工的聘用中被使用，在会议上被引用，一些亚马逊人甚至将其传给了他们的孩子。如同公司网站上所标明的："无论是在讨论关于新项目的想法，还是在确定解决问题的最佳方法，我们每天都在使用领导力准则。这是使亚马逊变得与众不同的诸多原因中的一个。"

这些准则让人联想到一个精英组成的帝国（准则 6：选贤

育能——领导者不断提升招聘和晋升员工的标准。他们表彰杰出的人才,并乐于在组织中通过轮岗磨砺他们。领导者培养领导人才,他们严肃地对待自己育才树人的职责。领导者从员工角度出发,创建职业发展机制)。这些精英彼此抱持崇高的期望,挣脱了官僚主义的繁文缛节以及办公室政治等使他们无法发挥最大作用的桎梏。员工为此表现出"主人翁精神"(准则2:主人翁精神——他们会从长远考虑,不会为了短期业绩而牺牲长期价值。他们不仅仅代表自己的团队,而且代表整个公司行事。他们绝不会说"那不是我的工作"),他们"好奇求知"(准则5),从不停止学习,并不断寻找机会以提升自己,对各种可能性充满好奇并付诸行动加以探索;同时总是"刨根问底"(准则12),深入各个环节,随时掌控细节,经常进行审核,当数据与传闻不一致时持有怀疑态度。

工作场所应该充满透明度和精确度,以了解谁真正取得了成就,谁没有成功。在亚马逊内部,理想的员工通常被描述为有着近乎严苛的高标准(准则7),崇尚行动(准则9),具备远见卓识(准则8),能够克服一切挫折"达成业绩"(准则12),在遇到无法苟同的决策时敢于质疑,但一旦做出决定,就全身心地致力于实现目标(准则11)。

这准则中的第一条是什么呢?不说你也应该猜到了:顾客至上。"领导者从客户入手,再反向推动工作。他们努力工作,赢得并维系客户对他们的信任。虽然领导者会关注竞争对手,但是他们更关注客户。"

成立28年后,亚马逊似乎没有染上大公司的沾沾自喜。

它仍然把自己看作是一个身处草莽的初创企业，必须在交易中挣到每一分利润，并且把每次谈判都看作生死攸关之举。至今，在浏览器内输入"Relentless.com"，还会直接跳转到亚马逊。"Relentless"也带有"毫不容情"的意味，曾多次出现在贝佐斯每年发送给股东的公开信中。

的确，亚马逊在各方面都毫不容情。它对竞争者和供应商都非常强硬。和沃尔玛一样，亚马逊坚信不断增长的利润率取决于不断从供应商那里获得更好的交易。但比沃尔玛更可怕的是，亚马逊的手要伸得长得多。亚马逊也从不惧怕低价竞争。在向下竞争中，它可以沉入大多数其他公司不敢抵达的低谷，以此完胜竞争对手。在企业内部，亚马逊的业绩压力和员工要求远远超出了其他公司，它打造了一个内部竞争激烈的达尔文主义环境，更相信小团队而不是官僚控制。

然而，亚马逊根本的成功之道或许在于，在对员工、竞争对手和供应商都毫不容情的同时，对顾客全心全意。它把取悦用户视为自己的最高追求。它不像其他公司一样，运作受到各种传统束缚（包括华尔街的束缚）。它认定组织的任务是进行探索和发明，这使得亚马逊人有能力提出新事物。可以预见，10年之后，亚马逊所从事的业务，因为跟随客户的需求，还可能发生更多的改变。或许，亚马逊这28年的里程，可以用蒂姆·格罗弗（Tim S. Grover）的一本励志书完美概括：《野蛮进化》（*Relentless: From Good to Great to Unstoppable*）。

新物种·新媒介
底层关键词

当麦克卢汉驾上特斯拉[①]

汽车如何"死去"？或化为"艺术形式"

1902年6月22日的《纽约时报》刊登过这样一篇文章——《汽车，城市消费的新热点》。那时汽车在美国刚刚流行，尤其是在商用汽车领域，电动车占据了绝对主导地位。当时，还并存着蒸汽动力汽车和燃油汽车。

但电动汽车的上升势头并没有保持多久，就被亨利·福特（Henry Ford）的T型车颠覆。内燃机战胜电池并非难事，决胜因素是生产方式的革新带来的规模化效应以及更低的燃油使用成本。根据《纽约时报》报道，内燃机汽车的兴起还得益于两大外部原因：一是以五大湖区为制造中心的汽车生产圈的逐渐形成，二是农村和城市之间联结需求的激增，而这些地方恰恰是铁路无法延伸过去，耐用性较差的电力汽车和蒸汽汽车又无

---
① 此文与郝亚洲合写。

法到达的。

汽车从此与电在精神上绝缘,但又在一些细节之处保持着"身体"的接触,那就是火花塞和内燃机的结合。电力汽车可以靠电池发电驱动轮毂,蒸汽机和内燃机又如何获取最初的原始驱动力呢?蒸汽汽车需要在行驶途中依靠人工不断加水,而内燃机就要靠火花塞产生的电火花点燃气缸内的空气。诚如麦克卢汉所言,电力这个"生物"形态与机械形态杂交所产生的威力,是空前绝后的。

因为是"杂交",和更加纯粹的电气化的电视相比,麦克卢汉并不认为汽车属于电气时代的产物,它更像是古登堡技术的终极展示,是机械时代的天鹅绝唱。麦克卢汉生前就想象,一定会有一个属于新时代的电子物品取代汽车。由于时代所限,他并没有勾勒出它到底是什么。

当然,马斯克和现在的诸多"新造车运动"的参与者已经给出了答案。

我们在这里说的"新造车运动"是信息与通信技术(Information and Communications Technology,ICT)对出现福特以来的传统汽车工业的破坏,它包含了研发、生产、销售、服务所有这些环节。历史上的造车运动经历过 3 个阶段:第一个阶段是从卡尔·本茨(Karl Benz)发明第一台内燃机汽车到老福特把流水线运用到 T 型车生产之间的 30 年;第二个阶段是福特汽车流水线占据主导地位的 40 年;第三个阶段是丰田代表的精益生产对流水线理念进行改造的岁月。如今,我们正在进入第四个阶段——汽车概念以及汽车结构发生改变,进而带来整体价值链的改变。我们称第四阶段为"智能汽车阶段",在这个阶段中,以媒介姿态出现的汽车必然消亡,但会以智能算法系统新内容的形式再生。

关于汽车的消亡,麦克卢汉曾经留下了"电视让汽车过时"这样一句明示,同时还写下了"技术的电力变革即将使驾车人放弃汽车,并且使我们回到安步当车的价值尺度上去","汽车的未来不会属于运输的领域"这样带有强烈预言色彩的语句。

为了搞清麦克卢汉经常难以索解的先知话语,我在麦克卢汉身后留下的浩如烟海的资料中检索了一番。结果,很惊奇地在他 1975 年在佐治亚州立大学的演讲中发现,对于电视如何令汽车过时,这位"数字时代的保护神"(《连线》杂志语)其实有过完整的论述。

汽车的图形创造了一个服务的背景,即讯息,或社会效应。汽车需要一个由高速公路、工厂和石油公司组成的环境,这实际上既是汽车的媒介,也是汽车的讯息。如果电视已经开始把外面的东西带进家里,那么它很可能成为推翻汽车的一个因素。当一种新的服务围绕着一种旧的服务进行时,旧的服务就会成为一种艺术形式。……当我们的电子环境围绕着汽车的旧硬件进行时,它也倾向于成为一种艺术形式。

让我们来仔细品味一番:

首先,对于麦克卢汉而言,汽车是旧媒介,电视是新媒介，因为汽车作为隐私的极端形式受到了威胁。美国人在征服自然的过程中，把户外作为了敌人。他们在出行时，需要时时保持对自然的警惕。当电视出现后，电路信号可以轻易地把家庭之外的世界带入室内，形成了对起到延伸双脚作用的公路和汽车的巨大威胁。

一台电视、一根电话线、一张信用卡就可以让人在家中完成购物，而无须专门驾车去十几公里之外的大型仓储式超市。汽车的功能可以被电视取代，就不会再出现20世纪初的汽车狂热，这就是麦克卢汉说的"汽车在人们的心目中已经掉价"。但汽车并没有真的一夜消失，实质在于重要度的让位。一如我们说到"消费社会"之时，更多指涉电视媒体造就的社会景观，而不是像20世纪前20年那样，把汽车看作整个工业社会的最高象征符号。

麦克卢汉曾言，自己并不想过多对"媒介即讯息"做出解释，因为这句话不是能用三言两句说得清楚的。以汽车为例，汽车不是讯息，讯息是指汽车产生的结果，也就是公路、工厂、石油公司所构成的环境。一旦将环境予以抽离，汽车就失去了意义。换句话说，汽车是某种特定环境的结果，环境即讯息。麦克卢汉大胆提出"使人改变的是环境，不是技术"。由此，我们可以推论，创新亦不是技术或者产品层面的事情，而是指向一整套"隐蔽的服务环境"。

"环境"在麦克卢汉那里还有另一种表述——结构框架，"与新技术同步变化的是结构框架本身，而不仅仅限于框架的景象"。还是以汽车和电视为例，汽车背后的结构框架和电视背后的结构框架完全不同。影响汽车存在的是城乡模式、实体店购物模式、公路模式和能源模式。影响电视存在的则是电子通信网络、内容生产机制。前者更加偏重于人体器官的延伸，后者则更加偏重于神经中枢的延伸。

当电视的结构框架更能决定人的行为的时候，汽车的结构框架就会慢慢过时，直至被彻底取代。汽车作为双脚的延伸的职能会被缩小，比如速度没有那么重要了，气缸爆发力也没有那么重要了，它只要让我们做到"安步当车"就可以。

作为交通工具的汽车不存在了，麦克卢汉认为它会在娱乐业重新出现，就好比汽车在好莱坞电影里发挥了重要的功能。总之，汽车的未来不会在交通运输领域，而是变成了一种"艺术形式"。

这里不得不提到，关于汽车的未来，先知麦克卢汉或许错了。起码他没有遵循自己提出的"媒介四定律"进行推论，汽车的交通运输功能是可以被新媒介"恢复"的。而这个"恢复"已然发生，就体现在智能汽车上。

智能汽车如何成为新物种

ICT技术和汽车的深度结合，将眼下这场新造车运动和此前3个阶段泾渭分离。汽车从"杂交"产品走向了"纯电气化"，从媒介理论角度来说，这是一个从"热媒介"到"冷媒介"的逆转过程。麦克卢汉提出"媒介四定律"，即"提升""弃置""恢复"和"逆转"。这4个阶段可以表述为：技术或者媒介使什么放大、提升？使什么过时？使什么已经被废掉的东西回归？当被推向极限时，又会逆转成什么？

我们认为，智能汽车提升了移动终端对现实的虚拟能力，弃置了传统的销售和服务模式，恢复了汽车的交通出行功能，逆转出全新的个人数字空间。在这个过程中，用户（此处不使用"受众"，是基于当下网络环境而言）始终都扮演参与者的角色。而用户参与度越高，媒介就越冷淡。

如果说汽车作为热媒介，用户参与度极低的话，原因更多在于机械技术造就的汽车是对用户"展示"的产品，而信息技术造就的智能汽车是对用户"封装"的产品。从"展示"到"封装"，智能汽车已经成为和汽车完全不同的新物种、新媒介了。

"展示"在内燃机汽车躯体内无处不在，空调按钮、收音机音量调节钮，前排座椅加热甚至是一键启动，还有喜欢被高端车型厂商宣传的电镀铬、星空顶等。这些都像是一排排流水线，被厂商展示在用户面前。用户只需要根据自己的需要，去延伸各路感官。而内燃机汽车最有说服力的展示，则是伴随着发动机咆哮而来的速度。

用时越短，发动机优越感就越强，这种优越感体现在发动机别致的怒吼对城市空气的撕裂，体现在把同行车辆远远地甩在身后。机械速度来自内燃机内部的做工，它是在封闭状态下完成的，体现的是象征有限游戏的竞赛精神。

由此，赛车运动成为内燃机汽车时代的高贵运动，它在检验厂商发动机的同时，也能更好地彰显大工业的产品精神。

麦克卢汉认为电力速度会取代机械速度。对于智能汽车来说，来自新型电池的功率完全可以带出 20 世纪 60 年代勒芒之战中福特 GT40 的速度。GT40 的零百加速在 4 秒以内，这几乎成为近半个世纪的发动机卓越指标，而对于智能汽车来说，却可以轻松达到。

可是，如果仅仅是这样的话，智能汽车还远非智能，不过是实现了动力上的电气化而已。对于智能汽车而言，取代机械速度的还有一种可以称为"比特速度"的存在。它不但需要电力作为能源，还需要一个操作系统，不断将各种信息数据化。比特速度的实现需要两个条件：外部通信基础设施和内部算法。外部通信设施属于相对稳定的状态，并且大部分时候和公共环境有关，而内部算法就和用户息息相关了。

算法是麦克卢汉压根不会想到的东西，它不但可以宰制用户体验，还可以宰制汽车安全性和生命周期。因为算法的出现，汽车的生产流程出现了变化。在工业时代，厂商只要把所有能展示的内容做好，就可以交付到用户手中了。直到产品"退休"，它也和用户刚刚接收时保持一致的内容状态。而对于智能汽车而言，汽车产品下线交付到用户手中，最多是个半成品。产品内容的完善是需要用户在算法的辅助下进行的。比如 OTA（空中下载技术）升级、流媒体的内容、用户道路偏好记忆、用户驾驶习惯分析等。换句话说，只要用户不抛弃这台汽车，产品的自我完善工作就会一直进行下去。算法让汽车具备了生物意义上的生命周期，从而摆脱了工业生产意义上的产品周期。

算法之上是操作系统，它提供给用户一个可操作的人机交互界面，就好像 Windows 之于 PC。内燃机汽车不具备操作系统，车舱被当作了展示架，而当操作系统被运用于汽车之上的时候，"展示"旋即被"封装"替代。我们走进特斯拉车内的时候，就会发现光秃秃的塑料质感的内部空间，和硕大的操作系统界面形成了鲜明的对比。

"封装"是一个来自计算机科学的词语，亦不属于麦克卢汉的时代。它是指隐藏对象的属性和实现细节，仅对外公开接口，将抽象得到的数据和行为（或功能）相结合，形成一个有机的整体。在电子方面，封装是指把硅片上的电路管脚用导线接引到外部接头处，以便与其他器件连接。

封装的理念被广泛应用于 PC 和手机产业，它需要完成产品结构内部的算力和通信的共享。内燃机汽车内部不需要数据共享，每一个局部电子元器件都会独立起作用。正是因为汽车采用了逐步向中央计算模式转变的架构，才会有封装理念的运用。

除了封装车载系统，智能汽车还封装了速度。首先，对于新型电池来说，速度已经不是主要问题，厂商不会耗费半个世纪的时间花费巨资去研究如何把加速时间提升 0.1 秒。智能汽车的速度不是来自一个独立的物理容器内，而是要和算法结合在一起，通过智能化手段去调节车速和路况之间的关联。曾经有人展示过理想状态中的自动驾驶概念车，方向盘、油门这些和机械动力有关的部件都被取消掉了。

因此，智能汽车的速度是信息速度或者计算速度，体现的是象征无限游戏的体验精神。

电池动力、算法、操作系统以及封装，构成了智能汽车的主要技术特征，除了类似于内燃机汽车的外壳、4个轮子和座舱摆置这些基本"内容"，智能汽车已经完全脱离汽车了。

我们从"媒介讯息"的立场去理解，智能汽车亦是一个结果，它本身不代表讯息。而讯息是由5G网络（5G Network，第五代移动通信网络）、智能充电桩、类似于手机封装模式的组装流程、已经被智能手机培育起来的强大的内容服务商构成的智能出行环境等构成。

智能手机作为旧媒介，不过是作为新媒介的智能汽车的内容而已。同样，汽车也是智能汽车的内容。但我们说出"特斯拉就是长了4个轮子的iPhone"这个结论的时候，就已经产生了一种错觉，如麦克卢汉所言："一种媒介通过创造内容错觉来掩盖另一种媒介的运作。"如果仅仅把智能汽车看作手机，反而会妨碍对新媒介运作机制的认识。

就智能汽车而言，不是建造这一物体本身，而是将其整合到人们的日常生活中的企图，才是真正的挑战。

架构·体验与感知
底 层 关 键 词

智能汽车：移动时代的里程碑[①]

东京大学的藤本隆宏（Fujimoto Takahiro）借助对日本汽车竞争力的分析，奠定了自己在产业界独一无二的地位。他不仅仅将自己的理论框架建立在演化经济学之上，更是在解释"组织能力"这一根本性问题的时候，剑走偏锋地引入信息科学理念，提出了"产品＝信息＋介质"，也就是把企业每天生产出来的产品，视作产品设计的信息融入作为媒介的原材料之后的产物。由此，所谓企业深层的组织能力，说到底就是不断设计信息交流的"信息体系"。

藤本隆宏从香农—维纳（Shannon-Wiener）的信息论里借鉴了"存储—传递—处理"的核心逻辑，他认为产品制造的流程探究的就是信息从哪里来，在哪里存储，又流向哪里。这样做的目的是看清组织能力的来源。

藤本隆宏的产品观和企业观都和信息的有效传递有关，无论是制造业还是服务业，目的都是提供一种承载设计信息的媒

[①] 此文与郝亚洲合写。

介。对于制造业而言，质量代表了信息传递的精度，生产效率代表了信息传递的速度。日本企业强调的"现场力"其实就是设计信息、传递信息的系统特征，而"现场力"常常被认为是日本汽车产业的制胜能力。

架构即路线

产品的架构可以分为两种：模块型和整合型。两者的区别在于功能群组和零部件群组的关系复杂度不同——模块型产品的接口可以标准化，零部件的功能独立性更高；整合型产品的内部群组关系复杂，一个零件常常要对多个功能负责，属于一对多和多对一的叠加态，因此对零部件之间必须进行现场微调，藤本隆宏称之为"磨合"。

结合企业间的合作关系特征，架构就有了开放和封闭之别。封闭型架构要求所有的接口标准都封闭在一个企业之内。开放和封闭、模块和整合，结合在一起就会出现"封闭＋整体""封闭＋模块""开放＋模块"这3种组合方式。

我们从互联网和制造业的交叉发展来看，开放和封闭是一个你中有我、我中有你的状态。也就是说，开放与封闭永远是相对的。至于这3种组合方式为何持续不衰，从藤本隆宏对"信息"和"媒介"概念的引入可以窥其堂奥。

如果说架构基于信息传递的方式为日本汽车产业竞争力提供了分析框架的话，那么具体体会产业竞争力的内涵，就要从"媒介"视角来看。藤本隆宏使用的是"介质"一词，但从他区分的信息被写入介质的难易程度来看,介质无法脱离信息而存在,这也就是我们在普遍意义上讲的"媒介"概念了。前文所述的"产品=信息+介质"可以改写为"媒介=信息+介质",故而"产品=媒介"。这也符合我们将汽车作为媒介来加以分析的初衷。

藤本隆宏认为,日本人的强项是处理"不易写入信息的媒介",也就是钢板、树脂、硅晶片这些原材料,他将此写入过程称为"打造"。何谓"不易写入"?就是耐久性强,这是一个很有意思的地方,也是和媒介理论中的"时空偏倚"[①]产生的一个重要交汇点。

在产业理论中,耐久性强意味着对库存的处理能力需求更高,丰田的准时制(Just In Time,JIT)正是针对库存做出了卓越的改进,进而成为风靡全球的管理模式。对于服务业而言,并不需要JIT,因为服务业的产品(媒介)是即刻变质或者消失的,或者说服务业提供的产品空间感很强,时间感很弱。

媒介对于时间和空间的不同偏倚程度,决定了一个产业的商业模式,就像汽车和广播的区别。如果我们结合企业(组织),并将媒介理论中加拿大学派的"时空偏倚"观予以局部考察,可以得出这样一个结论:制造业的主导媒介偏重于时

---

① "时空偏倚"也称"媒介偏倚理论"。该理论由加拿大多伦多学派的哈罗德·亚当斯·伊尼斯(Harold Adams Innis)提出。他认为媒介可分为时间的偏倚和空间的偏倚。前者是质地较重、耐久性较强的媒介,例如:黏土、石头、羊皮纸等,较适于克服时间的障碍得到较长时间的保存;后者是质地较轻、容易运送的媒介,如纸草纸、白报纸等,较适于克服空间的障碍。

间，其组织方式是纵向一体化；服务业尤其是信息技术催生出的新型服务业，其组织方式倾向于横向整合模式。这样认识，就可以同前文中提及的"封闭＋整体""封闭＋模块""开放＋模块"3种组合方式相互印证。

事实上，无论是日本汽车产业还是作为整体的全球汽车产业，至今奉行的都是"封闭＋整体"的架构，被熟练运用于计算机产业的模块化并没有真正兴起。即使代表所谓先进制造能力的特斯拉的"超级生产"，最多也是在马斯克的大胆设想下实现了工厂的模块化，即整体上最多处在"封闭＋模块"的区位。即便如此，特斯拉模式也被丰田嗤之以鼻。丰田模式认为工厂应该以人为主体，而不是将其作为一个具有通用接口能力的产品去予以搭建。

但我们要看到，汽车产业的组织模式正处于一个从单一模式向复杂模式转变的当口。其中的重要原因就是汽车的信息属性发生了混合式的变化。比如中控台的智能化、作为智能驾驶前站的信息实时化和算法的持续优化，作为媒介的汽车的时间属性正在被降低，空间属性在加强。当把汽车作为一个为用户提供社交和娱乐信息的产品时，它就会介于制造业和非制造业之间。用户对实时路况和在线娱乐的需求，重要性等同于对舒适性和安全性的需求，甚至前者的需求满足还更甚一些。因此，才会有蔚来汽车采用"用户运营"的理念，取得了飞速发展。

汽车正在发生的变化背后，是一个巨大的时代动力：传统制造业和信息产业正在走向高度融合。融合的路径并非只有一条，华为的策略是采用 Inside 模式①，明显充分借鉴了个人计算机产业的集成模式；腾讯采用连接模式②，不以主角身份登场；传统车企大众则是采用了自行研发的一体化模式③；小鹏、蔚来和理想的模式也各有不同。总之，大家都还在摸索，尚没有一个清晰的具有主导意义的路径出现。

如果说丰田代表了"封闭+整体"，特斯拉代表了"封闭+模块"，那么中国正在进行智能汽车产业的公司和已有的汽车厂商，能否开辟出真正的"开放+模块"的方式，是十分值得期待的。藤本隆宏曾经写道，"中国的产业中有着能够改变产品架构的脱胎换骨的能力"，这种能力体现在曾经作为封闭整体型产品的摩托车上。中国企业通过不断模仿和改良，打造出了近乎开放模块结构的产品。

对产品架构的改变能力，是日本制造业对中国制造业最为忌惮之处。当然也要承认，汽车的构造远比摩托车复杂百倍。

对于当前的中国汽车产业而言，机会在于我们能否改变产品架构（或者说生态），风险则在于现在智能汽车处于网联汽车的阶段，距离自动驾驶的完美实现还有很长一段距离。也就是说，在这个过渡期中，一切都尚未明朗。

---

① Inside 模式是指华为与车企共同定义、联合开发，并使用华为的全栈智能汽车解决方案。
② 连接模式是腾讯专门为下一代智联网汽车打造的车联网解决方案，汇集了腾讯体系内安全平台、内容平台、大数据、服务生态和 AI 能力，提供智能化、场景化、个性化、社交化的服务体系。
③ 在燃油车时代，虽然强调专业分工，但也非常注重对核心零部件的控制，比如主机厂商很多都自建发动机厂、变速箱厂，从而实现一体化的控制。

"体验"替代"感知"

我们把智能汽车的出现认定为移动时代的里程碑，这个时代的标准常常被等同于苹果模式。苹果模式的代言词语是"体验"，而构筑苹果式体验的，除了"封闭＋整体"的软硬一体化之外，还有一对全新的互补关系 iOS（苹果手机操作系统）和 App Store。北京大学国家发展研究院的侯宏在《手机产业演进 30 年的战略启示》一文中，列举了 1999 年至今手机产业演进的 9 件大事，其中最新的一件事就是"互补品创新"。

他认为，手机产业经历了两次互补品创新，一次是手机和网络（电信运营商）之间的互补，一次是 OS（指操作系统）和应用之间的互补。"为什么运营商失去对手机的控制呢？是因为出现了另一个行业控制点和另一对重要的互补关系，即 OS 和应用。互补品创新是行业边界拓展的重要图景。对于中国市场而言，对于以上两次互补品关系的变迁，更多是看客和接受者，而智能硬件与手机的互补性操作，可能是第一次中国企业有意识地引领行业边界的拓展。"

这依然是站在产业的角度进行阐释，如果站在媒介本体的角度，又该如何理解呢？"体验"定是因为信息而存在的。我们在工业时代和电气时代推崇麦克卢汉的"媒介即人的延伸"，无论是对于电子媒体还是对于汽车，它们都被认为是人体器官的延伸。对于这种延伸，我们能够做到"感知"，比如我们感知到了信息的加速度，我们感知到了发动机带来的强劲动力，但这些并不是"体验"。

"感知"是以人的身体为核心进行的内容强化,而"体验"则是以媒介为核心进行的技术构建。我们"感知"的是媒介带来的内容,这些内容是已经存在于人类过去的发展经验之中,是被提前构建好的。我们"体验"的则是媒介自主化运行之后带来的人类不曾有过的经验。比如,速度是发动机的内容,我们不过是延伸了双腿,因为"速度"是我们一直都具备的能力。对于智能汽车而言,广泛的信息技术、复杂的网络互联和经典的驾乘设计交织在一起,所带来的一定是"超感知",也就是我们在任何一个时代中都未曾经历过的"状态"。这一"状态"就是"体验"。比如我们一边开车一边使用语音转换技术,在车载微信上聊晚上去哪儿吃饭。而当你和微信另一端的同伴说出餐厅的名称后,导航立刻自动识别,将餐厅定位成新的目的地。

"体验"的前提是数字取代模拟,MP3(数字音乐播放器)提供的是"体验",Walkman[①]提供的是"感知",因为MP3使用了数字压缩的技术。而后出现的在线视听软件则可以看作是"体验"的不断升级。"体验"的升级借助的是媒介的基础设施化,比如云存储、带宽和云计算构成的"存储—传输—处理"的信息逻辑。

我们每一个人都是信息逻辑的产物。我们在媒介环境中始终都依据"总线"和"地址"保持着现有状态。无论是我们使

---

① Walkman是日本索尼(Sony)公司生产的一种个人随身音乐播放器的通称,并逐渐演化成为一种文化现象。

用社交账户，还是使用娱乐软件，哪怕是在线办公，都不过是一整套复杂运算呈现出来的行为。往悲观的方向说，我们只是数字化的结果而已。麦克卢汉之后的著名媒介哲学家弗里德里希·基特勒（Fredirch Kittler）直言，信息机器超越了人类，即其发明者——计算机本身变成主体，经由控制论的反馈机制而运作。或许可以说，在基特勒的眼里，数字化已然终结。

在"体验"的层面上，智能汽车不是智能手机。它可以提供智能手机无法提供的"体验"，这些"体验"必然是单一媒介技术无法提供的。换句话说，它是媒介技术融合的产物。汽车代表的媒介需要用户依据自身经验自行解码，比如，发动机和变速箱之间的磨合是否流畅，刹车是软了还是硬了，转向助力是轻了还是重了。以中控台为代表的智能网联代表了用户无须解码的媒介，用户的经验不在自身，而是被存储在了车端、手机端，甚至是云端。两种经验的对象也大不相同，汽车代表的是"感知"经验或者是身体经验。智能网联代表的是"体验"的创造性或者是情绪、思维的活跃度。对于智能汽车的用户而言，发动机指标可能远不及高精地图或者车载微信的易用性。

我们为什么说智能汽车是移动时代的里程碑？因为它的复杂达到了新的高度，两类相悖的媒介必须融合在一起，才能创造出新的"体验"，这不是给智能手机安上 4 个轮子就能解释的，更不是给汽车多加几个芯片就能解决的。融合尚在过程中，也因此会出现前文所讲的一切尚不明朗的局面——网络巨头、方案供应商、传统车商彼此拉拉扯扯，互有进退。至于蕴藏其中的新的产业规律何时浮出水面，也就是两种媒介究竟以何种产业方式打破现在的混乱局面，可能要等自动驾驶技术成熟运用之后。

自动驾驶才是最后制胜的砝码。

模拟人生·虚拟世界
底 层 关 键 词

游戏正在提供另类去处

轻易滑入一个快乐世界

根据 2019 年的统计，在全球范围内，有超过 20 亿人玩电子游戏，包括 7.2 亿中国人（超过本国人口半数）和 1.5 亿美国人（几乎占全美人口的一半），其中 60% 的人每天都会玩。玩游戏的人早就不再仅限于年轻男性，在美国，游戏玩家中有 41% 是女性，还有 6400 万是儿童。《侠盗猎车手 5》(*Grand Theft Auto V*) 于 2013 年 9 月发售后，它在 3 天内创造了 10 亿美元的收入，没有任何一款娱乐产品能在这么短的时间内赚到这么多钱。视频游戏现在是娱乐业中最赚钱的产业之一，已经超过了电影、电视、音乐、体育和书籍。游戏也是最受欢迎和最有利可图的移动应用类型，占所有下载量的 1/3，占苹果应用商店收入的 75%。

Newzoo（互联网数据资讯网）的数据显示，2021 年全球游戏玩家数量同比增长 5.3%，约有 30 亿游戏玩家。到 2024

年，Newzoo 的《2021 年全球游戏市场报告》预测，游戏行业产值将达到 2187 亿美元，每年持续增长 8.7%。

视频游戏不仅比 30 年前更普及，而且也变得无比复杂：你可以轻松地花上几百个小时，不仅去完成《命运 2》（*Destiny 2*）中一波又一波的任务，而且还可以探索《塞尔达传说：旷野之息》（*The Legend of Zelda: Breath of the Wild*）中的巨大幻想王国，这个虚拟世界被渲染得异常华丽，每一片草都会对脚步的压力或微风的吹拂做出反应；《堡垒之夜》（*Fortnite*）将现场活动的快感、第一人称射击游戏的策略战斗和令人发指的武器融合在一起，用俏皮的卡通美学将这一切描绘出来，从而吸引了大量不同的玩家；在《巫师 3：狂猎》（*The Witcher 3: Wild Hunt*）中，玩家的选择会改变世界的状态，并最终引导他们走向 36 种可能的结局之一；《红色生死线 2》（*Red Dead Redemption* II）结合了高质量的图形内容和广阔的可玩环境，允许玩家决定不实现目标，而只是四处游荡去寻找自己选定的目的，与角色发展出比以往更强大的关系；而《控制》（*Control*）和《死亡搁浅》（*Death Stranding*）这样的作品，表明主流游戏可以作为一种讲故事的媒介，与电影相媲美。

游戏越来越多地涉及复杂和困难的主题，挑战人们的思维方式，而那些从不参与游戏的人，根本没有机会在这样的互动媒介之外体验这些独特的叙述和想法。

所有的游戏，无论是桌面游戏、野外游戏还是电子游戏，都是模拟的。它们创造了现实世界的微观镜像，或对想象中的世界做出自己的姿态。然而今天，这些模拟已经变得如此广泛、复杂，令人身临其境，以至于它们不能再被划归单纯的娱乐，就像机上娱乐或流行歌曲一样。它们是另类的现实。

游戏的体验丰富而深刻，成为主流娱乐的一个全新类型。由于现代电子游戏追求高度的沉浸感，它们精心构造的梦境已经开始与屏幕外冷漠的、有时令人失望的世界形成诱人的对比。与游戏相较，人们现实生活中的其他一切突然显得困难得多，而且不那么令人满意。

根据定义，游戏是有规则的：目标通常界定得非常明确，但似乎永无止境，需要投入长期承诺；技能可以不断提升，辅以例行公事和每日进展，似乎可以很好地取代传统的工作；尽管玩家常常被置于具有挑战性的环境中，但游戏本身会不断提供教程，消除现实世界中失败的后果，并从本质上保证玩家可以凭努力换取回报。游戏给玩家带来目标和成就感，这正是在实际生活中很难实现的那种自我价值，也是初入职场的新手在一个惩罚性的工作市场中常常被剥夺的东西。

游戏提供了一种令人愉悦的斗室逃脱方式。视频游戏模拟场所的能力为任何其他媒介所不及。像《上古卷轴5：天际》(*The Elder Scvolls* V : *Skyrim*)、《红色牛死线2》或《巫师3：狂猎》这样的开放世界游戏是围绕着巨大的、可探索的空间建立的，有时虚拟的空间相当于数百平方英里，有精致的地理环境和多变的天气。它们可能需要几天或几周的时间来彻底探索，在最好的情况下，它们可能出乎意料地美丽：可以欣赏阳光美景，攀爬雾气缭绕的山峰，或在拥挤的城市街道上徘徊。

当你可以如此轻易地滑入一个旨在让你快乐的世界，并且这个世界也更乐意留住你时，为什么要在一个没有你位置的地方受苦呢？所以，毫不奇怪，从 2014 年到 2017 年，20 多岁的美国男性每周的工作时间比 10 年前（同样按 3 年期限来衡量）少了 1.8 小时；与此同时，他们玩电子游戏的时间，则增加了完全相等的数量。一项经济学研究结果表明，这种相关性并非巧合，美国的年轻男性确实在为了玩更多的游戏而减少工作。

如果家务劳动的创新在 20 世纪 60 年代和 70 年代帮助妇女进入劳动力市场，那么休闲方面的创新，比如《英雄联盟》（League of Legends）会不会在今天将一些男性从劳动力市场中剔除？

游戏成为新兴社会场景的关键

游戏的魔力，除了产品本身提供的娱乐价值，还有近年来越发重要的黏性因素：游戏的社交性。

如同 PlayStation 西班牙和葡萄牙地区总经理乔治·休格特（Jorge Huguet）所说："PlayStation 最终是一台娱乐机器，你与之互动，但它又存在一个惊人的社交维度。你戴上耳机，就可以与世界上的任何人联系。"这就好比玩家在彼此招呼：好吧，我们仍然在单独玩，但我们实际上是在一起。

以《堡垒之夜》为例，它可以单独玩，但通常构成一种社交体验，因为朋友们可以两两成对或四人组队。如果他们不在一起，他们会通过 FaceTime（视频通话软件）、连接到游戏系统的耳机等方式进行交流，以协调战略，提醒队友注意威胁，互相支持，并交换玩笑。大量的社交因素使游戏更加引人入胜。

大型社交视频游戏直到 2004 年底《魔兽世界》(World of Warcraft) 发布后才广受欢迎。这些游戏与更年长的人从小玩的《乓》(Pong) 和《太空侵略者》(Space Invaders) 等更初级的游戏大不相同。自从第一代游戏以来，视频游戏玩家已经发展成为一个"教派"，远远超出了平台或游戏机的限制。同属于一个社区的感觉是将视频游戏这一娱乐类别提升到"另一个层次"的原因。

像《魔兽世界》这样的游戏属于一种最深入的网络游戏，成千上万的人同时占据一个持久的虚拟世界。玩家可以在这些游戏中形成跨越多年的联系和敌意。你可以邀约现实生活中的任何朋友和你一起进行漫长的虚拟冒险，当然你也可以选择与陌生人打交道，这会带来额外的刺激。

在过去的数十年里，视频游戏和互联网技术发生的转变，使得人们不再需要在同一个房间里与朋友一起玩游戏。游戏设计和平台的创新增加了游戏时互动和社交的机会。视频游戏被设计成社交体验，而一台 PlayStation 也是一种电话。这些变化使玩家既能与他人当面玩，也能在网上远程玩，还可以与不同类型的人一起玩。比如，与自己认识的朋友一起，与只在网上认识的朋友一起，与网上的非朋友一起。这些功能增强了玩家在游戏时与朋友和其他人有意义的互动和相处的机会。

对于组队游戏者来说，游戏提供了一种在早晨醒来拥有一个目标的感觉：我正在努力提高某项技能，队友们都指望着我，我的网络社区也依赖着我。这听上去仿佛是与同事一起完成工作的自然方式。谷歌（Google）副总裁菲尔·哈里森（Phil Harrison）说："从内容的角度来看，最令人兴奋的事情之一是现在进入职场的新一代，他们一生都在玩游戏。游戏对他们来说完全是第二天性，不是一个奇怪的职业选择。"

一整代人在成长期间与世界的联系是通过视频游戏。这不仅仅是关于游戏本身，而是牵涉一系列问题的回答：放学后你去哪里玩？你在何处遇到你的朋友？那些你喜欢和朋友一起去感受的共同经历是什么？从新一代"喜欢何种娱乐表达，可以看出眼下我们正处在一个文化转变的过程中。一个例证是，在游戏产业蓬勃发展的同时，音乐产业却在多重危机中挣扎。游戏正取代音乐，成为新兴社会场景的关键。

在摇滚和嘻哈曾经是风格坩埚的地方，赛博朋克和奇幻类游戏激发了新一代。音乐场所曾经是年轻人找到最令自己兴奋的形式的地方，但现在的年轻人一般不去音乐会，而是在网上与朋友一起玩游戏和闲聊。在娱乐品牌 Whistle 的一项研究中，68% 的美国"Z 世代"[①]男性说游戏是他们身份的重要组成部分，91% 的人说他们经常玩电子游戏，74% 的人说电子游戏帮助他们与朋友保持联系。

---

① Z 世代（Generation Z，Gen Z），是起源于欧美的用语，特指在 20 世纪 90 年代末期至 21 世纪初期出生的人。

与现实互动，还是游离于现实

不可否认的是，从 20 世纪下半叶首次出现的 2D（二维）模型，到今天可以体会到的虚拟现实和沉浸式体验，视频游戏经历了巨大的演变。

几十年来，虚拟现实技术以完全沉浸式体验的前景诱惑着游戏玩家。但该技术在实现这一承诺方面一直进展缓慢。与其他游戏类别相比，VR 仍然是一个小众类别，2020 年它占所有游戏销售额的不到 0.5%。

首要的障碍来自笨重的头盔和高昂的价格。大多数 VR 头盔的重量超过一磅（约 0.45 千克），必须紧紧地绑在用户的脸上，现实世界被完全挡住。这种体验与玩家典型的游戏模式相冲突：大家习惯的是花几个小时舒适地沉浸在沙发里。除非各公司对其 VR 头盔进行瘦身，摆脱烦琐的连接线并降低价格，否则大多数游戏玩家将继续退缩。

其次，在目前的形式下，VR 违背了人们经常渴求的社交欲望。VR 是一种孤独的体验，戴上头盔，意味着排斥他人，玩家会觉得是在把自己与社会环境隔绝开来。因此，VR 的未来必定指向社交 VR，即通过提供社交体验，让用户可以实时互动和闲逛。

最后，我们处在从 VR 1.0 版向 2.0 版迈进的途中，VR 技术尚需完善。有待实现的包括眼球追踪、更大的视野、更高的分辨率、更好的音频和六度自由度活动（即上下、左右、前后），以及触觉反馈的突破。想象一下，在第一人称射击游戏中，当你拿起弹药时那种触摸到的感觉，或是握住拉力赛车的方向盘，甚至可能感觉到对手的有力一击。

增强现实（Augmented Reality，AR）则是另外一个故事。大众熟悉的《精灵宝可梦 GO》（*Pokémon Go*）是一款增强现实的手机游戏，其中数字物体（被称为"Pokémon"的彩色小动物）覆盖了人的自然视野。这款游戏是大多数人与 AR 的第一次接触，并且仍然是该技术最成功的故事，创造了超过 50 亿美元的销售额。它成功的真正秘诀是游戏的虚拟部分和现实部分的融合，也即数字角色和物理地点之间的相互作用。这说明了 AR 游戏比 VR 游戏起飞得更快的部分原因：人们对与现实互动的游戏更有兴趣，而不看好将他们从现实中完全移除的游戏。《精灵宝可梦 GO》正是这样做的：将人们推往特定地点，而不是深深陷入头盔中。

正因如此，至少在短期内，AR 将被证明是比 VR 更适合游戏设计师的沃土。到目前为止，AR 游戏在手机上获得了最大的牵引力。但像 Facebook、苹果、Snap 和 Magic Leap 这样的科技公司认为，AR 在未来将通过特制的眼镜进行。而随着技术的进一步发展，AR 眼镜很可能会被视网膜技术和大脑植入物所取代。脑机接口将允许绕过我们的眼睛和其他感觉器官，获得完整的模拟感官体验。

VR 或 AR 会不会大行其道，让真正的沉浸式游戏成为主流？到 2030 年，相应的技术突破肯定会出现，它可能而且需要由全新的游戏类型来推动，并以新的方式添加社交元素。

思考、战斗、感觉：视频游戏中的人工智能

说到对游戏体验的真正影响，人工智能的作用会更大：不仅在于游戏本身，而且体现在开发过程当中。

"人工智能"的概念在游戏中已经出现了数十年——最突出的是非玩家角色（Non-Player Character，NPC）[①]，如《吃豆人》(*Pac-Man*)中的彩色幽灵或《侠盗猎车手》中的无辜旁观者。近年来，游戏制作者对 NPC 采取了更复杂的方法。许多 NPC 现在都被编入了行为树，这使得他们能够进行更复杂的决策。例如，《光环 2》(*Halo 2*)中的敌人外星人有能力一起工作并协调他们的攻击，而不是像在一部俗气的动作片中那样，不顾一切一个接一个地冲向枪口。

不过，NPC 只能做写进他们代码中的事情。他们的行为，无论看起来多么聪明，仍然是由游戏的设计者事先决定的。在未来，我们能否期待看到更先进的人工智能出现在商业游戏中？这是可能的，但不是所有人都相信它很快就会出现。

可以理解的是，游戏工作室不希望游戏中有来自人工智能的突发行为。你可以尝试建立一个超酷的、全面的人工智能系统，让一个角色以设计师不曾预料到的各种方式行事，但假如出现太多这样的情况，就无法保证故事会朝哪个方向发展，以及玩家是否会感受到任何乐趣。

[①] 非玩家角色，或称非操控角色（Non-Player Character，NPC），是指角色扮演游戏中非玩家控制的角色。

换句话说，即便我们可以赋予 NPC 思想，让他们在游戏中自由运行，他们的自主性有可能导致玩家的体验不那么有趣。一个无赖的 NPC 可能会决定推卸帮助玩家进入下一关的责任，或是把玩家带到一个什么都不会发生的无意义的任务中。除了游戏设计方面的挑战，如果从纯粹的经济角度考虑，自由放养 NPC 也是一件不可能的事情。

在游戏中放置更复杂的 NPC 当然是可行的。但是，如果这需要花费大量的钱，且不能改善玩家体验，工作室会丧失这样做的动力。尽管如此，一些设计师仍然坚持对 NPC 进行改进，特别是想办法使 NPC 更可信，更像人。

2021 年 5 月，索尼宣布，该公司的人工智能研究部门索尼人工智能（Sony AI）将与 PlayStation 开发商合作，创造智能计算机控制的角色。索尼称："利用强化学习[①]，我们正在开发游戏人工智能代理人，可以成为玩家在游戏中的对手或协作伙伴。"强化学习是机器学习的一个领域，其中人工智能通过试验和错误有效地教导自己如何行动。简言之，这些智能计算机控制的角色将模仿人类玩家。在某种程度上，他们会思考。

这意味着，开发人员将越来越多地探索自然语言处理、玩家建模和机器学习等元素，以开发更加真实、反应灵敏的 AI 角色，并让他们与玩家有更细微的互动。最终，人工智能的最大挑战是模仿人类大脑最复杂和最神秘的能力：想象

[①] 强化学习（Reinforcement Learning，RL）：是机器学习中的一个领域，强调如何基于环境而行动，以取得最大化的预期利益。

力。如果人工智能可以生成叙事内容，游戏的面貌将会被完全改写。

虚拟现实就是真正的现实？

如果不提及元宇宙，关于游戏未来的讨论将是不完整的。在世界上许多最重要的科技公司的鼓动下，人们有一种元宇宙即将到来的感觉。尽管它远非一个统一的概念，但大多数人都会同意，我们正在集体努力更多地参与模拟世界，这些模拟世界甚至比我们的真实世界更加无限。

早在元宇宙还是小说中的哲学玩物时，虚拟世界就经常被用作对未来的反乌托邦式的警告。奥森·斯科特·卡德（Orson Scott Card）1985年出版的小说《安德的游戏》（*Ender's Game*）将计算机生成的世界用于对抗战争。尼尔·斯蒂芬森（Neal Stephenson）1992年出版的小说《雪崩》（*Snow Crash*）描绘了一整类人，他们对存在于元宇宙中的东西如此着迷，以至于他们将自己永久地插入其中，并因在现实中被毁容而被称为"怪脸"（gargoyle）。不得不说，这大约可以算作对屏幕成瘾的预言性描述。

在1999年的电影《黑客帝国》（*The Matrix*）中，"梦幻世界"的电脑模拟是奴役人类的工具。红药丸还是蓝药丸？模拟还是现实？"你吃了蓝药丸，故事就此结束。你在床上醒来，相信你想相信的一切。吃了红药丸，你留在仙境里，我可以给你看看兔子洞有多深"。红、蓝药丸的隐喻已经有了自己的生命。在 Facebook 重塑品牌后不久,《黑客帝国》的官方账号在推特上发布了一张药片的图片,并配以文字:"现在,有一些事件正在真实地发生,该轮到你做出选择了。"

Web 2.0 将我们与网络社区连接起来。而 Web 3.0,通过虚拟头盔和身体传感器,希望将我们置于互联网之中。用马克·扎克伯格(Mark Zuckerberg)的话来说,元宇宙是一种"具身的互联网","因为你不仅仅是浏览内容,而是身在其中"。随着技术变得越来越身临其境,什么是真实的、什么是不真实的之间的界限将变得更加模糊,我们以这样或那样的方式实现在两者之间的飞跃只是时间问题。

今天,元宇宙的游戏世界承担了社会体验的功能。对一些人来说,它是一个故事驱动的冒险游戏,如重新定义了 MMORPG(大型多人在线角色扮演游戏)的《魔兽世界》,或绝地求生的《堡垒之夜》。对其他人来说,元宇宙更像《我的世界》(*Minecraft*)这样的世界建设游戏。社交游戏的理念早已融入了元宇宙,事实上它可以被看作元宇宙的前身。

无论游戏采取何种形式,它在未来 10 年将变得更加普遍,并在媒体领域占据更大份额。这种增长最令人兴奋的结果或许是,游戏作为一种合法的娱乐、艺术、体育和技术形式将继续去污名化。它既可以是一种社会现象,也可以是一种脱离现实的形式,这在这个时代尤其需要,有个说法叫"逃避现实是必要的,甚至是健康的"。

哲学家戴维·查默斯(David Chalmers)就认为,虚拟现实是真正的现实。由计算机生成的虚拟世界不需要是假的或虚构的现实，我们可以在 VR 中过上有意义的生活。甚至我们可能已经身处一个黑客帝国式的虚拟世界中了，倘若真是如此，那也没有多么糟糕。

他相信，最终许多人将在这些环境中度过他们的大部分生命，就像今天人们选择移民到另一个国家一样。查默斯写道："鉴于虚拟世界拥有那么多可能超越非虚拟世界的方式，在虚拟世界中生活往往将是正确的生活选择。"

到那时，游戏不再是我们的另类去处，而就是我们的去处。在我们的数字未来，现实世界会越来越像虚拟世界。如果把元宇宙形成混合空间的过程看作现实世界与虚拟世界的融合，那么我更倾向于将这一边界的消融理解为虚拟世界对现实世界的侵占。而能够制约这一侵占的，不是空间而是时间。

第二部分

逆流而思

潮流陷阱：
"风口"还是"虎口"？

元宇宙·乌托邦
底层关键词

元宇宙社会的新乌托邦想象[①]

随着以"移动互联""应用生态""全息互联网"等为关键词的新一轮数字革命的全面展开，以及虚拟现实、沉浸环境、区块链、开放源代码等媒介技术的跨越式发展，加之用户生产内容（User-Generated Content，UGC）、趣缘社群逐渐成为成熟的网络文化生产机制和主体组织方式，元宇宙"顺势而出"，在当下被历史性地定位为内嵌在整个互联网以及数字化发展序列中的新阶段，并被赋予了超脱话语层面之外的社会意义和未来想象。从其内在技术、机制和价值设想中可以看出，元宇宙作为一个依然携带硅谷话语的乌托邦式的社会构想和社会实践，在生产与创造、认知与经验、社群与身份3个方面都呈现出有待激发的潜能和变革性影响。但是这种潜能和变革性影响又深受物质世界的制约，元宇宙社会也因此展现出和现实社会之间千丝万缕的连接。

随着马克·扎克伯格的商业布局变动和资本市场的新一轮

---

① 此文与刘纯懿合写。

狂欢，"元宇宙"成为当下产业界和学术界风光无两的热门概念。然而，元宇宙并非具有历史断裂意味的"新发明"，而是一个经由30年甚至更长时间的持续讨论和实践，而被我们早已熟知但不自知的"旧概念"。因此，对元宇宙的历史性梳理和学理化建构，将是对数字革命开启至今的一次管中窥豹式的阶段性总结，以及对互联网未来发展方向的展望与想象。

唐娜·哈拉维（Donna Haraway）曾指出，20世纪后期美国的科学文化中有3处至关重要的边界崩溃：首先是人与动物的界限被打破；其次是人、动物和机器之间界限趋于模糊；最后是物质世界与非物质世界的相互渗透。这三重界限的不断消弭使得"赛博格人类"[1]的想象成为可能。21世纪第二个10年开启，这三重边界的崩溃突破了时空的限定来到我们每个人的面前，因此，当我们讨论元宇宙时，所讨论的绝不仅仅是互联网产业的未来发展方向，或资本投资的下一个风口，而是一个关乎另类社会实践的可能性以及人类种群如何与技术共处、与机器共生、与代码共事的后人类境况议题。

"元宇宙"的语汇缘起与历史叙述

"Metaverse"作为一个词语和概念上的舶来品，在本土的语境中被对应为"元宇宙"这一并不具有明确意涵和具体所指

---

[1] 赛博格（cyborg），又称电子人、机械化人、生化人，是控制论（cybernetic）和有机体（organism）的混成词，指一种同时拥有有机体和生物机械体的生命。生物机械体与生物的区别是没有自主生命，却有生命反射。

的词语。除此之外，该词亦有"超元域""后设宇宙""形上宇宙""元界""超感空间""虚空间"等翻译。而在诸多翻译中，我认为"超元域"一词相较而言更准确地指涉了这个概念的关键含义，即超越次元的场域。"Metaverse"本身就是前缀"meta"（超越）加后缀"verse"（宇宙）的组合词。因此，它的字面意思是"超越物理世界的宇宙"。更具体地说，这个"超越的宇宙"指的是数字生成的世界，同时也就与同样超越物理领域的形而上学或"精神"概念相互区别开来。

当下对"元宇宙"概念的溯源，大多回到尼尔·斯蒂芬森在1992年出版的科幻小说《雪崩》。此概念在小说中第一次出现是被印在一张名片上："名片背面是一堆杂乱的联络方式：电话号码，全球语音电话定位码，邮政信箱号码，六个电子通信网络上的网址，还有一个'超元域'中的地址。"在小说中，斯蒂芬森所想象的元宇宙在形式上和操作上本质都是一个巨大的且人满为患的虚拟世界，而不是一个具有特定参数和目标的游戏环境，它更多的是作为一种与物理领域并行运作的开放式数字文化。可见，斯蒂芬森对"Metaverse"的想象依然内嵌于20世纪90年代以"数字化生存"为标志的新科技革命的序列中。

斯蒂芬森对元宇宙的叙述对之后的虚拟游戏创作具有一定的启发意义，比如1995年的虚拟世界 Active World 就是基于《雪崩》这一小说开发的，2003年的开放式游戏《第二人生》(*Second Life*) 也受到了斯蒂芬森的影响。由此，对"元宇宙"的历史梳理就存在另一条脉络线索——虚拟世界和开放式游戏。20 世纪 70 年代出现的文本互动游戏，比如 1974 年的《龙与地下城》(*Dungeons and Dragons*) 和 1975 年的《洞穴探险》(*Colossal Cave Adventure*) 就被视为元宇宙的史前叙述。随着 20 世纪 90 年代计算能力和计算机图像学的进步，基于文本层面的交互逐渐进阶为基于 3D（三维）图像和开放式社交的虚拟世界，如 1994 年的多人社交游戏 Web World 和 1995 年的内容创作虚拟世界 Active World。到了 21 世纪，大规模多人在线游戏和开放式游戏蓬勃发展，其中就有一度被西方学术领域当成元宇宙样本进行研究的《第二人生》，以及标志着元宇宙在资本和产业领域登场的《机器砖块》(*Roblox*)。

除了借助文学、游戏这两个领域进行元宇宙的历史叙述之外，产业视角也是进入这一概念的一个窗口。有研究将元宇宙按照虚拟沉浸体验的程度来进行历史分期，具体划分为无沉浸期（2014 年 Facebook 收购 Oculus[①]之前）、初级沉浸期（2015—2018 年诞生第一代 VR 产品）、部分沉浸期（2019—2021 年 5G 发展、虚拟现实生态成型），同时预测，到 2026 年将进入完全沉浸期，其特点是网联云控和有机融合。可见，当前产业界习惯用当下互联网平台正在进行的生态搭建与元宇宙进行类比，是持续的硅谷话语的一部分。元宇宙更像是一系列高新技术的"连点成线"，许多科技公司联合起来，拥抱一个新鲜的、模糊的概念，就像旧日的大数据、物联网一样，听起来既充分具有未来性，又能够对喜欢大场面的投资者产生崭

---

① Oculus 是美国一家虚拟现实设备制造商。

新的吸引力。在这套话语中，元宇宙被视作一种人类进行全面数字化迁移的生产、生活、生存的载体，也成为具有超越性力量的新型媒介。

在对元宇宙的历史发展分期的叙述中，2020 年至 2021 年被不约而同地看作是元宇宙发展的爆发增长期，朱嘉明从社会动力学的角度将其归纳为 2021 年出现了元宇宙要素的"群聚效应"（critical mass）[①]，并将元宇宙现象与 1995 年互联网的群聚效应进行类比。2021 年围绕"元宇宙"这一概念出现的周边元素在产业内呈现星火燎原的态势，比如 2021 年 4 月互动娱乐公司和 3D 引擎技术商 Epic Games 完成了 10 亿美元的融资并宣布该融资将主要用于与元宇宙相关的开发。2021 年 8 月建立在以太坊区块链上的数字宠物游戏 Axie Infinity 在市场上破圈并联通 NFT（Non-Fungible Token，非同质化代币）[②]领域，得到了产业关注度和大众认知度的提高。几乎在同期，中国的互联网平台企业也纷纷将产业转型和升级的着陆点定位在元宇宙上，例如腾讯提出的"全真互联网"[③]的概念以及将"QQ 元宇宙""王者元宇宙"等商标注册。基于这些产业动作，元宇

[①] "群聚效应"是一个社会动力学名词，用来描述在一个社会系统里，某件事情的存在已达至一个足够的动量，使它能够自我维持，并为其后的成长提供动力。

[②] 非同质化代币是存储在区块链上的不可互换的数据单位，可以出售和交易。NFT 数据单位的类型可能与数字文件有关，如照片、视频和音频。这里的"非同质化"意味着一个 NFT 是不能与其他 NFT 互换的，每个 NFT 都是一件具有独特价值的独特物品，这使得 NFT 格外值钱，因为它们是独一无二的。

[③] 根据腾讯马化腾的解释，全真互联网是线上和线下的一体化，实体和电子方式的融合。

宙之于我们终于不再是文学文本中的一个虚幻概念，而是切实影响到未来人类社会的变革性因素。

可以明确的是，在新技术革命经由一轮又一轮迭代的当下语境中讨论的"元宇宙"乃至 20 世纪 90 年代斯蒂芬森所处的时代语境下诞生的"Metaverse"，无论在概念的内涵还是外延上，都具有超越性的差异。然而，在这 30 年的发展过程中，对元宇宙的讨论常常和"虚拟现实""数码游戏""应用生态"等相似概念缠绕在一起，比如 2007 年出版的著作"《第二人生先驱报》：见证元宇宙黎明的虚拟小报"（*The Second Life Herald : The Virtual Tabloid that Witnessed the Dawn of the Metaverse*）就是围绕开放式游戏《第二人生》中的虚拟报纸《第二人生先驱报》（*Second Life Herald*）展开讨论的。无独有偶，2012 年关于虚拟现实和元宇宙的论文集"虚拟世界与元宇宙平台：新的沟通和身份范式"（*Virtual Worlds and Metaverse Platforms : New Communication and Identity Paradigms*）则收录了大量以开放式游戏《第二人生》和多人互动游戏《魔兽世界》为案例的相关研究。因此，若想辨析元宇宙所蕴含的与前列概念不同的差异性力量，就必须对元宇宙的概念和特征进行厘清和总结。

元宇宙的概念厘清及特征归纳

欲将元宇宙与虚拟现实、开放式游戏等既有的具象化概念区分开，就要从元宇宙的内在本质上寻求一些更加抽象化的定义。2003 年美国国家科学基金会资助的一项计算机研究表明：

元宇宙的本质是一种网络集合，其特征是低成本、自我配置和拥有沉浸式环境。2013年发表在美国计算机协会期刊上的一篇研究论文也将元宇宙定义为一种网络集合，即"虚拟现实应用程序的一个子集。所谓虚拟现实应用程序，是指计算机生成的三维对象或模拟环境，其具有看似真实的或者直接的、物理的用户交互"，而这个集成网络需要在几个领域取得进展，分别是：沉浸式真实感，访问和身份的普遍性、互操作性和可扩展性。

对元宇宙系统所进行的交互性、无边界性的探索，在2018年得到了延伸和扩展。金·内维尔斯汀（Kim Nevelsteen）利用扎根理论[①]对技术采取抽样，以此定义虚拟世界是一个模拟的环境，这个环境由许多数据空间组成，数据空间的集合构成一个共享数据空间，即"持久碎片"（persistent shard）。内维尔斯汀指出，元宇宙和此前互联网的最大区别是元宇宙支持"实时性"（real time）。与内维尔斯汀将元宇宙视为数据集合相类似，贝克图尔·雷斯克尔迪耶夫（Bektur Ryskeldiev）等人将元宇宙定义为一个持久且不断更新的混合现实空间集合，可以映射到不同的地理空间位置，是一种在不同的应用程序之间归档、映射、共享创建的虚拟空间，是去中心化的、点对点分享的、相互协作的、具有混合现实临场感的、将现实应用程序复合在一起的复杂系统。

[①] 扎根理论，是一种定性研究的方式，研究者在研究开始之前一般没有理论假设，直接从实际观察入手，从原始资料中归纳出经验概括，然后上升到系统的理论。

根据前面所描述的研究，元宇宙都指向一个交互的、沉浸的、复合的、协作的网络集合或虚拟空间，但是元宇宙背后的物质性和对现实世界的依赖性依然是不可忽略的。段海涵等人就从宏观角度提出了元宇宙的三层体系架构，即基础设施、交互和生态系统，并且指出该结构是基于物质世界和虚拟世界的叠合与分离所形成的。纯粹的物质世界是元宇宙的基础设施体系，该体系需要计算、通信、区块链和存储技术等支持元宇宙运行的基本要求；纯粹的虚拟世界是生态系统层面的，该层面是由用户创造内容、数字金融、人工智能所驱动的；而在物质世界和虚拟世界的交叉场域产生了交互，数字孪生、内容创作界面、沉浸式的用户经验就在这个层面中发生。

这个三层体系架构是在乔恩·拉多夫（Jon Radoff）的七层体系架构基础之上改造而来的。拉多夫将元宇宙系统自下而上划分为七层：基础设施、人机界面、去中心化、空间计算、创作者经济、发现和体验。然而，段海涵等人认为这个架构是由一个基于预期市场价值链的产业部门搭建的，对元宇宙需要一种更宏观的理解。基于此我们也可以看出，元宇宙的构建一定需要宏观层面上多个领域的打通和协作才能完成。

作为一个舶来词语，元宇宙在国内学界的研究中依然处于理论起步和建构阶段，因此国内现有的对元宇宙的讨论更多着眼于商业动态和资本动作的产业层面，对这一概念的理论化梳理较少。在有限的研究中，喻国明将元宇宙定义为"一个虚拟与现实高度互通且由闭环经济体构造的开源平台"，并认为元宇宙的核心属性是"与现实世界的同步性与高拟真度""开源开放与创新创造""永续发展""拥有闭环运行的经济系统"。与喻国明将元宇宙看作是虚拟和现实之间的交互不同的是，朱嘉明将其看作是独立于现实、以现实为参照的平行存在——"元宇宙"是一个平行于现实世界又独立于现实世界的虚拟空间，是映射现实世界的在线虚拟世界，是越来越真实的数字虚拟世界。

通过对元宇宙相关概念和特征的文献梳理发现，元宇宙依然被认为是互联网进化序列中的一个阶段，而且大多数的研究并没有将这一新阶段与以往有关虚拟现实、开放式游戏、VR、AR、互联网平台、用户创造内容等的概念完全区别开，而更像是一次概念的杂糅和集合。从产业角度讲，从 Meta 的扎克伯格到微软的萨蒂亚·纳德拉（Satya Nadella），这些硅谷名人似乎都没有能力为其特定的元宇宙的外观或感觉描绘出一个连贯的愿景，而不过是在感知到的市场机会、公开宣扬的乌托邦和旧的科幻小说套路的集合上做文章。

建基于元宇宙的具象化属性（一个持久的、模拟的和沉浸式的环境，计算机生成的实时互动，多个用户凭借化身进行体验和展开行动，产生一种存在于他们所处环境之外空间的感觉等），（本文作者）将元宇宙抽象为一套依托于网络集合的全面数字化媒介系统，借由这个系统，一种另类的经济运作形式、社会组织模式、文化生产样式、人类生存方式都得以出现，而这一切的前提是这种数字集合是有机的、互联的、稳定的、循环的，且在万物皆可数字化的外显表征之下，一个可供性更高的包括算力、云、通信、能源在内的基础设施逐渐变得不可见，但却比任何以往的互联网发展阶段所要求的都更加重要。当我们将以上物质的、非物质的、元宇宙内部的与外部的种种都考虑在内的时候，元宇宙在话语层面之外的社会潜能和变革性影响，才可以获得充分讨论的空间。

元宇宙的内在潜能和变革性影响

每一次技术革命的成果都意味着社会机制、结构和关系的联动变革，元宇宙作为已然发生且正在实践的新的信息技术图景，不可能脱离对其所蕴含的内在潜力和介入现实社会的可能性探讨。从当前已有文献来看，有关元宇宙变革性影响的研究往往基于已有的案例，如集中讨论最多的就是 21 世纪初由 Linden 实验室开发的《第二人生》及其他虚拟世界，也包括诸如《魔兽世界》在内的多人在线游戏。基于以往这些开放式游戏或虚拟世界的典型样本来实现对元宇宙的未来构想，虽难免有削足适履之嫌，但若以其作为对元宇宙进行可能性判断时的坐标和参照，依然可以勾勒出元宇宙产生作用和影响的几个重要方面。我将这些方面归纳为：生产与创造、认知与经验、社群与身份。

● 生产与创造

"用户生产内容"在今天已不再是一个新鲜概念，尤其是当众多以 UGC（用户生产内容）为核心的互联网平台展现出成熟的产业闭环和盈利模式，它所代表的意味也从起初具备的变革性和未来性滑向了商业化和模式化。这个曾被视作最能代表互联网乌托邦设想的创造性机制在平台资本、算法规则、政策管制等重重约束之下，日渐束手就范和丧失生机。这就导致当元宇宙鼓吹者再次提出要建立一个依托于用户生产内容的数字生态时，极有可能成为当下互联网现实生态的重演，而不再能够带来解放性的快感。

然而，虽都被冠以"用户生产内容"之名，但元宇宙与当下平台相比，依然呈现出可以对这一概念进行新的阐释的可能性。原因在于，UGC之于平台，更多的是一种区别于PGC（Professionally Generated Content，专业生产内容）的产业发展模式，然而对于未来的元宇宙，它却可能更多成为一种底层逻辑和社会秩序。在元宇宙社会中，用户生产内容或将升级为用户共创内容，从"生产"到"共创"，多了一层生产创作共同体的意涵。如果说在平台时代，生产者更多的还是一个个原子化的个体，彼此的创作行为和创作内容互相独立甚至互相竞争，那么在元宇宙时代，在开源和区块链的技术支持下，则有望实现一种以共创性和共生性为特征的新的秩序。

"人人均是创造者"并不止于当下语境中我们所能想象的文字、图片、音频、视频，甚至信息、数据乃至知识的来源都是个体。由此会造成一系列重大影响：其一，它呈现出人类文化生产和评判标准的新面向；其二，它有利于构建一种分布式决策和分布式传播的新格局；其三，它代表了自下而上内生式社会结构对自上而下集中式社会结构的代替。

首先，元宇宙社会的用户共创内容可能会带来文化生产和评判标准的新面向。当元宇宙在创作界面上跳脱出物理世界的边界和限定，那么基于元宇宙的社会规则而生产出的文化产品，则有可能超越我们日常的现实经验和世俗美学。从已有的例子来看，用户开放式游戏虽然并不能与元宇宙完全画等号，但从本质上来讲是一个开放空间和符号世界，其内在机制即是由用户共同创造内容。比如数字游戏产业中的游戏模组就是用户共创内容的一种文化实践。早期的数字游戏爱好者基于对某一游戏的热爱，自行修改和创造游戏内容并在互联网平台上发布自己的游戏模组，1997年id Software公司发布的《毁灭战士》(Doom)及后续由玩家自己设计的关卡编辑器的出现标志着游戏模组文化走向成熟。很快，游戏模组文化就走上了产业化和职业化的道路，游戏模组也被纳入粉丝经济中，成为数字游戏产业的重要创意来源。

从艺术角度看，杰奎琳·德鲁克尔（Jacquelene Drinkall）曾着眼于《第二人生》中的各种新兴和成熟的艺术家、艺术场景、艺术画廊、住宅、雕塑公园、策展人、艺术家经营空间和艺术市场，从中勾勒虚拟世界中的当代艺术实践图景，并彰显了以技术为媒介的新的心灵感应的蓬勃发展。在这一层面上，开放式游戏与元宇宙完成了暂时的叠映。借由《第二人生》的启发，元宇宙可以被视为"调动居民传播和创新创造力的机会之窗"。于是，我们有理由预测在以元宇宙为空间的创作活动中，符号和意义将再一次产生内爆的媒介效应。

元宇宙社会对生产力和创作力的影响不只聚焦在文艺领

域，在未来，在更广泛的领域比如数字建筑设计、工业解决方案甚至社会议题决策中，也将涌现更多 UGC 内容或方案。卡特琳·托比斯（Katrin Tobies）和贝蒂娜·梅希（Bettina Maisch）两位学者就以《第二人生》作为工业界和科学界用于创造、设计、开发和传播创新的交流平台的案例，来说明虚拟世界不仅可以作为沟通媒介，还可以进行多种方式的使用，比如电子学习工具、企业销售工具、实验及科学研究的场域，尤其强调了虚拟世界的开发对创新传播的推进意义。他们的研究认为，由于时间和成本问题，现实世界中基于经验的传播模式往往无法满足创新传播的需求。而在《第二人生》中，这些产品可以被逼真描述并在虚拟过程中模拟。就像在现实世界里一样，利益相关方可以通过他们的化身，积极尝试新的产品和程序，并与背后的公司或创新者进行对话。

从上面这个例子来看，元宇宙社会其实更加准确地理解并实践着创新传播的真正内涵。创新传播从来都不仅仅是向利益相关者传递关于新产品或服务的信息，相反，从更广阔的社会层面来看，创新传播是一场关于创造共同意义模式和建立共同价值情感的社会实践。而共识的达成则需要一种新的社会决策方式和传播模式，也就是前文提出的元宇宙创作性机制影响的第二个层面——分布式决策和分布式传播。分布式决策与分布式传播的达成依托于元宇宙所蕴含的内在的平等、多元、自组织、去中心化等理念想象。元宇宙被赋予了构建公平和可持续社会的远景，其自治的生态系统被认为是孕育民主属性的摇篮。比如，在 3D 虚拟现实平台 Decentraland 中就存在一个分散的自治组织——"DAO"[①]（Decentralized Autonomous Organization），用户可以在该组织中提案并且投票决定世界运行的政策和规定。同时，权威人物的缺席以及对开放式空间的使用也有助于个体之间的相互交流，从而使参与者自由地表达自己的想法和观点。

元宇宙所蕴含的创造性机制毋庸置疑，但是这种创造性机制具有多强的生命力和抵抗力，则是我们需要进一步思考的问题。举例来说，《第二人生》于2003年向公众开放，当时的《第二人生》只有几千名居民，且大多数是程序员、艺术家和创新企业家。这些先驱者达成的共识是他们并非在玩游戏，而是在建造一个突破物质世界限制的新大陆，一个允许创造力、新思想、广泛社交和更多财富生根的新大陆。起初的情况的确如此，在此后两年半的时间内，《第二人生》中的居民即使毫无报酬，也积极忙碌地完成这一乌托邦设想，于是"从迷幻到黑暗的中世纪堡垒，再到精致的不受地心引力影响的精灵城堡，各种形式的奇异建筑和交通工具都出现在太空中。人工生命形式在华丽的花园中出现、复制和进化，而滑雪板上点缀着华丽优雅的超凡飞行器。虚拟体育项目包括精灵射箭比赛和巨型蜗牛赛跑"。以上这些如梦境一般突破想象的事物都出现在了当时的《第二人生》中。

然而，随着这一游戏（虚拟世界）的日益流行，该游戏迎

[①] DAO，去中心化自治组织，有时也被称为"去中心化自治公司"（DAC），是一个由编码为计算机程序的规则所代表的组织，它是透明的，由组织成员控制，不受中央管制的影响。换句话说，它们是没有中心化领导的由成员拥有的社区。

来了它的100万订阅用户,同时迎来的还有"旧世界",也就是现实物理空间中大型公司的入侵,从运动品牌到服装品牌再到汽车企业等。这些大资本并没有利用《第二人生》进行创新性的创造,而是将现实世界中陈旧的想法带进了这一虚拟世界——奇异的飞行器被丰田汽车所代替;迷幻建筑让位于喜达屋酒店;燃烧的喷气式战靴也不见踪影,取而代之的是阿迪达斯的球鞋模型……

在元宇宙的当下设想和承诺中,当文化生产主体成为每一个元宇宙社会中的公民,且公民能够普遍、深入地参与到元宇宙社会中的标准制定、意见提出、决策通过等系列活动中,一个自下而上内生式的社会结构就有望实现。然而,元宇宙能否真的兑现这种颠覆式社会秩序呢?这绝不单单取决于元宇宙背后的技术支持和内嵌于技术的价值倾向及政治诉求,更重要的是,元宇宙社会之外的物质世界和现实社会是否也同样产生了在结构意义而非话语意义上的变革。否则,元宇宙社会只能沦为对旧有社会秩序的照搬和延伸。这并不是耸人听闻的臆想,而是来自前车之鉴的警惕。

- 认知与经验

每当我们讨论有关媒介的议题时,麦克卢汉的著名论断"媒介即讯息"就会再次得到印证和解读,曾经的电子媒介如是,今日的元宇宙亦如是。"媒介即讯息"意味着媒介作为人们认知和经验外部世界的中介,本身就已承载了变革的意义。

麦克卢汉的这一阐释，放在元宇宙对人类认知和经验的影响中依然有效。

正如我们在前文中所说，元宇宙从外部呈现上来看，似乎是一个与物质世界相互区隔、相互独立的数字世界、平行世界、虚拟世界，然而观察它内在的运作和支撑，元宇宙的顺利运行极度依赖于物质世界中的能源、通信、计算等基础设施和信息技术。基于元宇宙的这一本质机理，我认为正确认知"元宇宙"的关键是正确认知现实世界，而一种被广泛用于实现这种认知的方式就是经验科学。人们将元宇宙中的虚拟体验作为现实生活的一部分，并且用自己在现实世界中获得的经验去结构在元宇宙中的差异化经验，反之亦然。但是问题的关键在于，我们的认知和心理过程在两个仿佛平行的宇宙的世界中，是否以相同的方式在发挥着同样的作用。

对于这一问题，有学者基于虚拟世界的心理学研究表明，现实生活中的人格、情感、身份甚至刻板印象在虚拟世界中确实以类似的方式存在，因此当涉及这些因素的最基本方面时，关于现实生活和虚拟生活之间存在潜在差异的想法就失效了，因此经验科学方法既可以应用于解释现实生活中的问题，也可以用来理解虚拟世界中的问题。甚至一些现代神经科学家和人类学家更进一步指出，所有的自我意识和文化最终都只是真实地在我们人类中的虚拟投影。同样，秉持着虚拟世界中的个体认知和心理过程同现实世界中相差无几的假设前提，元宇宙也被神经心理学寄予了评估和治疗认知的厚望。有研究认为，虚拟世界相比于传统方法而言，有可能更加系统地呈现神经心理学中的认知研究，原因是在虚拟世界中，通过更好的感知环境控制、更一致的刺激呈现和更精确的评分，可以提高情感评估和认知障碍治疗的可靠性。因此，在神经心理学研究者看来，虚拟世界是一个更加理想的"拟态环境"，是比采用人为测试环境进行研究的传统方法所能获取的更加标准、稳定的符合现实生态的"模拟环境"。

虚拟与现实、实体与存在、认知与意识等问题，一直以来就是学者关注的焦点。现在，在元宇宙语境下可以展开新的尝试，而它们大多默认元宇宙或虚拟现实可以成为充分替代现实世界的存在。这一假设的前提是当下的数字化发展对"人的普遍存在"的重新定义。在物质世界和现代社会中，以我们的身体为中心，一系列可以代表"我"的人工制品或者信息凭证渗透到社会生活的方方面面，作为个体存在的证明，身份证、银行卡、工作证乃至手机都成为我们的代言者。这些代言的综合构成了我们的整体存在。然而随着大数据技术的发展，与我们个人身份相关的数据已开始在户口、医疗、金融及其他信息空间中发生聚合，因此可以说，随着身份信息碎片的整合和互操作能力逐渐增强，从中产生了一种普遍性的、无所不在的、围绕每个人的"电子存在"。从这个意义上来说，元宇宙中的个人便不再以身体在场而是以数据和信息的有效集成来表达"我"的存在，而事实证明，这一转变正在快速发生。

神经心理学和认知科学对虚拟现实技术的借重与数据互操作性下数字自我的普遍性存在，模糊了物质世界与虚拟世界、现实与元宇宙之间的界限，也由此牵扯出了元宇宙对既有经验的突破——空间与边界被重新改写了。元宇宙中的居民与其说是一种数字存在，倒不如说是同时具有物理身份和数字身份的混合主体，即"游牧混血"（nomads hybrid）。这些"游牧混血"同时生活在物理空间和数字空间之中，对他们而言，这两个空间都是可供的、可利用的、可作为心理依托和情感放置之所的。然而，两个空间并非贡献了同等的经验，事实上元宇宙中的空间并不是伊曼努尔·康德（Immanuel Kant）和奥斯卡·施莱默（Oskar Schlemmer）认为的那样作为构成经验的先验条件——一种"纯粹空间"。相反，元宇宙的空间恰恰成了构成经验的主要对象，存在于多重身份中的不可分离的个体都生活其中，并在元宇宙中创造和重建其主体和化身；在创造自我的过程中，同时创造了一个数字虚拟生活空间，于是新的经验世界就在这里出现。

而在突破"纯粹空间"的元宇宙中，对"空间"的重新理解基于"边界"的正在消失。有学者在世纪之交就断言："在未来，多孔边界（porous borders）是最值得研究和理解的事情。""速移一代"（Zapping Generation）作为游牧的数字原住民，不断漫游，无视边界，寻找新的空间满足他们的兴趣和欲望，寄托他们的情感和诉求，因此他们正在从一个边界不断渗透的混合维度构建客观性和主观性。

对边界的理解和定义关系到人类认知经验的改造与革新，毕竟在虚拟和真实努力之间捍卫边界，就是在以某个维度定位某些类型的经验。在之前针对人机交互游戏的研究中就存在一个观点：数码游戏的空间实际上是数字虚拟向物理领域的延伸，且在游戏空间中存在 3 个部分，分别是心智空间、商业空间和混合空间。而元宇宙形成混合空间的过程即物理世界和虚拟世界的融合过程，它并非两种空间的随意交叉，更不是将物理空间简单搬运到数字空间。我更倾向于将这一边界消融的过程理解为虚拟世界对物理世界的侵占。在数码游戏发展的过程中，"生活游戏化"的概念也随之普及，现实生活的游戏化意味着虚拟世界中的游戏规则接管了现实世界的运行，其表现是物质世界中越来越频繁地充斥着游戏机制，比如商家的积分兑换规则，或者对个人生活方式的激励性奖励机制等。

毫无疑问，数字世界已然改变了我们的认知和经验，其影响深入日常生活的各个层次：乐观者将这种改变视作一种进步性的力量，比如会拥有一种"数字智慧"（digital wisdom），即作为数字原住民的新一代会以计算机、视频游戏、手机和任何其他容易获得的数字技术的数字语言为母语，在高度数字化的环境下，这些青少年在学习过程中具有多任务的认知风格特征，在学习过程中注意力持续时间较短，并采用探索和发现的学习方法。批判者则担忧人们可能会更少地关注现实生活中的社会议题，因为他们将《第二人生》视作他们拥有更理想的生活的机会，那么当未来的元宇宙比《第二人生》拥有更高的沉浸感、真实感和更完备的配套设施时，这种对现实议题的淡漠态度和犬儒姿态可能会更甚。于是，元宇宙在延伸生活空间的同时，也在悄无声息地侵吞着我们在物质世界中获得经验的空间，这背后是元宇宙内在的一个永恒矛盾——无限的空间和有限的时间，而当元宇宙改变着人类生命的时空关系时，传统的哲学话语在元宇宙面前也似乎失去了阐释力。

● **社群与身份**

元宇宙作为媒介迭代的产物，本质上处理的还是人与人之间的连接问题，更准确地说，是现代社会建立以来，在以陌生人为主要组成部分的社会关系中进行整合、沟通和共生的现代性母题。数字时代，聚集起来的人群所能激发的力量才是商业互联网企业家的真正所求（网易有个口号叫"网聚人的力量"），正如 Ricochet Labs 创始人罗德·尼吉布斯（Rodney Gibbs）对想要引入"游戏化"的组织进行评论时所说："虽然他们谈论游戏元素，如化身、奖励系统和用户生成的内容，但游戏并不是他们真正想要的。他们想要社区，他们想要社会黏性。他们想要一个数字论坛，迫使人们聚集起来，不管地理位置如何，投资于一个团体、一个想法、一场运动。"

在经历了血缘、地缘、业缘之后，趣缘社区成为人们进行相互连接并在其中完成社会化和文化整合的主要场所。而在元宇宙社会中，趣缘也不再是将人们组织在一起的动力源，取而代之的是一个个自由且开放的源代码。商业互联网的发展使得人们在网络空间中按照自己的兴味寻找到属于自己的社群，于是网络论坛、贴吧、超话等一个个围绕趣缘展开的互联网产品得以开发并维持。如果说当下互联网平台所实现的事情取决于服务器背后的人由兴趣生发出的诸如点击、分享、评论、转发等数据行动力，那么未来元宇宙能完成的事情则取决于服务器背后的人对一个个开放源代码所进行的操作。开源技术会蔓延到元宇宙的各个角落,在开源标准协议的共识达成后,在社区治理结构和争议解决系统的工具搭建完成后,在元宇宙管理者明确且公平的政策下,数亿用户将在元宇宙中利用开源代码维护自己的社区,开放源代码也因此成为数字居民在元宇宙中进行社会共建、边界拓展和社交活动的基础。在一个以开源代码为支撑的社会中,当下互联网的内部自我消耗式困境,有望被一种打开的、富有创造力和想象空间的外部增长方案所化解。

当元宇宙社会中的居民利用开放源代码搭建起自己想象的完美社区之后,自我在社区中的身份以及这一身份的独特性、主体性和可识别性就成了下一个需要解决的问题。首先,个体在元宇宙中存在的形式是一个个的化身(avatar),这一点对于浸没在数码游戏中的人们来说并非一个陌生概念。化身可以被描述为"虚拟自我",即现实世界中的每个个体都认同虚拟世界中的一个独特实体(他们的角色),通过该实体引导自身在虚拟世界中的所有活动。由此,围绕着化身,每个人都在构建着自己与物质世界可能完全不同的身份。化身们采用与现实世界有所区别的交流模式,呈现着与现实世界中的自己可能迥异的个性特征,更不用说一些人口学意义上的指标也都可以在元宇宙中被改写。人们在日常经验中所必不可少的身份政治和阶级政治在元宇宙社会中将面临失效。

如此,又该如何定位化身在虚拟社会中的角色和位置呢?答案是借由代理的过程。"代理概念基本上是一个玩家如何在游戏世界中发挥他的意志。"从这一基于虚拟世界的研究定义出发，我认为在元宇宙中，代理的过程就是现实中的个体将自我投射到虚拟化身上的过程。物质世界中的个体借由化身代理，在虚拟世界中进行选择和操作以及自我意志的表达，从而形成作者性叙事，而这一作者性叙事就是元宇宙在每个个体身上都得以成立的合法性来源。它不仅通过千人千面式的表达完成了针对服务器后面的个体的主体性询唤，而且在一个个分布式的作者性叙事中产生了交叉和重叠，因此也顺便完成了用户交互框架的构建。

然而，元宇宙中的交互过程并不等同于欧文·戈夫曼（Erving Goffman）基于戏剧学的符号互动论，即互动产生的意义在很大程度上取决于它所处的语境，这一理论的框架是，在互动产生之前已然有了一个既定的充斥着大众社会流行文化符号的社会文化环境。但是在元宇宙中，这个语境往往不是给定的和既有的，而可能是由互动双方临时搭建的，这就造成元宇宙"开放"的另一面：在没有统一文化符号的前提下，元宇宙社会的"共识"要如何达成，又是基于什么达成的？

现实个体与其虚拟化身之间的关系可以产生真实的行为后果和社会影响，因此，化身的匿名性和化身背后的身份具体性相结合所产生的复合效应是不容忽视的。也有学者指出，即使化身在元宇宙中的社会关系是虚拟的，也依然存在一个至少可以称为"虚拟社会化"的过程。因此，身份的构建过程中社群的存在是必要且一定的，社群对个体的集体身份的感知和建构起到关键的作用。有研究基于《魔兽世界》中玩家的集体身份建构进行了批判性话语分析，发现公会内部的集体身份主要通过超越游戏技术形式的共同价值观来感知和体验,再加上虚拟游戏中个人身份主要构建为一种叙事,玩家通过他们的化身将自己在游戏中的感知与他们作为玩家的相关现实生活体验相结合,从而提出一种在自我相关假设和个人身份方面的修辞模式。因此可以看出,虽然"虚拟"被理论化为一种非实体和非共生,"云社区"也被视作一种松散的、不稳定的、身体不在场的结构,但是在个人和集体身份的构建方面,元宇宙依然将现实世界作为一个可参照的他者而对现实中的主体进行自我差异的补充。

元宇宙中存在的云社区改变着虚拟社区的传统结构和定义,比如盖亚·莫雷蒂(Gaia Moretti)和伊莱恩·施莱默(Eliane Schlemmer)就将元宇宙中的学习社区描述为产生知识、让主体表达情感、创造协作与合作空间的社区。格雷戈里·普莱斯·格里夫(Gregory Price Grieve)和凯文·海斯顿(Kevin Heston)将云社区看作是一个临时的、外包的、情感上有联系的居民群体,而居民也并不是现实社群中的个体,而是流动的、多重的、分布的电子身体。不过,这并不意味着在元宇宙的社群中完全遵循着一套与现实世界不同的组织机制。有研究通过对《第二人生》的常住者进行网络人类学的定性研究,得出了"源自现实生活中的沟通和制裁机制是在《第二人生》中实施社会控制和群体凝聚力的重要手段"的结果。另外,以技术为中介的语境会强化社会控制并且提供新的社会控制工具(如另类化身)。云社区中的居民也会利用"外部世界"(如博客、论坛、网络搜索引擎)的系统规则来惩罚虚拟世界中不道德的行为。

不论是身份还是社群,在元宇宙对这二者的建构过程中,总是无法避免与物质世界发生联系并从中汲取经验。所以,即使开放源代码技术从理想情况来看具有巨大的变革意义,但如果缺少相应的共识和规范的话,反而会适得其反,尤其是当元宇宙社会中的个体身份确立和社群的组建都以源代码为基础设施性技术的时候。源代码背后的物质世界中的技术提供方需要具备基础设施性的自觉,否则就会如《第二人生》中的"CopyBot 丑闻"一样,将用户创作的代码无限生成副本并储存在虚拟人物的库存中以备日后使用,结果导致许多内容创作者关闭了他们的商店,并竖起了无形的墙来阻止进入。因此,如果平台管理者和技术提供方无法秉持正当的价值取向,那么以"无墙"之名创设的元宇宙也将难逃"建墙"的结局。

乌托邦与反乌托邦

以往的数字革命带我们进入了一个数字化生存的时代,而伴随着元宇宙的提出和构建,人与机器、意识与代码、现实与虚拟的关系都将被重构。早期的商业互联网继承了 20 世纪 60 年代反文化运动的衣钵,用另类的社会实践和乌托邦设想构建着超个人主义的话语,并携带开辟新大陆和开拓新边疆式的隐喻搭建起一个与现实世界平行的数字世界。今天,元宇宙凭借它越发精进的技术支撑和依旧平等民主的价值设想,再一次重启着旧日的乌托邦社会工程。然而,与 19 世纪欧洲大陆在改造原有生产关系和社会结构基础上完成乌托邦设想所不同的是，不论是现在的互联网还是未来的元宇宙，都试图在搁置现实世界问题之外重建一个新世界，他们寄希望于将人类进行数字化移民，就像太空移民那样，逃离满目疮痍的旧大陆而奔向未来可期的新大陆，他们寄希望于这个虚拟世界能够对现实世界的问题进行想象性的解决并实现对苦难的抚慰。

但是，通过本文对元宇宙的讨论可知，元宇宙与物质世界并非像太空移民中的母星与异星两个星球一样相互平行、相互独立。恰恰相反，元宇宙完全建立在现实世界的各个物质资源之上，在生产、经验、身份、主体等多个层面上，元宇宙都显示出与物质世界的千丝万缕的连接。因此，当我们看到元宇宙社会设想中的海量内容，也应当看到这些海量内容被资本滥用的可能；当我们看到无限创造力被激发、新的传播模式和决策方式被实现，也应当警惕这些传播和决策的创新是否又进一步被某种权力所收编；当我们看到元宇宙社会的乌托邦想象，也要看到物质世界中依然存在的反乌托邦现状。若对现实结构和问题置若罔闻，元宇宙所蕴含的内在潜能和变革的可能性也时刻都有被扑灭或者变异的风险。

流量·内容产业·伪个性化
底层关键词

流量密码[1]

流量，作为评判网站价值的信息技术名词，原指一定时间内浏览某网站的用户数量及用户停留时间。随着智能设备的普及以及万物互联的开始，流量泛指能够连接到网络的设备在网上产生的数据量。从PC互联网进入移动互联网时代，流量的意涵逐渐从简单的数据统计指标，演变为互联网产业的底层与核心发展逻辑。随着网络技术的不断更新迭代，并日益深入经济与社会生活之中，流量由此进入"井喷"时代。

互联网商业的本质是"注意力的经济"，代表着用户即消费者注意力的流量，成为各类互联网平台生存和发展的"制胜法宝"。平台通过为用户解决实际的线上需求来获客，买入用户的注意力并留住用户，再以广告投放、产品和服务的方式将用户的注意力卖出。流量以强劲、必然而隐秘的方式成为互联网发展的基本模式，对互联网产业及互联网生态产生深刻而长远的影响。

"流量为王"不仅深入每个互联网从业者的心中，而且引

---

[1] 此文与李雪娇合写。

导传统企业的前进方向。如今许多实体行业也在努力学习互联网企业，千方百计引流扩流，寻找各种网络入口，以创建产品展示与买卖的各种新渠道。对于互联网内容产业而言，网络流量是衡量网上业绩和成功与否的重要指标之一，内容产业的变化前所未有，而这些变化离不开流量的巨大影响。

产业之变：从发行量、收视率到流量标准

从内容产业的角度来看，互联网流量是内容化的用户注意力。在平台资本和变现红利的诱惑下，"流量至上"成为互联网领域内容产业的主导逻辑，深刻影响着内容的生产、传播和消费。

- 内容生产者：从把关人到"流量王"

在以报纸、广播、电视为主要媒介的大众传播时代，媒体既是信息内容的生产者，更是信息内容的把关人，有能力和权力通过筛选、审核和发布信息实现对公众议程的设置，进而发挥引导舆论、宣传教化的作用。在大众媒体发展的黄金时代，发行量、收听率和收视率是衡量媒介内容传播效果的重要指标和评价尺度。由于这一时期是专业媒体垄断传播资源，而较大的发行量、较高的收听率与收视率意味着媒体具有广泛、庞大、稳定的受众基础，因此媒体在与广告商的合作中占据主动地位，具备极强的议价能力和话语权。

然而随着数字媒介的发展和数字社会的建设，无论对媒体

还是对受众而言，数字化生存都在面临加速与升级，互联网已从工具、实践的层面抵达社会或制度的层面，而成为社会运行的底层逻辑。移动互联网对受众生活的侵入改变了过去的信息获取方式和阅读习惯。传统媒体在社交媒体、新闻聚合类媒体的包围下辉煌不再，不仅在信息传播领域丧失了原本具有权威性的话语权，而且由于受众迁移，互联网以更低的价格和更优的曝光效果分流了广告商，大众媒介组织也失去了赖以生存的广告收入。特别是为了争夺日益稀缺的受众资源，媒体间的竞争愈加激烈。在传播困境和生存困境的双重夹击下，媒体组织或主动或被动地卷入媒介融合的浪潮中。

媒介融合需要媒体具有互联网思维，而在互联网领域内，评价传播效果最有效、最直接的指标是流量。互联网世界纷繁复杂，在海量化、碎片化的信息宇宙中，受众的注意力是最稀缺的资源，只有获得受众注意，才具有利用流量吸引广告从而变现的可能。巨大的流量一方面能够提升媒体的知名度，帮助其在市场竞争中突围；另一方面可以为媒体赢得广告商的青睐，获取资本支持。所以对媒体来说，如何吸引受众注意力、把握流量入口，成为比生产优质、专业的内容更为紧要的任务。在流量思维主导的注意力经济时代，媒体放弃了过去奉为圭臬的专业主义精神，转而主动迎合受众心理需求与偏好，追求"10万+""热搜榜"，通过生产具有争议性、话题性的内容吸引受众注意力，然后将受众注意力出售给广告商实现商业变现，以维持组织生存。

● 内容传播渠道：从传统媒体到互联网平台

在互联网普及之前，大众传播媒体凭借专业化的人才队伍、丰富的传播经验和优质的信息资源牢牢把控信息的生产与传播，并且垄断了传播渠道，受众只能通过大众媒介获取信息内容。由于大众传媒组织一般采取"一对多"式的传播方式且传播内容还需要经过严格的筛选和审查，对于受众来说，单一途径传递的单一信息并不能满足用户需求的日益多样化，所以在互联网时代到来后，尤其是移动互联网蓬勃发展之时，受众投入更多的时间和注意力在数字化媒体上，报纸、广播、电视等传统媒体的传播地位日益受到以微博、抖音等社交媒体平台为代表的新兴传播渠道的威胁。

互联网平台兴起是互联网时代的显著特征之一，由此诞生了平台经济。平台经济模式是一种通过实现买卖双方或多方联通与交换从而创造价值的商业模式，提升联通与交换的效率是获得商业价值的保证。从盈利角度考虑，流量变现是平台经济最主要的手段之一。为满足效率与变现的需要，算法技术应运而生。

基于热度的算法推荐技术多采用"爬坡机制"。以抖音为例，用户上传内容通过机器和人工审核后，会被随机投到一个小流量池观察，如果该条内容在浏览、点赞、评论、完播等指标上表现优异，则会被投到一个更大的流量池，而表现逊色者则停止推荐。如此过程反复进行，直到形成一批数据反馈极好的内容进入首页滚动推荐，其他用户打开抖音，立刻就会看到这些内容。这种算法技术很大程度上是注意力导向，因此奇观化、景观化的内容往往能够在流量竞争中胜出。

还有一种算法技术基于内容，平台通过收集并分析用户的网络行为，运用算法技术勾勒出用户的个人画像，然后针对不同用户向其推送可能感兴趣的内容，以此实现信息的精准传播。这种算法技术意在培养用户黏性和忠诚度，然后将稳定的用户流量变为资本积累。对平台而言，注册使用的用户越多，潜在的可变现能力越高，实现资本积累的空间就越大。

无论基于热度的算法技术，还是基于内容的算法技术，都体现出平台的流量优先逻辑，最终目的都是将平台用户的注意力作为流量变现的基础，最大化"吃尽"流量红利，实现自身的发展与扩张。因此，平台间的竞争体现为对用户流量的争夺，平台是导致流量至上的最大推手。

● 内容消费者：从被动接受到主动发布

在传统媒体占据主流的时代，由于信息是单向传播，受众往往处于被动接收信息的"失语"状态，缺乏选择的权利和有效的反馈渠道。而互联网平台天然的低门槛、开放性为内容消费者带来自主发声的渠道和窗口，赋予他们主体性地位，内容消费者从"受众"变成"产消合一的用户"。阿尔文·托夫勒（Alvin Toffler）在《未来的冲击》（*Future Shock*）中将那些为了自己使用或者自我满足而不是为了销售或者交换而创造产品、服务或者经验的人命名为"产消者"，他们既是消费者，又是生产者。

首先，用户对流量内容的追逐体现了自我满足的身份认同和展演心理。信息不仅是满足知识需求的产品，更是人们展开社会生活的谈资。在日新月异的信息社会中，为了表明自己没有落伍并且关切社会，受众往往会主动关注热点事件。浏览、评论、点赞或者转发热点事件的相关内容，都可以看作内容消费者在数字化生存过程中不断确立的身份认同，通过具体的前台行为构建自身在社会生活中的形象。此外，流量也带来一种成名的想象。用户期待自身对热点的参与或许能够使其成为"网红"或"意见领袖"，从而满足自我分享、表演和被观看的欲望，在"群星闪耀"的互联网中获得存在感。

其次，用户个体也具有流量变现的动机。随着社交媒体平台的用户规模持续扩大，流量开始由集中的公域流量转向分散的私域流量。公域流量是开放平台中初次形成的流量，例如抖音后台的流量池；私域流量则是基于用户认同或兴趣而产生的具有信任关系的流量，例如关注某个微博博主或是微信公众号。公域流量大多是一次性的，用户一般走马观花地浏览一下；而私域流量具有较强的黏性，一旦形成便具有较低的运营成本和可观的变现能力。当用户在平台上积累了一定数量的关注者（粉丝）后，就会致力于发展私域流量池和粉丝建立稳定的联系，通过代言产品、发布广告、内容付费等方式将粉丝转换为购买力，不断提升自身的商业价值以获取更多商业合作。

综上，媒体在传播危机和生存危机的双重裹挟下，为避免淘汰而投入流量的怀抱；平台借助算法技术的"伪中性"追求利益最大化，直接推动"流量至上"思维的盛行；用户个体出于情感需求和生存压力，陷入流量陷阱而不自知。正是内容生产者、平台和消费者的共同推波助澜，导致流量成为今天内容生产与消费的主导逻辑。

悖论：流量思维主导下的矛盾冲突

内容生产者原本应该是掌握专业生产知识的"业内人士"，但是互联网平台在流量思维主导下通过各种手段实现了生产者的"去专业化"，用户生产内容挤压专业生产内容空间并逐渐成为主流，为平台创造可观的流量收益，平台却无须为进行生产劳动的用户支付费用。用户身份的转变和因此具有的多重意义，构成了内容产业生产与消费的悖论。

从平台提供的内容服务来看，平台基于流量思维迎合或设计、操纵着用户获取信息的态度、行为，借助算法技术增强用户黏性、稳定流量，从而掌握"财富密码"。看似个性化的信息服务实则是平台以自身诉求为核心对用户进行控制、规训的手段，使用户从个性走向共性，逐渐消解了个体的批判思维和主体性。在流量思维的主导下，平台垄断是无可避免的趋势，因为每一个互联网企业都想将更多的流量入口汇聚在自身平台上，从而掌握更多将流量变现的机会。互联网精神应该是开放、平等、分享和协作，然而在流量引导下，平台垄断带来的却是失衡、对立和封闭，是权力集中导致的互联网整体生态的破坏。

● 从用户到劳工：内容产业的生产与消费悖论

伴随社交媒体等互联网平台的发展，个人在大众传播中的作用逐渐凸显出来，平台借此宣扬其所提供的信息内容都是基于用户的兴趣和自主选择，鼓励用户生产内容是为了满足个体的表达与创造。事实上，用户看似主动分享，实际上是被平台"牵着鼻子"做免费劳工。

用户在平台上登录、注册账号，为平台增加了用户数；浏览平台内容、参与讨论、发表观点等诸多媒介使用行为，提高了平台的活跃度；用户在平台上制作并发布内容，几乎是免费为平台内容库贡献资源，成为平台源源不断的廉价生产力。

以新浪微博为例，免费注册功能让每一个能接入互联网的人都可以无门槛进入，而每一条微博的阅读量、评论数、转发数、点赞数都是用户免费制造的数据，却成为评价微博的数据指标，并且可以转换成微博与广告商议价的资本。

用户具有强大的创造性和生产力，吸引人的不是平台，而是发布在平台上的内容，平台却不需要为用户生产的内容付费。数字平台经济将劳工转变为一种创造力的表达，知识和文化生产者踏上了劳工化与零工化的进程。用户"滚雪球"般地为平台生产内容、吸引新用户，而平台仅仅作为分享、展示的空间就可以坐收流量红利，凭借日益扩大的用户规模和稳定真实的活跃人数向广告商收费。平台隐蔽的剥削、劳役用户的行为被娱乐化和消费文化所掩盖，用户自主的传播行为在不知不觉中被转化为具有商业价值的数字劳动，在看似共赢的表象下，互联网产业已完成劳动的剥削与劳动成果的占有过程，极大地推动了互联网产业的资本生产与资本增值进程。

此外，我们还需要注意算法在异化用户的过程中发挥的作用。平台借助算法技术持续为用户推荐他们可能感兴趣的内容，从而将他们的注意力锁定在平台上，再将注意力转化为购买力或生产力实现变现。平台不断优化算法以期更贴近用户心理，表面上看是便利用户，实际上却是为了获得更多的用户流量，打着个性化服务的幌子潜移默化地培养用户对平台的依赖程度，提高用户黏性。归根结底，平台始终把用户当作免费劳工。

● 从个性到规训：内容产业的算法逻辑悖论

互联网带来千人千面的可能性，平台的算法却诱导大家千人一面。基于热度的算法推荐技术以流量为标准，那些被更多人喜欢的内容具有优先推送的资格，因此平台声称的"个性推送"是否真的迎合了我们每个人的"个性"，这一点依旧存疑；基于内容的算法向用户推送可能感兴趣的信息，久而久之会使用户"偏听则暗"，只沉溺于符合自己取向的网络世界，而忽略了对公共事务或其他应知信息的关心；基于协同过滤的算法向持有相同或相似偏好的用户推送一致的内容，构建的"拟态环境"变成"信息茧房"，用户在相似的回声中不断强化、巩固已有的认知，认同己所认同的，排斥己所排斥的，自发的、极端的标签化行为导致"巴别塔"倒塌，共识和共情都荡然无存。

我们以为算法比我们自己还了解我们，以为平台推送给我们的信息或许真的是我们想要知道或者我们应该会感兴趣的内容，却常常忽略了技术背后的力量。隐藏在算法黑箱背后的是平台的权力，用户的内容消费受制于算法，发布的内容也要经过平台的审核，而算法机制、审核规则都受到平台逐利本质、价值观的干预，真正的个性化让位于大规模算法下的伪个性化，变成一种被建构、被规训的"个性化"。

算法技术发展到更高级的阶段是实现对人的控制。人类发明技术的初衷是让技术服务于生活、让生活更美好，但等技术发展到一定阶段，那些掌握技术的、拥有话语权的人又有了更大的野心，技术因此异化成为控制、规训人类的工具。资本将自身的价值观念写入算法，然后利用算法推送信息给用户以实现对用户想法和行为的引导。这一过程是隐蔽的、温柔的，目的是在技术规训中实现对人的操控。更进一步，当算法可以预判用户行为并提前告知用户时，人的主体性、思辨性、理性将受到极大挑战。算法从一种新技术变为一种隐蔽的权力，悄无声息地经由网络渗透进用户的现实生活。在这种技术"驯化"的过程中，流量内容将用户吸引至平台，平台利用用户对流量的追逐心理使其心甘情愿地成为数字劳工，进而实现规训与操控。

- **从竞争到垄断：内容产业资本化趋势悖论**

互联网平台的崛起带来的垄断问题体现在外部和内部两方面。从外部来看，互联网平台依托社交性、互动性、即时性垄断了信息传播的渠道，基于个性画像和场景服务建立的算法技术占据了用户的大部分注意力，垄断了用户流量，使得传统媒体的受众流失问题日益严峻。互联网平台对传统媒体生存空间的挤压不仅为内容生产带来专业性缺失的威胁，而且不利于构建全方位、多领域、合纵连横的传媒格局。从内部来看，互联网平台在资本布局的态势下呈现垄断趋势。百度、阿里巴巴和腾讯作为老牌互联网巨头仍然相互制衡，而以字节跳动为代表的新兴力量的崛起，正在改变着互联网产业的格局。阿里巴巴和腾讯分别垄断了互联网用户的在线消费和即时通信，各自掌握着庞大的消费数据和社交数据，字节跳动旗下的抖音则以突破6亿的日活跃用户稳坐中国短视频领域的"头把交椅"。

互联网平台的扩张不止于此，它们还积极入局外卖、团购、物流等领域，拼命争夺市场流量，企图全面包围用户的线上、线下生活。在良性竞争的市场环境中，企业间的竞争会刺激创新，促进行业发展；但在垄断市场中，垄断性平台决定行业布局和游戏规则，用户流量和广告流量向头部平台集中，个别平台"跑马圈地"式瓜分市场份额，最终形成"马太效应"，资本向垄断性平台积聚，这些平台的力量越发壮大，而新兴的互联网企业只有两个选择：要么被挤出市场，要么被大平台收购。

平台为了行业的持续繁荣应该积极构建生态圈，若过度扩张，反而吞噬了生态中大大小小的竞争者，构成了内容产业资本化发展过程中的悖论。平台改变竞争格局的过程是一种创造性破坏，而这种创造性破坏所依托的创新力量正是以算法、大数据为代表的技术。垄断性平台有能力、有条件研发、应用并优化新技术，依托技术建立新的生产体系，因此可以在竞争中突围获得超额利润，并为资本积累奠定基础。而当平台具有垄断地位后，往往会利用自身的垄断地位支配市场、限制竞争，并对用户采取价格歧视或制定不合理的交易条件，破坏市场秩序。

风险："流量至上"对内容产业的影响

流量思维主导的互联网逻辑对内容产业的良性健康发展构成挑战。首先，符合流量标准的信息大多包含猎奇、争议元素，但并不代表这些信息都是有意义的。以流量为标准的信息流服务迎合的是用户趣味和心理，当个人享受被放大，以至于挤压了社会共识的培养空间时，我们要警惕"后真相""信息茧房"和娱乐化趋势对严肃意义的消解。其次，基于流量变现的互联网平台盈利模式存在"泡沫经济"的风险。数据成为最主要的衡量标准，造成了数据造假的风行，由"水军""买数据""刷数据"堆砌起来的流量，破坏了真实、严谨、专业的社会评价体系，更对互联网治理、社会治理造成威胁。此外，流量的虚假繁荣之下，是日益浮躁的社会风气和由此导致的社会文化危机。流量建构的"快餐式文化"分散了用户的注意力，并使其在算法所具有的隐蔽的操控、设计、规训的力量中成为被流量裹挟的、缺乏自主性的"乌合之众"。

- "瓦釜效应"：消解内容价值

流量规则主导下的内容产业关注热点、追踪趋势，内容是否能够吸引用户流量、是否具有"爆点",取代了内容本身的社会意义和价值。人们用"瓦釜效应"形容新闻失范的现象,即有意义的新闻默默无闻,无意义的新闻烜赫一时。在争夺用户注意力的社交媒体时代,反转新闻、虚假新闻层出不穷,新闻原本的严肃意义被娱乐化、碎片化所消解,真相与事实在流量思维下越来越扑朔迷离。

当内容生产者为了流量不择手段追求爆款文章时,"后真相"所带来的情绪影响力超越事实,用户对传播内容的态度取决于已有的立场和情感,更愿意将那些自己认同的、符合期待的信息当作真相,而不愿意接受与之相对、相反的声音。在这样的语境中,用户被算法和数据分裂为一个又一个封闭、固执的小圈子,理性思考与公共对话的空间日益萎缩。流量内容抓住了用户猎奇、八卦、娱乐的心理,用户在消费流量内容的同时被同化为流量制造者,刺激着内容生产者创造更多流量性内容。以流量标准衡量内容,不断加剧内容产业"劣币驱逐良币"的现象。低俗、戏谑、娱乐等一味满足用户喜好的碎片化内容,挤压了优质内容的生产空间,并消解了其内在价值,最终使媒介传播的一切内容都成为尼尔·波兹曼(Neil Postman)口中"娱乐的附庸"。

- 虚假繁荣:破坏行业生态

"流量至上"的具体表现是数据在评价体系中占有越来越重要的地位。用户行为数据不仅获取成本极低,而且清晰、直观,可以直接转换为流量变现的指标,因此平台、媒体纷纷将数据作为评价和引导传播内容的标准。但是，数据并不完全是真实、客观的。在生产和传播过程中，平台后台可以通过计算机技术对数据造假，例如开发"刷数据"的机器，通过不间断工作制造流量数据；内容生产者有时也会雇用"水军"在微博、豆瓣等平台传播、评价作品，通过人为"注水"数据影响真实评价。

在消费端，"流量明星"的出现延伸出数据造假的灰色产业链。对粉丝而言，数据是衡量明星名气、价值、影响力的最重要指标，因此他们致力于制造、维护自己喜爱的明星的数据，甚至出现"数据攀比"现象。粉丝内部通过明确的分工合作，有组织、有计划地"打榜投票"，为自己喜爱的明星"刷"数据；外部通过和数据造假公司的合作，为明星制造大量流量。庞大的数据造成内容产业的虚假繁荣，表面的蓬勃之下暗藏危机。流量对用户消费习惯的"养成"实质是资本对消费文化的"养成"，非理性消费加剧了"流量至上"的生产逻辑。平台对流量变现的过度追求导致流量造假、网络黑产等问题频出，不仅破坏了内容产业的健康生态，而且给社会治理带来极大隐患，助长浮躁之风。

- 乌合之众：文化危机隐忧

戏剧性、争议性、话题性的内容更能引发舆论关注，符合这些标准的内容往往成为流量追捧和制造的对象。在娱乐的狂欢之中，碎片化的阅读习惯割裂了严肃的阅读行为，人们的注意力被流量信息淹没，专注享乐却忽视了对公共事务的关切。

当流量充斥线上线下的生活空间时,被流量、算法操控的平台用户可能会因为陷于"信息茧房",变成情绪化、极端化、丧失自主思考能力的乌合之众。依托于独立、理性、深度思考而建立的社会文化将会遭遇衰落甚至被颠覆的危机。

  媒体、平台、用户都搭载着流量的快车飞速前进,然而人们的文化素养未必可以保持一致的步伐。流量建构的世界越繁荣,我们的文化内核或许正在变得日益贫瘠。数字化改变了社会的方方面面,数字媒介深入我们生活的肌理,像毛细血管一样铺设开来,为我们提供必需的信息服务。我们在获取便利的服务、感受技术带来的美好体验时,更应警惕"免费"的包装下早已标好的价格。"流量至上"思维主导下的互联网已经暴露出许多问题,我们被流量困在数字化的信息"监狱"里,不仅毫无察觉,而且主动与资本合谋,协助操控者实行自我规训、自我操控。如何打破流量的藩篱、重建内容价值、找回失落的主体性,值得身处数字空间的每个人严肃思考。

机器学习·AI决策·算法复杂性
底层关键词

人工智能不智能

你信任人工智能医生吗

2022年1月22日，IBM在一份简短声明中宣布将旗下"沃森健康"（Watson Health）业务分拆，出售给总部位于旧金山的投资基金Francisco Partner。这项交易标志着"蓝色巨人"正在放弃其在医疗保健领域的雄心，更加聚焦于构建混合云计算的能力。而从行业角度看，它意味着人工智能的雄心在医疗保健业遭遇重大挫折。

作为这家向人工智能转型的企业近年来的明星业务，沃森健康最重要的产品可以帮助医生诊断和治疗癌症。它是IBM最早也是最大的AI尝试之一。然而，尽管为了打造这一增长引擎，IMB展开了一系列有针对性的、价值数十亿美元的收购，但沃森健康在争取美国国内外市场份额上的进展并不顺利，并且短期内也看不到盈利的前景。

在休斯敦的MD安德森癌症中心，沃森健康于2013年首次部署认知计算技术，以帮助肿瘤学家从卫生系统的大量研究和患者数据中挖掘洞见，并开发新的以 NLP（神经语言程序）为基础的工具来支持决策。

然而，到 2018 年，这两个组织的合作陷入困境，MD 安德森中心在花费超过 6000 万美元之后取消了该项目，原因是"存在许多不安全和不正确的治疗建议实例"。

失败的原因不一而足。医疗专家相信，沃森机器人医生的困境凸显了将 AI 用于治疗复杂疾病的障碍，可能同时包括人力、财务和技术。比如，获得具有广泛代表性的患者群体的数据一直是一项挑战。另外，这些疾病的结果往往取决于许多可能无法在临床数据库中完全捕获的因素。

同时，科技公司缺乏深厚的医疗保健专业知识，如果它们不够了解实战的临床工作流程，就会增加在病患环境中实施人工智能的困难。必须知道可以在哪里插入 AI，以及 AI 又能够在哪些方面提供帮助，而一切都要以提高医院的效率为准。

究其根本，在医院中应用人工智能，首先是解决信任问题。在相当大的程度上，我们还是第一次见证人和机器人共处一室的复杂环境。当医生首次与沃森交流时，他们发现自己处于相当困难的境地。一方面，如果沃森提供了与他们自己的观点相一致的治疗指导，医生们对沃森的建议就看不出太多价值。超级计算机只是告诉他们本身业已知道的东西，而这些建议并没有改变实际的处理方式。这可能会让医生放心，让其对自己的决定更有信心。然而如果只是帮忙确认，机器人医生值得在医院里部署吗？

另一方面，如果沃森提出了与专家意见相矛盾的建议，医生通常会得出结论：沃森对癌症无能为力。机器无法解释为什么它的处理是合理的，因为它的算法太复杂了，不能被人完全理解。因此，这导致了更多的不信任和怀疑，许多医生会忽略看起来异乎寻常的 AI 建议，并坚持自己的专业知识。

由此来看，沃森的肿瘤诊断问题是医生根本不信任它。人类的信任往往基于对其他人如何思考的理解，以及对其可靠性的经验了解，这有助于创造一种心理安全感。而 AI 对于大多数人来说仍然是相当新颖和陌生的，它使用复杂的分析系统进行决策，以识别潜在的隐藏模式和来自大量数据的微弱信号。

即使可以在技术上解释（并非总是如此），AI 的决策过程对于大多数人来说通常难以理解，和自己不明白的事情互动会引起焦虑，并使我们感觉失去了控制。许多人也不太了解许多 AI 实际工作的实例，因为它们常常发生在后台。

相反，人们总能敏锐地意识到人工智能出错的情况：谷歌算法将黑人分类为大猩猩，一个微软聊天机器人在不到一天的时间里成为白人至上主义者，在自动驾驶模式下运行的特斯拉汽车导致了致命的事故。这些不幸的例子受到了媒体不成比例的关注，向社会发出了人类不能完全依赖技术的信息。机器学习并非万无一失，部分原因是设计它的人不是万能的。

具体到医疗保健领域，发生问题的也不是只有 IBM。谷歌的 DeepMind（深度思考）部门在开发了轰动世界的围棋程序之后，也曾推动多项针对慢性病的医疗保健举措。然而它目前也处于亏损状态，并在收集健康数据方面遇到了隐私担忧。

虽说如此，用人工智能改进医疗保健业的努力还会继续。原因很简单：尽管它的效率只能实现 40%—60%，然而这是一个价值万亿美元的行业。因此，用机器学习算法或可扩展的 AI 之类的优雅工具使它得到显著改善的想法，显然还是非常诱人的。

人工智能需要解决的三大问题

● 有多少人工，就有多少智能

在人工智能界，普遍可以听到一个说法：有多少人工，就有多少智能。

这是因为，与传统计算不同，人工智能可以在一系列尚未由人预编程的情况下做出决策。人工智能大部分是关于可以通过经验学习和发展的系统，通常用于执行专业任务，如驾驶、玩策略游戏或进行投资决策。这个子集也被称为"认知计算"，需要通过学习进行培训。

机器学习需要喂给机器大量的数据，而这些数据大部分是需要人工标注的，这在机器学习当中叫作"监督学习"（supervised learning），即根据输入 输出的样本对子，学习一个将输入映射到输出的函数或模式，并依此模式推测新的实例。

举例来说，要写一个机器学习算法，让它能够在网上帮我找到符合我品位的衣服，就需要训练一个能识别某种服装的程序。首先需要的是数据，因为必须给机器学习算法标注一些样本。训练者先搜集很多图片，然后把需要的标出正例。比如把所有衬衣图片标注出来，其他未被标注的衬衣，就是负例。机器会通过这些样本的标注，知道哪些是衬衣，哪些不是衬衣，哪些是主人想要的，哪些不是主人想要的。假如提出更高的要求，让程序识别浅色的衬衣，就要进一步把浅色衬衣的图片再标注出来，这样机器就会知道哪些浅色的衬衣是主人更想要的。这样的条件可以不断趋向复杂，例如让机器识别带条纹的浅色衬衣，而所有这些对数据的进一步处理，都需要人工来解决。

人的标注工作完成之后，就可以训练机器学习算法，让它不断去看图片，并对所看过的图片加以总结。然后，它自己总结出一个算法框架，知道大概往哪个方向学习。机器学习的目标就是利用人们输入的数据，让自身的错误识别率达到最低。这个目标达成之后，机器就学成出师，可以为人工作了。

- 学习如何学习

"智能"这一术语的使用常常导致人们对 AI 的能力和拟人化风险的误解（这里的拟人化，是指将人类特征和行为分配给非人类事物）。今天可用的大多数 AI 技术都是根据特定目标学习或优化其活动，因此只能按照所传授的内容进行操作。其能力的大小，反映了培训的数据及培训的质量，以及 AI 流程的设计情况。通常，仍会需要人工处理异常情况。

这意味着 AI 目前的形式很狭窄，只能专门用于特定的应用程序，它所遵循的流程和程序是不可迁移的。DeepMind 应用程序可以胜过围棋的最佳人类选手，但它在国际象棋中甚至无法击败普通人类玩家。

当人工智能开始变得真正聪明并能够学习未被教授的行为时，将会发生重大变化。然而，这座技术里程碑是否可以实现尚无定论。

- **不知之不知**

"不知之不知"（Unknown unknown）是美国前国防部部长唐纳德·拉姆斯菲尔德（Donald Rumsfeld）在 2002 年 2 月回应记者提问时的所说的。

在人工智能开发当中，同样存在"已知的未知"和"未知的未知"。"已知的未知"是指模式不能确定正确分类的例子。其解决方案是，在不确定的例子上从人们那里获得新标签。例如，如果一个模式不能确定一张照片的主体是不是一只猫，就会要求人去验证；但如果系统确定的话，就不会要求人去验证。虽然在这方面还有改进的余地，但令人欣慰的是，模式的信心与它的表现相关，人们可以看到模式不知道的东西。

另外，"未知的未知"是指模式对其答案有信心，但实际上是错误的。对人来说，这就产生了一个难题：需要知道人工智能算法何时工作，何时不工作。虽然假如电影推荐不是那么准确可能并不要紧，但一旦一个算法在自动驾驶汽车或医疗应用程序中表现不佳，其结果可能是毁灭性的。

人工智能系统的内部工作往往不透明，人类很难理解人工智能学习系统如何得出他们的结论。为了解决这个问题，设计者和观察者已经讨论过在 AI 系统中需要一定程度的解释逻辑，以便检查错误并让人类学习和理解。

算法复杂性的挑战

然而，人工智能系统复杂性的挑战并不容易克服。事实证明，机器"知道"得越多，我们就越不了解它们。用于人工智能的深度学习方法涉及从简单的构件中创建复杂的、分层的表征，以解决高层次的问题。网络在层次结构的初始级别学习一些简单的东西，然后将信息发送到下一个级别，在那里信息被组合成更复杂的东西。这个过程持续进行，每一级都从上一级收到的输入中建立。

与此同时，层数越深，优化算法就越难。最终，它们变得如此困难，以至于数据科学家无法解释它们是如何工作的。在某一点上，用于深度神经网络的算法以某种方式奇迹般地产生了准确的结果，但科学家和工程师并不完全了解结果是如何产生的。人工智能使机器能够进行预测，但很难让计算机解释它是如何得出结论的。这不仅提出了信任问题，而且还产生了潜在的法律和责任问题。在人工智能获得全力推进之前，这方面有很多东西需要探索和考虑。

开始艰难的对话

算法长时间被宣传为解决各种问题的良方。在过去的10年到15年里，大数据、算法和人工智能——在自动决策和预测方面都是一回事——的确成为有用的机制。然后，在未来的10年到15年里，我们将不得不开始进行被推迟了的困难的对话，因为在那些想要算法和不想要算法的人之间会产生激烈的冲突。

谁应该获得贷款？个性化推荐如何才算适度？一个老师什么时候才是"好"老师？现在，所有这些问题都由算法自动回答，但并不存在特别站得住脚的理由，也不符合任何伦理价值体系。拥有算法的人目前在这些争论中占有优势，因为他们用知识产权法和其他类型的所有权来保护它们。但随着人们开始学习提出需要提出的问题，算法拥有者将更难做到这一点。

例如，对算法偏见的关注正在被前所未有地推向前台。无论人工智能如何快速发展，无论它如何坚定地融入我们的生活，它都无法超越其创造者——也就是人类——的偏见。

"偏见"一词在机器学习中有一个数学上的具体定义，通常指的是估计中的错误，或者在抽样时过度或不足地代表人口。而一旦算法带有偏见，可能产生两种类型的伤害：分配性伤害和代表性伤害。

分配性伤害是指系统分配或扣留某种机会或资源，即当人工智能被用来做出某种决定时，不公平地或错误地对待某个群体。例如，一家银行的人工智能不断地拒绝女性的抵押贷款申请，或是一个风险评估人工智能经常发现黑人罪犯比白人罪犯的风险更高。

而当系统根据身份强化某些群体的从属地位时，就会出现代表性伤害。无论资源是否被扣留，当技术强化了定型观念或削弱了特定群体时，就会出现这种伤害。例如，谷歌图片将黑人标记为大猩猩，就显示了机器学习在身份的有害表述中的作用。

而要消除这些伤害，需要跨学科方法来解决有关算法偏见和算法中立的问题，即引入伦理学、人类学、性别研究、社会学等的逻辑和推理，并重新思考这样一个想法：不是所有人类事务都能够找到一个容易量化的答案。

要想信任一个算法，至少有 4 个主要考虑因素。第一，决策必须是公平和无偏见的；第二，算法的决定应该是透明和可解释的；第三，算法必须是稳健的：既能应对自然发生的意外输入，又能应对专门设计用来愚弄系统的输入；第四，只有当人类愿意为算法的影响承担最终责任时，我们才应该相信算法。

在出错时，责备算法太容易了，但最终，人类必须为这些决定承担责任，而且他们必须了解潜在的陷阱都在何处。

所以，要想达至人工智能诱人的前景，作为人工智能的创造者，我们需要完成 3 件事情：第一，打开黑箱，让 AI 能够解释自己所做的事情；第二，发现和减轻训练数据及算法中的偏见；第三，为人工智能系统赋予伦理价值。

量子伦理

从经典计算机到量子计算机

"量子"这个词在 20 世纪后期被用来描述某些具有重大意义的事情,重大到无法使用普通形容词来描述。例如,"量子跃迁"意味着巨大的进步。当把"量子"应用到"计算"之上时,我们确实进入了一个飞速发展的时代。

量子计算是基于量子理论原理的技术,该理论从原子和亚原子层面解释了能量和物质的本质。量子计算所依赖的量子力学现象,例如叠加和纠缠,是人的头脑难以索解的。

量子物理学已经改变了我们的生活。由于激光和晶体管的发明——它们都是量子理论的产物——我们今天使用的几乎每一个电子设备都是现实中的量子物理学的例子。但是,我们现在并不满足于把量子理论应用在这些地方,而是企图发起新一代的量子革命。量子计算和量子通信可能会影响许多领域,包括材料、药物开发、能源、金融、安全、娱乐、复杂系统的优化（例如对气候、健康或财务数据进行排序分类，优化供应链物流，管理劳动力流动或交通流等），以及提升人工智能。

很多人意识到量子技术是必争的领域，它将永久性地改变我们的经济、文化、政治，因而，率先开发此技术的国家和公司肯定会巩固其在日益自动化和数字化的世界中的地位。量子竞赛已经开始。全世界的政府和私人投资者都在为量子研究和开发投入数十亿美元。IBM、谷歌、微软、亚马逊和其他公司正在大力研发大规模量子计算的硬件和软件，目前尚没有拿得出手的东西。无论如何，在过去的10年中，时常被认为在物理上不可能的量子计算机已经从"是否"问题转变为"何时"问题。

量子计算很大的一个影响，有可能是作用于区块链和加密技术领域。量子很核心的东西是，量子信息是无法进行复制的，这与过往是不一样的。所谓根本无法破解的加密技术是基于物理定律的。虽然数字加密技术可以被功能强大的计算机破解，但是破解量子加密本身违反物理定律。正如量子加密和复杂的数字算法加密不同，我们可以理解量子计算机和当前的经典计算机完全不一样。就像马车和汽车，汽车不仅比马车快，还可以到达马车从未到达的新地方。两者背后的机制是不一样的。与经典计算机相比，量子计算机可以更快地执行某些难以想象的任务。例如量子远距传物，其中在量子粒子中编码的信息在一个位置消失，而可以（但不是瞬间）在远处的另一个位置重新精确地创建。虽然这听起来像科幻小说中的情节，但这种新形式的数据传输可能会成为未来量子互联网的重要组成部分。

考虑到所有这一切，我们自然会想知道：什么时候会构造出真正有用的量子计算机？最乐观的专家估计，这将需要 5 年到 10 年的时间。更为谨慎的人会预测需要 20 年至 30 年。如今，虽然小型量子计算机已经投入使用，但扩大技术规模的主要障碍是处理错误的问题。与数位相比，量子位非常脆弱。即使来自外界的最轻微干扰也足以破坏量子信息。这就是为什么需要对当前的大多数机器在隔离环境中进行仔细屏蔽，而隔离环境的工作温度要比外太空低得多。虽然已经开发了用于量子误差矫正的理论框架，但以节能和资源高效的方式实施它却带来了重大的工程挑战。

早干预，早受益

鉴于目前的发展状态，尚不清楚何时或是否可以使用量子计算的全部功能。我们应该把着眼点投放在 3 个主要领域上。

第一是如何规划量子的安全性。当前的数据加密协议不仅易受未来量子计算机的攻击，而且也会受到功能越来越强大的经典计算机的攻击。以卫星为基础的量子密钥分配已证明可以用于加密技术，这为潜在的基于量子安全性的全球通信网络奠定了基础。制定新的加密标准（无论是经典的还是量子的）迫在眉睫。转换为量子安全架构并为数据安全提供支持基础架构将需要规划、资源和量子专业知识。哪怕量子计算机的出现可能还有数十年之遥，但要等到那时再适应就为时已晚了。

第二个问题是需要识别量子计算潜在的用途。恐怕不会有人预测到，自经典计算机出现至今，它会影响我们生活的方方面面，预测量子应用同样具有挑战性。比如，在医疗保健、金融、能源等领域怎么去应用它。这将促进针对我们当前的可用量子技术或未来为可扩展量子计算而量身定制的行业特定量子解决方案的开发。跨学科的专业知识和培训对于建立和发展量子应用商店至关重要。

第三个问题是能否带来负责任的设计。新的技术到来时，我们都会面临同样的一些问题：到底谁将开发或者拥有量子技术？用户如何参与到这种技术当中？核能、转基因生物、纳米技术以及人工智能和区块链的影响表明，有必要考虑新技术给社会、道德和环境带来的影响。

量子计算虽然仍处于早期阶段，但它将帮助我们大大提高计算能力，并在未来几年内对改善世界状况产生重大影响。它可能对人类的福祉、国家安全和全球社会产生革命性的影响，并且在各个行业中都促进潜在的商业应用。随着全球量子生态系统的出现，伴随量子计算的内在风险也已经在许多领域出现。量子计算会增加算法社会的风险以及收益吗？公众会信任他们无法理解并且无法验证其结果的技术吗？

考虑技术的伦理意义最合适和最有效的时间是，当该技术仍处于设计和开发阶段之时，因为它允许早期干预。量子计算中的伦理问题才刚刚露头，研究这一技术的伦理含义并在全球范围内建立伦理"指南"，现在正是时候。

为什么是量子伦理学

每当我们拥有一种新的计算能力,就有可能极大地造福人类,但你可以想象,它也会伤害人类。

我们有理由问,适用于量子技术的伦理或道德考虑,与一般计算技术的相关考虑,存在明显的不同吗?换言之,量子技术有什么特别之处,以至于我们需要一种量子伦理学?答案是肯定的:虽然适用于量子技术的规范性考虑也将适用于其他技术,比如一般的自动算法技术,但在量子系统如何进行计算和量子计算的后果这两方面,激发量子技术伦理的研究动机是非常充分的,从而使得量子伦理学与众不同,成为应用伦理学中的一个新兴领域。

在技术层面上,量子计算的独特性(与经典计算相比),包括其固有的概率性质、叠加状态和纠缠等资源的可用性,对依赖经典特征的计算伦理的技术实施有明显的影响,例如有关算法治理、公平的机器学习、密码学和代表性正义(representational justice)方面的考量。

在后果层面上,任何人都无法猜测量子计算能力将在未来几十年内如何在社会中传播。

它可能会导致权力和财富的分配更加不平等——在美国和世界其他地区之间,以及在少数大公司和社会其他部分之间。

大多数已经开始大力投资量子计算的公司(无论是硬件还是软件)都是美国公司。IBM、谷歌、微软和英特尔,这些公司已经在为许多想法申请专利,包括一些基于免费而提供的学术研究。这可能导致美国企业主导（甚至垄断）商业量子计算，类似于硅谷主导了当前大部分经典计算。更加糟糕的是，由于量子计算的发展需要大量投资，与经典计算的时代不同，根深蒂固的巨头公司不太可能被小型初创企业的竞争所破坏。欧盟正试图通过促进欧洲学术界和欧洲公司之间的合作来对抗这种潜在的美国主导地位，作为其最近的量子旗舰计划的一部分，但欧洲并没有像美国那样的科技巨头。此外，在政府机构层面，很少有国家能与美国国家安全局的秘密但庞大的预算相提并论，其中一些预算被用于量子计算研究。

其次，即使美国公司或政府最终没有主导量子计算的硬件和软件的发展，也不能保证量子计算能力的广泛普及。这里的风险是，只有少数大公司能买得起量子计算机，得以利用效率的提高来超越其竞争对手，并形成垄断或寡头垄断。例如，假定量子计算机在开发新药方面表现出色，而只有一家制药公司能够使用量子计算机，那么该公司就可以主导整个行业。这将削弱自由市场经济中的竞争，将权力从个人和小企业转移到一家或几家大公司，并导致社会上的不平等日益严重。

由此，我们将不得不思考一系列问题：怎样才能在发展中国家创造平等地使用对社会负责的量子互联网？应该如何以道德的方式使用知识产权和开源工具，以防止某些团体或企业垄断量子计算，同时仍然促进创新并确保技术利益的公平结果？如何才能确保量子机器学习过程的公平、民主和不偏不倚？当开放科学和创新的原则与保持某些专有信息（如量子材料科学和工程中的发现）不被披露的愿望相冲突时，我们应该如何平衡？怎样应对滥用的潜在危险，比如对人类基因组进行有害操纵，或是有人制造有害的量子材料？

此外，支撑量子物理学的独特和反直觉的现象，如叠加、纠缠和隧道，将需要一个量身定做的方法。以量子机器学习为例，量子力学的概率性质意味着部署量子算法和量子数据会在公平性和透明度（义务和约束）方面导致与经典方法不同的结果，这将引发伦理问题。在建立量子伦理学时，必须对应用量子技术的独特后果进行跨学科的研究，做到有关人类行为的价值和动机的理论可以转化为实际的规则、原则和责任。

在一个层面上，普遍的道德标准将适用于量子技术。在确定这些标准时，我们可以使用我们的"规范性"道德理论，从这些理论中产生的关键原则是公平、仁慈、非恶意（避免伤害）、自主性和可持续性。

区块链杀手·加密术与密码解析·AIQC 契约
底层关键词

区块链"杀手"

被称为区块链的新颖计算数据结构提供了一个开放的、公开的、分布式的账本,具有许多有前途的应用,包括数字货币。但是,任何新的密码应用程序都应考虑到预期的技术发展,这些技术会在任何我们所部署的系统的生命周期内出现。例如,量子计算机的发展就凸显了区块链技术的脆弱性。

区块链及其应用程序的主要卖点是,鉴于计算技术的当前状态,在正常情况下,加密保护的分布式账本实际上是牢不可破的。然而,这一卖点的有效性在很大程度上是基于对某种技术状态的假设。区块链分布式账本的安全性取决于某些特定密码问题的解决难度,而量子计算会破坏这种难度。我们都知道,量子计算机的信息处理不是基于经典物理学,而是基于量子力学。这意味着量子计算机针对特定问题的计算能力将大大提高。

区块链的加密功能被认为是安全的,因为破解它需要大量的计算资源,而这是传统计算机无法实现的。但是,一台量子计算机将能够在几天之内破解这种密码屏蔽。如果发生计算形式的转变，则基于当代区块链的系统可能会变得容易受到设计中未考虑的威胁的影响。所以，问题在于，这种威胁很快就会发生吗？

目前，对于区块链的不变性和无与伦比的安全性的想法已被广泛接受：它建立了公众对数字资产的信任并促进了大规模采用。但是，量子计算的出现可能会危害公钥密码术的完整性，而公钥密码术是区块链安全的支柱。其实，整个网络世界的安全性都取决于公开密钥加密，用以保护通信、银行账户和其他敏感数据。

这种加密术的核心是需要大量计算才能破解密钥。例如，在2016年，200台计算机花两年时间才破解了一条用768比特长度的密钥加密的消息。用1024位密钥加密的材料，相同的破解过程将花费多出1000倍的时间，而破解使用当前最高标准的4096位密钥加密的任何内容，大概要到地老天荒才能实现。由此，我们的安全性取决于计算机的速度。

2019年9月，谷歌率先宣称实现"量子优势"（quantum supremacy），这一术语指的是量子计算在某一方面可以解决经典计算机不能解决的问题，或者是比经典计算机有显著的加速（指数级加速）。由谷歌研发的量子计算机可以"在3分20秒内完成当今最先进的经典计算机大约要花费1万年才能处理的问题"。而2020年12月4日，中国科学技术大学宣布该校潘建伟等人成功构建出76个光子的量子计算原型机"九章"，其计算速度比谷歌的"悬铃木"快100亿倍，这一突破使我国成为全球第二个实现"量子优势"的国家。

在这样飞速的发展下，基于量子的未来设备是否能够"杀死"区块链的问题成为人们关注的焦点。一种解决方案是用抗量子密码术代替传统的数字签名，抗量子密码术是一种专门设计用来抵御来自功能强大的量子计算机的攻击的安全算法。目前来看，量子计算机还不会杀死区块链，但是它们可能会触发底层密码学的根本变化，从而发展出一种抗量子密码学，也可以称为"后量子密码学"。大多数研究者都认为，当前我们有必要逐步转向抗量子密码学，并建立支持它的基础设施。

俄罗斯物理学家提出的另一种补救措施，只有等待几十年之后量子互联网出现才能施行。那是一种基于远距离纠缠的量子粒子之间连接的无线通信架构，将会解锁大量新的区块链模型和设计。新西兰维多利亚大学的两位学者在最近的一篇研究论文中表达了一个令人振奋的想法。他们提议放弃量子密码的研究，直接跃升为推动区块链本身成为基于量子的系统。他们的模型描述了一个基于量子位的区块链，这些量子比特不仅在空间中而且在时间上纠缠在一起。在不破坏粒子的情况下，试图改变由单个粒子的状态历程所记录的交易是不可能的。当然，在量子互联网启动并运行之前，不可能实现该模型。

一种卢梭式的新社会契约：AIQC 契约

密码学是在对手试图窃听秘密通信、伪造身份等情况下进行安全通信的艺术和科学。密码学有一个建设性的分支（加密术）和一个破坏性的分支（密码解析）。第一个分支设计了

"加密"信息的方案，使得只有目标方才可以访问它，从而实现安全通信、电子商务、不可伪造的数字签名等。第二个分支则试图破解或"解密"此类方案。密码编码者和破译者之间富有成效的拉锯战已经持续了几十年（就像计算机病毒和杀毒业务），有些人甚至会说已经持续了几千年。

像任何技术一样，加密术可以用来做好事，也可以用来做坏事；它可以保护人权活动家不受压制性的政府的影响，但也可以被恐怖分子用来策划秘密攻击。密码解析也是如此：它可以被执法部门用来挫败那些恐怖分子，但也可以用来进行大规模监视和阅读数百万无辜者的电子邮件。显然，由于量子计算机而导致的密码学崩溃将产生严重影响。

我们的经济和社会之所以能够正常运行，其中很大一部分原因是假设我们可以安全地进行通信、转移资金、签署电子文件等。一个没有可靠的电子支付和银行交易的世界将陷入停顿，现金支付或易货贸易都不是好的选择。政府和许多组织也主要依赖秘密通信的能力。对于那些必须在未来 20 年到 30 年内保守的秘密（政府机密的典型要求），未来的量子威胁现在已经是一个尖锐的问题。

旦量子计算机被广泛使用，现有的经典计算机不太可能同时全部被取代。然而，正是在这个过渡时期，量子计算机的发展有可能对整个社会产生深远的影响。例如，有能力使用大型量子计算机的人可以在相当短的时间内破译任何用标准加密技术加密的信息。对那些允许这种情况发展的当权者来说，可能会有严重的政治后果。

如果一台大型量子计算机由政府或政府机构控制，也会存在类似的权力不平衡。由于个人之间的安全通信技术使用相同的加密方式，所以所有的信息都可以有效地被解码。这对隐私、民主和国际关系将产生难以估计的后果。鉴于有一些加密方案，其安全性不依赖大量计算，可以防范量子计算机的发展所带来的潜在威胁，现在我们就有一个道德上的理由将互联网转向新的加密形式，而不是等到大型量子计算机出现，使主流的加密形式失效。

量子计算模型适合某些全新形式的加密技术。这些方法以及用它们创造的产品，可以实现不可破解的隐私。或者，这样的模型也可以被用来规避传统的加密方法，并为任何依赖传统计算系统的人带来更大的风险。正如本杰明·布拉顿（Benjamin Bratton）在题为"堆栈"（The Stack）的书中富有预见性地讨论的那样，如果我们不专门创造技术来帮助我们管理技术的复杂性，那么这种复杂性本身将确保只有极少数人能够受益。

在不久的将来，由于人工智能和量子计算，社会将迅速改变，就好像人类重组社会一样。因此，我们需要作为一个社区一起努力，重写共存的基本规则，这甚至远远超出了道德角度的考虑，而意味着一种卢梭式的新社会契约：AIQC（人工智能—量子计算）契约。我们也需要执行新规则的手段，因为量子计算的超级力量对政府和大公司来说可能极具吸引力。不论如何，我们真的需要以社会紧急工作的心态来规范我们的量子系统，通过提前规划而不是顺应结果，来抵达下一个 10 年。

消费技术·社区团购·民间互助
底层关键词

消费技术最新的"大决战"

曾经被视为下一个大风口的社区团购，目前整条赛道都在收缩。2021年秋，橙心优选内部的一位员工说，橙心优选正在全国分批次收缩，第一批会关掉60%现有城市的业务，一度的大举扩张戛然止步。甚至，整个橙心优选也可能会被出售。

其他一些腰部企业也开始退场，相当一批社区团购的早期试水者相继破产、转型。曾经有预测认为买菜会是一个万亿规模的市场，为何如此之快就进入大洗牌阶段？

其实，社区团购并非新鲜事，早在2016年就在国内出现，但一直不温不火，未成气候。各大平台这些年在物流、配送、组织管理等多个环节的发展和成熟，导致社区团购模式复苏。

和此前互联网产业对其他领域的入侵一样，要等到互联网巨头进入，开启烧钱推广模式，一种应用或者一种服务才能真正进入普通大众视野。然则成也烧钱，败也烧钱，已经败退的社区团购企业显然打不起消耗战，橙心优选的裁撤，更意味着社区团购这块蛋糕，即便是拥有较大体量的互联网巨头，也无法仅凭砸下巨资而奠定胜局。

其实，橙心优选从高歌猛进走向业务规模的大幅裁撤，可以说是一种必然。原因很简单：时代不同了。

首先，滴滴进入社区团购，偏离自身主业，其核心驱动力乃是上市提高估值的需求。出行订单增长较慢，而社区团购则具有"闪电式扩张"的所有特征，所以滴滴祭出旧日法宝，凭借资本高举高打。然而，以资本快速确立领先优势的时代已经过去了。特别是，社区团购涉及物流、配送、供应链、组织管理等多个环节，且仰赖它们之间的成熟配合，这是一场持久战，仅靠资本难以速胜。

其次，以无止境的低价策略，甚至补贴倒找，占领市场并挤掉其他竞争者的打法也过时了。新的监管法规阻止电商公司参与不可持续的补贴价格战，也限制大型平台过去行使的强制排他性做法。更何况，相比以往网约车、共享单车、外卖等的烧钱大战，社区团购涉及链条长，需要补贴的对象多，补贴成本更高，如果补贴的业务不能与公司现有业务形成协同效应，那么就会造成较高的获客成本，导致无法承受最后的亏损。

最后，监管的气候变了。中国的科技公司，无论是上市公司还是未上市的初创公司，经常试图超越对手，为追求市场主导和产业领导地位，牺牲短期利润以获得用户流量。然而在今天，一个拥有主导平台的消费互联网公司企图依靠最小的增量投资产生大量现金的做法，已经为政府所警惕。

原因在于，消费类互联网公司给社会带来的成本，并没有反映在私有的市场价值中。例如，巨额补贴的负面效应谁来负责？巨额补贴扰乱了价格体系，不但危及菜贩子的生计，还影响了成千上万的供应商。这就是为什么在中央提出防止"资本的无序扩张"之后，社区团购也被拖入关于大科技公司的经济作用的更广泛的政策辩论。

对于科技巨头来说，社区团购不仅是一个不同的分销渠道，而且是一种进入特定的无法触及的用户群体，并将其购买过程完全数字化的方式。我们正处于中国消费技术领域最新的大决战中，虽然橙心优选败阵，但兴盛优选、拼多多、美团、阿里巴巴等仍在殊死较量，看到其结果还需要一段时间。

这将是一场难以取胜的较量，原因有几个：这个市场不存在网络效应，在一个地区的成功并不能保证在另一个地区也能成功，因为各地人的偏好和采购策略非常不同；生鲜产品是一个标准化程度很低的市场，扩大规模也会构成挑战；如何把握用户需求？用户和"团长"的忠诚度又如何保证？在未来的几年里，社区团购的这些挑战，都值得我们密切关注。

"我的团长我的团"

社区居民想要团购物资，一般需要通过社区或群聊，转移到志愿者建立的团购群中。因为大家的需求不同，所以就出现了不同类目的单品团购群，比如牛奶群、配菜群、吐司群等。团购的产品一般都是打包配套的套餐形式，比如蔬菜和肉类搭配在一起销售，商家会提前配好产品种类，方便统一下单配送。

值得注意的是，社区团购模式之前被巨头看好，是因为在下沉市场能够凭借团长的人脉，有效地提升获客率和复购率。而"团长"的重要性不言而喻。那些携带有效资源、能帮大家订到菜的人，或是愿意投入时间和精力解决邻里困难的人，在各小区的群里自然地做起了"团长"。

新一代"团长"的出身与上一代不同。第一代催生出的"团长"大多是社区周边临街的杂货店店主，他们的任务是负责拉群发广告，然后把街边店作为团购自提点。新一代"团长"本身就是小区的居民，在运营能力上相较上一代"团长"也面临着更为复杂的挑战。上海《第一财经》报道说，优秀的团长要么"自己有现成资源"，要么"有精力开拓新资源"，同时他们还要"有能力鉴别资源"。此外，能对外代表居民发出统一的声音，是"团长"的另一个重要职责。因为货只能送至小区门口，团长需要有能力协调物业、居委会和志愿者帮助做消杀和分发。当然，"老团长"也在当下这个特殊时期，有了新职能。团购成为小区外小店的主营业务。

"团长"需要身兼数职，做的是一项劳动密集型工作，要亲自向每个小组成员收钱，然后协调整个购买过程：与供应商联络，通知居民送货的最新情况，并组织志愿者将货物送到每个成员的门前。"团长"就这样意外地成为相当于连接物资与小区"最后100米"的人。

不过，据观察，大部分的团购社群都是基于物资需求建立起来的"快闪群"。这些社群虽然能够快速聚集流量，用户活跃度也很高，同时还具有天然的"地域分层"特点，但也可能只是

"昙花一现",一旦恢复常态,很快就变成松散的社群。也就是说,生活秩序恢复后,有多少市民仍会保留参与团购这个购物习惯,还是个未知数。所以,这种特殊时期的特殊举动,是不是能够拉动社区团购的下一步发展,尚存疑。

中国食品杂货电商发展史

中国以拥有世界上最高的电子商务渗透率而闻名。除了传统的在线购买商品、预订服务和订购食品之外,创新的电子商务模式层出不穷。近几年,最热门的模式有两个,一个是直播带货,另一个就是社区团购。它正在迅速成为电子商务扩展到迄今尚未开发的市场的重要驱动力。

欲对社区团购有一个全面深入的了解,需要先回顾一下中国食品杂货的电商发展史。套用网络术语,可以将其分为在线食品杂货店 1.0 版与 2.0 版。

1.0 版的挑战与其说是技术上的,不如说是经济上的。在一个拥挤的商业空间里吸引客户总是一个难题,尤其是当消费者可以从大量的线下渠道获得食品杂货时。对于新服务而言,高昂的客户获取成本(Customer Acquisition Cost,CAC)是一个障碍,然而,没有什么是不能用足够的钱解决的。但是,一旦客户入彀,问题才刚刚开始。鉴于易腐物品的时间限制,初创企业需要有一个强大的冷链、配送中心的快速周转和"最后一公里"的快速交付,以尽量减少库存。同时,还要在合理的产品质量控制方面取得平衡。

即便公司完美地执行了整个采购和交付过程,单位经济效益往往也不尽如人意。杂货的平均订单价值（Average Order Value，AOV）从未达到很高的程度（除非增加肉类和海鲜，但这也会带来更高的质量控制要求）。在供应波动的产品上保持稳定的利润率是一个很大的采购挑战。这些高频率但低 AOV 需求的生意关键在于"最后一公里"的交货成本，这一成本往往会吞噬利润。总的来说，在创业公司实现收支平衡之前，客户必须多次下单，而保留和吸引这些客户需要花钱。同时，运行冷链的固定成本很高，因此需要大量的订单来实现收支平衡。

这些相互关联的问题意味着在线食品杂货店在世界大部分地区仍然是小众的电子商务市场。它们迎合了一个富裕的客户群，他们时间少但资金多。几年前的中国也是如此，只有中国一线城市的白领才会在午休时订购一些蔬菜作为晚餐。中国的比较优势是城市密度高，这在一定程度上减少了物流成本。但是，中国的大多数人都会去线下商店满足他们的杂货需求，无论是超市还是露天市场。

在线食品杂货店的 2.0 版，要在移动互联网时代才得以兴起。社区团购的形式是这样的：

一个自我指定的社区领袖（"团长"）创建并维护一个微信群。

"团长"从其当地区域拉个人入群，每个微信群的上限为 500 人。

"团长"每周或每天在群里发布产品选择的时间表。这些产品来自小程序链接，居民通过点击来下订单。居民不必订购相同的产品，只有当他们的集体需求超过指定价值时才需要付款。

这些产品不限于杂货，还包括其他生活必需品，如纸巾。

一旦订单完成，整个大宗订单上的货物会在第二天批量送到收集点，供"团长"领取。

"团长"拆分大宗订单上的货物，然后将其整理成居民购买的货物。他们会把货物送到，或者居民自己到收集点取货。

在出现问题时，"团长"是居民的第一联系人。他们会将问题上报给平台，并代表居民处理解决。对于他们的工作，"团长"从他们的团体订单中获得佣金。鉴于工作的实践性，一个"团长"通常只能在同一时间管理好三个微信群。

随着"团长"加入供应链，网上杂货的单位经济性发生了根本性的改变。客户获取成本降低了，因为"团长"负责创建他们自己的客户群。由于客户有更多的实践支持，而且社会化购买促进了频繁的购买，所以客户生命周期价值①（Customer Lifetime Value，CLTV）得到了延长。电子商务的转化率也更高了——在微信社区团购中可以达到10%，而不是典型的2%—3%。社区领袖和客户自己负责"最后一公里"的配送，减去了宝贵的额外物流成本（降低物流成本往往是市场上盈利的唯一驱动力）。平台可以携带更少的库存量单位（Stock Keeping Unit，SKU），直接从源头大量购买，而不是通过中间商，并且有更高的通过率，这意味着农产品可以保持新鲜，有助于创造良好的客户体验。

---

① 客户生命周期价值，顾名思义就是客户在其生命周期内所能带来的商业价值。以互联网产品来说，客户生命周期即是第一次下载并打开某个 App 至再也不打开这个 App 或者卸载该 App 的持续时间。而 CLTV 即为在这段时间内用户对于你的服务所贡献的商业价值。

这种模式对消费者、"团长"和农产品平台，是一个三赢的主张。典型的社区团购客户对价格很敏感，通常居住在三、四线城市，而且经常是老年人（这些人很难驾驭复杂的网购应用程序）。对于这些消费者来说，他们可以获得更新鲜、更便宜和范围更广泛的商品（比如在偏远地区能够买到海产品）。对于"团长"来说，他们通常是当地的店主或家庭主妇，他们可以在服务社区的同时获得额外的收入。对于农产品平台来说，可以运行一个精简的操作，减少食品变质和大批量的吞吐。最终，他们可以成规模经营一个有利可图的业务。

新鲜食品和杂货一直是电子商务的"圣杯"。这项任务如此艰巨，甚至连电商巨头亚马逊都没能破解。可是，中国的微信团购却通过小程序慢慢形成了突破。社区团购从拼多多开始起飞，拼多多让集体竞价成为群聊中的日常活动。这些微信购买群使一批社区创业者通过了解如何创建和维护聊天群而获得了盈利的副业。上面提到的高城市密度也意味着这些人可以在步行距离内为人们提供服务。对扶贫的推动和商业网的大面积敷设，意味着零售商已经在中国各地建立了广泛的冷链能力，使得以前无法进入的低线城市也能得到服务。

社区团购的力量一直在暗暗聚集。创业公司的进入早在 2018 年就开始了，2019 年是整合和收购的一年。正当事情在 2020 年初进入稳定状态时，大型科技企业开始进驻。之后的结果本章开篇已经提到了。总之，快速增长的烧钱时代已经过去。平台要想在监管风暴和残酷的竞争中生存下来，最终的办法是优化供应链，提高质量控制。

作为消费者，我们希望大型科技公司进入社区团购"大战"，相信这一代表中国消费技术尖端的市场能够具备充分的可扩展性。

直播电商·"马太效应"
底层关键词

直播电商从风光到失色

2021年12月20日,浙江省杭州市税务部门发布消息,某主播偷逃税被追缴税款、加收滞纳金并处罚款共计13.41亿元。随后,该主播的淘宝、微博、抖音账号均在当天迅速被封。才思敏捷的网络段子手们出动,根据这位主播的名字发明了一个量词,指代13.41亿元人民币。

舆论焦点在偷逃税上。直播带货为轻资产模式,主要收入来自"坑位费+佣金"。坑位费指商家占据主播直播时间段的费用,佣金则是销售提成。不少主播出事出在将其个人从事直播带货取得的佣金、坑位费等劳务报酬所得,转换为企业经营所得进行虚假申报。偷逃税数额之高、范围之广,都令人咋舌。

在上文的主播倒下之前,另一名头部主播同样因税务问题"坍塌",不过我更关心的是,这两起事件对直播电商行业会造成怎样的影响?异军突起成为电商新增长点的直播带货,会因这些超级主播的离场产生何种链式反应?

在这个世界上,我们几乎可以在家里的沙发上从事一切,购物当然也不例外。直播电商看上去像是我们集体未来的一个愿景。这一模式本来算是中国电子商务的重大创新之一，源自几种"技术—社会趋势"如流媒体、网红、社交、智能手机、在线支付、物流的自然融合，为消费品公司提供了一条通往消费者内心和钱包的新途径。

2020 年，直播带货在多重因素的刺激下呈现爆发式发展，几乎成为各大平台的标配。2021 年"双 11"，部分知名主播一天交易额超过 100 亿元，如此的繁荣表明直播电商可以成为消费者的一种深层习惯和零售商的一个重要工具。对于生产商来说，直播带火了一部分新消费品牌，也有许多创业阶段的新消费品牌打算从直播突破，认为这可以是一条捷径。老的品牌商也发现，消费者过去在从"认识，到产生兴趣，到购买，到最后形成忠诚度"的道路上走得很慢。但与顶级直播公司合作，这个过程则会缩短。

消费者何以对此趋之若鹜？首先是 FOMO（错失恐惧症）的心理作用让其不断回到直播间："如果有什么好东西别人抢到了而我却没有得到，真是个损失。"主播刻意利用买主对稀缺性的感知，直播时间短，而且多人同时在线，由于很多其他观众可能是潜在买家，人们感到更加紧迫。这种心理压力可以促使人们快速行动，从而导致冲动购买。

其次，在购物的同时，中国消费者也一直在寻找娱乐、信息、真实性、情感和个性化。互动的购物体验完全符合中国消费者的在线行为和社会偏好。网红主播的现场在线购物盛会，可以看作一种奇特的混合体：部分类似于综艺节目，部分是信息广告,部分是群体聊天。而且,在娱乐和购买之间不存在任何摩擦,这就是直播带货的重点所在。

直播带货的利器之一就是"全网最低价"。低到什么程度?比官方旗舰店、厂家直销还要低。为什么可以这么低?因为头部网红主播拥有超大流量。直播电商实际上是一门流量生意,这从刷单成为直播带货界标配就可以看出。在流量逻辑下,部分主播作为平台捧起来的"红人"有"绑架"商家的嫌疑,甚至平台也得让三分。

然而,这样的生意模式也埋下了巨大的隐患:直播电商只有最低价和最大曝光量。从某种程度上讲,独家价格、独家活动,成为一种变相的二选一;为获取更高的坑位费和佣金比例,雇人刷单,逼品牌打价格战,成为一种变相的垄断。

这样下来,直播电商头部主播的规范,终于成了眼下力度甚猛的平台经济监管的一部分。前文中提到的网红偷逃税事件标志着直播电商的"野蛮生长"期结束了。此事有若干可见的影响:首先,最直观的就是直播的整体交易量肯定会下降,几个头部主播被封,缺口很难被重新填上。其次,税的认定会影响主播的商业模式,接下来必然影响利益链条上每个利益方的商业模式。直播电商作为新兴产业的不确定性大大增加了。再次,电商平台会发现,头部越集中,风险越大,在商业策略、流量分配等各个方面,需要重新认真思考平台生态如何搭建。

无论如何,直播电商从风光走向失色,再次证明了互联网行至今日必然遵循的"幂律"铁律:网络以平等和民主化开局,但给世人留下的,几乎总是"马太效应"。

汹涌暗流：
不为人知的盲点

后真相状态·信息流行病
底层关键词

我们还能相信什么

后事实政治的开启,我们要从原始出处说起。《牛津词典》每年会评一个年度英语词语,2016年,它把"后真相"(post-truth)这个词评为了年度词语,非常明显地抓住了我们的时代精神。黑格尔(Hegel)意义上的时代精神,本质上指主宰着世界历史某一特定时代的特征,今天我们大约可以把时代精神理解为时尚的图式。

《牛津词典》将"后真相"定义为:用来描述客观事实在形成舆论方面影响较小而诉诸情感和个人信仰会造成更大影响的情形。我们看这里的关键词,替代客观事实的东西有两个:第一个叫情感,第二个叫个人信仰。

这个定义何以抓住了时代精神?因为在2016年,在大西洋的两岸,尤其在英语世界,这一年可能会因为"真相"变成一种滑动的概念而被后人所铭记。从这一年中可以看到一个明显趋势,就是真相已经大幅贬值。贬值到什么程度呢?我们以前政治辩论的黄金标准,是看谁说出了真相,谁又歪曲了真相。到2016年以后,我们看到的所谓真相变成了一堆毫无价值的残币。这是因为，后真相赋予真相"次要"的重要性，在这一点上，它和传统政治有很大的不同——后者虽然始终争论何为真相乃至伪造真相，至少还承认真相的重要性。

很多时候，我们要强行给我们所经历的时代一种命名、一种定义。尽管它不科学，但这是人类认识事物的一种方法。所以我们把2016年称为开始正式进入"后真相政治"的一年。后真相政治，可以给它一个同义词，我把它叫作"后事实政治"，因为在《牛津词典》的定义里，事实被情感和被个人信仰所代替。"事实"是我下面要讨论的一个核心问题。"事实"实际上不仅是我所在的学科——新闻传播学经常要处理的核心的东西，同时也是纪录片影像真实所要处理的一个基本的东西，即我们要追问"什么是事实"。

英国"脱欧"与特朗普当选

为什么我们要把2016年称为"后真相元年"？原因是这一年发生了两个大事件：第一件是英国全民投票决定"脱欧"。英国民众决定"脱欧"是2016年非常具有标志性的一个事件，"脱欧"派与"留欧"派需要对英国民众的头脑进行争夺，看谁能战胜谁。除了这两派的政治主张以外，还要考量他们的传播策略。

最后，主张"脱欧"的人获胜了，但却是以一种很微妙的比例获胜的。"脱欧"之所以成功，是很多因素叠加的结果，但从传播的角度来讲，他们做对了一件事：设计了一个非常简单而有效的口号,叫"夺回控制权"(Take Back Control)——对所有英国人宣扬,我们需要夺回英国被欧盟拿去的控制权。这是一个口号,它需要化为具体的、能够具有说服力的东西,来证明英国人的控制权的确被欧盟拿走了。

"脱欧"派的一大策略之一,便是对英国民众谎称:只要留在欧盟,英国每周需要给欧盟 3.5 亿英镑的费用。一听说欧盟作为一个官僚机构可以每周从我们英国人手中拿走 3.5 亿英镑,英国人不分阶层、不分代际,全都震惊了:它怎么能拿走我们这么多钱?我们怎么可以被布鲁塞尔所控制呢?

事实上,这 3.5 亿英镑完全是虚构的,有相当多的事实核查者都指出这个数字不对,但这并不妨碍"脱欧"派把这个标语刷得满大街都是,包括刷在大巴上。其中有一个经典场景是:鲍里斯·约翰逊(Boris Johnson)和特蕾莎·梅(Theresa May)一同出现,他们背后打出 3.5 亿英镑的标语,下面写着 Let's take back control。这是整个"脱欧"公决当中特别典型的一个场景,为了四处揽票,而突出一个虚构的事实。

这里受到打击最严重的是英国的官方统计部门,比如英国统计局局长安德鲁·迪尔诺特(Andrew Dilnot)爵士说,这种说法完全是不对的,它是在误导而且破坏了英国人对于官方数据的信任;英国财政研究所把这个数字称为荒谬的。但"脱欧"派根本不理会他们,而是继续高喊口号说:我们英国人每周向欧盟送 3.5 亿英镑,让我们把这个钱拿回来给我们的国民健康系统,让我们投票离开欧盟。最终,他们胜利了。

"脱欧"成功,肯定不会仅仅是因为这个口号,而是表明

"脱欧"派的传播策略如何有效，包括它虚构的 3.5 亿英镑的事实是如何有效。赢得全民公投以后，大家要清算，说"脱欧"派采取很不光明的手段赢得了公投。这时有一位"脱欧"领导人出来说这是个错误；另一位"脱欧"领导人说这是我们的一个愿望。他们轻描淡写地就把这件事打发掉了。我们看到，这就是当下政治景观的一个核心场景，通过一个数字、一个口号，去争夺你的头脑份额，去打击你的情感的柔软下腹部，最后获得非常重要的政治结果。

来到大洋的另一岸，2016 年特朗普出乎意料地当选为美国总统。宣布大选结果的时候我正好在柏林，参加柏林的 Falling Walls Conference，为了纪念柏林墙倒塌而举办的一个系列会议。会议的主题，是各种各样的"falling walls"，比如说在女性主义这个领域应该有哪些"墙"需要推倒，在世界经济中有哪些"墙"需要推倒等。也就是说，在人类活动的各个领域，我们要致力于如何能够让更多的"墙"倒塌。

美国人选结果揭晓的前一天，诺贝尔奖委员会的主席正在讲话，说第二天特朗普选举的结果要出来，他的当选对我们这个会来说，构成一个巨人的讽刺。因为特朗普当选的核心诉求就是要立更高和更多的"墙"，同柏林墙被推倒的信念是完全背道而驰的。

大家都忐忑不安，欧洲那些精英在那里开会，不知道第二天特朗普是否会获胜。当第二天所有人在会场的大屏幕电视上看到特朗普获胜，我看到当场有人痛哭。外人很难想象这件事对于所谓欧洲自由派人士的打击。默克尔突然之间成为自由世界的领袖,因为自由世界的领袖不再是美国人了,人们认为只有默克尔捍卫了西方原来的那些价值。

特朗普上台后,他与后真相的关系变得错综复杂。据美国一家独立媒体VOX报道,得州众议员同时也是美国众议院科学委员会主席的拉马尔·史密斯(Lamar Smith)说:"特朗普总统是真相的唯一可靠来源。""最好从总统那里直接获得新闻,事实上这可能是获得未经污染的真相的唯一方法。"特朗普的风格是"推特治国",绕开所有的媒体和机构,直接在自己的推特上发布各种信息。所以共和党这边说,要想获得真相,不要去信那些媒体,信特朗普本人就好了,去看他的推特。

特朗普全面向美国的权威媒体宣战,声称所有的媒体都是有偏见的,为利益所左右,只有他作为美国人民的代表,才意味着公正的声音。媒体则评论说,特朗普真正的战争并不是同媒体展开的,而是在"向事实宣战",归根结底,它是一场"事实之战"。也就是说,特朗普消除媒体合法性的手段,首先是消除事实的合法性。

正因为发生了这两件大事,我们才会说,2016年是"后真相元年"。但是"后真相"从来就不是因为2016年《牛津词典》定义了它,才在人们的头脑中浮现;也不是因为英国全民投票决定"脱欧"或特朗普当选,才在政治中现身。"后真相"当然不自那日始。

受够了真相，受够了事实

举一个大家都很熟悉的例子，还有什么人描写"后真相"比乔治·奥威尔（George Orwell）更精确的吗？奥威尔写了《一九八四》（*Nineteen Eighty-Four*），难道"后真相"是从1984年开始的吗？当然也不是！因为奥威尔写这本小说的时候是1939年。"后真相"是1939年开始的？其实还可以不断往前溯源。

"后真相"被描述为一个当代问题，虽然它在互联网出现之前不那么引人注目，但长期以来它实际上一直是政治生活的一部分。这是我们为什么要回到奥威尔，事实上奥威尔的这本书在特朗普当选以后，重新进入《纽约时报》畅销书的排行榜。大家突然意识到，特朗普当选后的很多情境怎么跟奥威尔写的那么像。因为《一九八四》是个政治寓言，我们不得不说评价小说的标准和评价政治论文的标准是不一样的。这本小说我觉得是很糟糕的小说，充满了图解，但作为一个政治寓言，它是一流的政治寓言。因为在这本书中，奥威尔构建了一个意识形态被大规模改变的反乌托邦世界，政府宣称自己拥有真相的垄断权。政府说"2+2 ≠ 4"，你只好承认"2+2 ≠ 4"，所以他说："政府不让你相信你耳闻目睹的东西，这是他们最后的最根本的命令。"这是奥威尔的原话。奥威尔讲到一个强大的真理部下令你效忠一个口号："自由即奴役"。这么一个矛盾的世界被奥威尔写得栩栩如生，他堪称杰出的后真相先驱者。

为什么在后真相时代重温奥威尔？因为在"信息流行

病"（详见后文）中和在后真相政治下，都有一个很重要的现象——人们质疑任何官方的真相，并对之嗤之以鼻，觉得那些东西都充满着阴谋，这种质疑会和其他的因素构成当代社会的后真相状态。这个状态可以用很多特征来描述，但它有一个起码的特征是：玩世不恭的怀疑与幼稚的信条这两者间的奇妙结合。这是埃里希·弗洛姆（Erich Fromm）在《逃避自由》（*Escape From Freedom*）这本书里提到的观点。弗洛姆在1941年抨击现代文化，发现这个所谓的"玩世不恭的怀疑与幼稚的信条这两者间的奇妙结合"，会导致双重结果。

第一，每个人对他人言论或者报章刊印的东西，都抱持怀疑主义与犬儒主义的态度——我们就是不信你，你说得越天花乱坠，我们越不信你。第二，每个人同时幼稚地相信别人以权威立场所说的任何内容。

所以，弗洛姆很犀利地指出："融合了愤世嫉俗与天真轻信的心态，这是现代人的典型特征。"这是20世纪上半叶提出的真知灼见。弗洛姆证明了"后真相"并不是有了社交媒体才出现的，那个时候还没有电视，更没有互联网和移动媒体。

可以举更多的例子，比如1971年五角大楼文件事件，这是在爱德华·斯诺登（Edward Snowden）吹哨之前美国军方最大的一起泄密案。知情人的揭露最后公开登上《纽约时报》，《纽约时报》说：五角大楼文件显示，约翰逊（Lyndon B. Johnson）政府"不仅对公众而且对国会系统地撒谎"。我所喜欢的政治学者汉娜·阿伦特（Hannah Arendt），写了一篇文章专门分析政府的谎言和五角大楼文件之间的这种关系。阿伦特说:"当掌权者如此频繁地撒谎,以至于压倒了公众了解真假的能力的时候,对真相存在的信念也会消亡。"由于这句话,我可以毫不犹豫地把阿伦特同样归于后真相理论的先驱。

很多人知道一本经典的传播学著作——沃尔特·李普曼(Walter Lippmann)的《舆论》(*Public Opinion*),李普曼在分析新闻与真相的关系时说:"公众的选择将在很大程度上取决于你'愿意'相信谁,而非谁说的是'真相'。"这话是1922年说的,所以李普曼毫无疑问是更早的后真相理论的先驱。他在《舆论》里讲道,真相如何取决于你愿意相信谁,而《牛津词典》对于后真相的定义即是真相取决于个人信仰。所以,按照我上边这个追溯方法,可以说"后真相"存在很长时间了。

不过这么说,其实又对又不对。如果仅仅说这个东西以往一直就有,虚假信息一直就有,那又能说明什么?并不能回答为什么我们今天对后真相如此愤怒。研究者不能够只讲后真相有一个很漫长的渊源,还需要证实,此时的"后真相"跟彼时的"后真相"可能还不一样。这里的一个很重要的区别是:后真相赋予真相以次要的地位。我认为这是现代政治史上出现的新东西,和传统政治有非常大的不同。传统政治不管争论什么是真相或者谁拥有真相,起码都把自己打扮为真相的捍卫者,也就是至少还承认真相的重要性。但是在后真相的状态下,真相变得无所谓了。姑且不讨论追求真相是不是值得,而是要看到,对真相这个事情我们受够了,我们也受够了事实。这是我把"后真相政治"又叫作"后事实政治"的原因。

有关事实的近代史

事实以及事实背后的真相,究竟发生了什么事情?在讨论后真相的情况下,首先需要回顾一下有关事实的近代史。

我翻译过一本书《知识的边界》(*Too big to know*),英文可以直译为"大到不可知"。"大到不可知"在汉语里尽管会让人震撼,但也可能会让人觉得不知道在说什么,所以严格来说我改了一个抹杀了原文尖锐程度的标题——"知识的边界"。这本书的原作者是美国学者戴维·温伯格(David Weinberger),书的副标题是"在大数据时代反思知识,因为事实不再是事实,专家随处可见,而屋子里最聪明的'人'是屋子"。在这本书中,温伯格根据事实的基本形式的变化,把事实的近代史区分为三个阶段。

第一阶段叫作"经典的事实时期"(Age of Classic Facts),事实是相对稀缺的,需要付出较大的努力才能发现,并且用事实来证明理论。当我讨论到这一点的时候,马上就想到了科学先驱弗朗西斯·培根(Francis Bacon),因为没有培根就没有现代实验科学。他主张通过一系列个别事物的实验来寻求普遍性的知识。从培根以后,整个西方的知识范式发生了一个巨大变化,求得知识的路径不再是通过逻辑推理,而是依靠实验。这个时候事实像一块块砖瓦,我们会认为理论是由事实构建的,就像房子是由砖瓦所构建的。

没有培根就没有科学革命。很多人知道培根说了一句著名的话:"知识就是力量。"但很多人不懂培根在整个知识范式当中的重大意义,这个意义远远超出科学。比如有的老师讲历史,有的讲传播(传播当中很大程度是新闻),有的可能讲影像真实……所有的人都在讲什么?我总体归结为"事实文化",即观察或目击到的事物或行为。我们把它们叫作事实,而事实可以导出真相。

事实不断扩张自己的领域,从法律到科学,从历史到新闻,所以在经典事实时期,事实大获全胜——我们意识到,没有事实的新闻不是新闻,没有事实的历史不是历史,没有事实的法学不是法学,没有事实的科学肯定不是科学。所以第一阶段事实大获全胜,而这要归根于培根这些人。

但是到了 20 世纪 50 年代以后,也是大型计算机刚刚开始应用的时候,我们进入了"基于数据的事实时期"(Age of Databased Facts),事实一度占据的地位被数据所取代。这个过程既有进步,也造成很多认知混乱,因为收集和权衡事实需要调查、辨别和判断。同时,由于人类生产的数据越来越多,我们也就不得不更多地把数据的收集和分析外包给机器,直到形成今天的大数据时代。

在今天,我们甚至都不太在乎事实是什么,我们要的全是数据,我们只把事实作为电子信息流上传或下载。由于数据堆积如山,最后人类又不得不发明一系列的机制,来试图把我们从信息的超载当中解放出来。

本来我们有传统的过滤机制,按照过去对知识范式变迁的研究,可以称其为"知识守门人"。知识守门人有很多,比如原来教师就是一个典型的知识守门人。如果你当老师,你没有一桶水，怎么给学生一碗水？如果你不能够替学生过滤知识，你就是一个不合格的老师。当然，守门人也未见得全部是"人"，从物或者制度的角度来说，报纸杂志、百科全书、词典、教材，都是知识守门人。

但突然之间，我们发现老师的权威瓦解了，学生不在乎你，学生也并不听你的，你说服学生也挺无力的，也就是你丧失了权威。与之类似，教科书、百科全书的权威也瓦解了。我布置学生写论文的时候一定有一条规定，"凡是在论文当中引用百度百科的一律不及格"。不管你论证得多好，只要你的论文里有一条引证来自百度百科，我直接判你不及格，因为我认为百度百科不是合格的知识守门人。

传统知识权威瓦解后，用什么东西来填补这个真空？我们采取的方式是以技术应对技术。我们离开技术什么也不会，技术造成的问题必须用技术去解决，姑且不管能不能解决。因此我们找到两种方法。也就是说，新的知识守门法有两类。

第一类叫算法机制。我们不信任人，而把信任交给机器，机器不仅替我们决定什么东西最好，而且在很多地方也的确比我们做得更好。比如说中午出门跟朋友吃饭，但不知道去哪里，可以打开大众点评，不仅能替你筛选餐馆，还能告诉你某家餐馆里什么菜最受好评。如果不知道路，也只需要打开百度地图，它会一路告诉你到哪儿该拐弯了、还有多少米等。算法机制很好，替我们解决生活当中曾经困扰人那么多年的迷路问题。

第二类叫社交机制。我们不再信任专家，而是信任我们所熟悉的、所喜欢的或者所尊重的人所构成的网络。这个听上去也不错，前提是你有意识地去建立这样的网络。

然而这两类技术解决方法各有各的问题，这些问题到现在我们仍然不能解决。比如说算法机制，可能会造成算法黑箱、算法歧视等；社交机制，可能会造成"回声室效应"、圈层传播等，它们都不是绝对完美的信息过滤方法。

但无论这两个机制是否完美，我们都进入了事实发展史的第三阶段：网络化事实时期（Age of Networked Facts）。如果经典事实和数据事实都被看作是从根本上构成孤立的知识单元，那么网络化事实的特点则是：它是网络的一部分，且这个网络化的事实具有一个很重要的特点，即温伯格原书的标题——它大到不可知。简单给这个说法一个解释，就是有太多的知识是我们不可能完全知道的。

我们最终来到一个什么阶段？我们看见事实被人们捡起来，摔到墙上，它们自相矛盾，分崩离析，被夸大、被模仿。我们正在见证牛顿第三定律的事实版本：在网络上，每个事实都有一个大小相等、方向相反的反作用。这意味着不管你提出多少知识，总可以在网络上找到反事实，并用它来驳斥你，这就造成网络讨论是一个完全不可能完成的任务。

进一步展开，大到不可知，其实对我们造成了巨大的认知影响，我把它分为三点。

第一点，可用事实的数量大增，会使人们对真相产生愤世嫉俗的态度。这句话很容易理解，比如今天你在网上读到豆腐不可以和菠菜一起吃，明天有人告诉你网上说了豆腐就要和菠菜一起吃,最后你对豆腐和菠菜是不是要一起吃这件事已经不在意了,因为你搞不清楚到底谁对。要不要吃转基因食品?小孩生病了打不打疫苗?中医到底管不管用?……网络上一些话题永远不可触及,因为它们会让朋友割席。

而又因为我们可以随手获得如此多的事实,以至于失去了得出结论的能力。有一个比喻,互联网像一个巨大的洗牌机器。如果去商店买一副新的扑克牌,这副扑克牌的排法是有规律的:大小王之后可能是红桃 A 一直到红桃 K,接下来方片 A 到方片 K,因此你相信这个世界有规律,因为下面那张牌是什么你清楚地知道。但互联网把牌全部洗了以后,方片 A 后面可能是梅花 3,梅花 3 后面可能是黑桃 5……然后你丧失了得出结论的能力,因为总是有其他事实支撑其他的看法。

第二点,网络更加强化了我们原有的立场。有句话讲,你永远无法叫醒一个装睡的人。为什么会这样?因为我们讨论来讨论去并不是在寻求共识,而只是为了强化自己对某个事情的认识。哪怕对方给出一千条一万条反驳我的理由,我还总是认为对方是错的,我是对的。所有人都更有可能相信和确认他们已有意见的"事实",并反驳同自己意见不一致的事实,这在心理学中叫作"确认偏误"。

新闻学、传播学要教的一个基本的东西,甚至作为媒介素养课在小学就应该教的东西,是"一定要把事实和观点分开"。但今天你发现这个事情完全不可能做到,事实和观点有些像女生用的不同的化妆品,在脸上粘在一起,根本没有办法分离。也就是说,事实与观点之间不再泾渭分明了。

第三点，网络讨论的不可能性，导致分歧将永远存在。因为不论何种观点，网络上都有人不赞成，就算有很多人同意，我们也永远不可能让所有人都同意。换言之，你来到奥威尔的世界会发现，"2+2=4"真不是天经地义的，因为有一大堆人告诉你"2+2=5"，他们给你提供一大堆的证据来证明"2+2"的确等于"5"，最后你自己也糊涂了，觉得"2+2"可能就应该等于"5"。所以，千万不要随便跟人辩论，因为就连那些你自己最深信不疑的观点，可能也是禁不起辩论的。

如果你还承认有事实的存在，那么我们就来说一个有关事实的事实：无论我们有多"大"的数据、多广的网络，多自由的言论，在 21 世纪，都无法确定人们是从信仰还是从事实知其所知。所以后真相时代百分之百会到来，我们再也不能够对任何事情加以证明。可能有人会批评说，我这样是不是走到了一个极端？也不是。如果要给一个更加准确的描述，我会这么说："事实依旧是事实，但是它们不再充当社会基石。"

事实的重要性大幅度下降。我相信所有做纪录片的人都还坚信自己记录的是事实，我也坚信作为一个新闻学教授，我所传授的东西是事实，但问题是，我在说服其他人相信这些是事实的时候，要比以往费更多的力气，而且最后也不一定认可我，这就是我们现在面临的情况。

在一个信息横流的世界里，我们反而不能够知道什么

已故美国前参议员丹尼尔·帕特里克·莫伊尼汉（Daniel

Patrick Moynihan）曾经说过一句著名的话，这句话在几十年前，人人都觉得它表述得很经典："每个人都可以有他自己的观点，但不可以有他自己的事实。"在事实和观点泾渭分明的年代，这句话是真理。我可以不同意你的观点，但事实总归是事实吧。

如果你说事实总是事实，这就意味着，我可以拿出"一个东西"摔在这里，试图终结我们之间的讨论。因为你总得承认事实，你总得承认太阳是从东边升起来的，你如果不承认这一点，我们还有什么好谈的？所以，事实在这里扮演一个分歧终结者的角色，但是我们今天发现，事实不再能够扮演这个角色了。你以为你捞出一个事实摔在这里，而另一个人却斩钉截铁地告诉你：那个不是事实。所以网络化事实开启了一个充满分歧的时代。

由于分歧的不可消除，我们就来到了后真相世界。这个世界一系列更多的技术在不断地增压，包括智能手机、人工智能、基因编辑，以及可能会日益发达的洗脑术、信息流行病等。现在新技术允许个人实时投射未经过滤的新闻版本，高度党派化的意见在社交媒体上也可以大肆流通，所以无视证据的人越来越多，这就是为什么阴谋论会大行其道。

而阴谋论这件事情难以处理的一个很关键的地方在于，就连反对阴谋论这事，也会被阴谋论者认为是阴谋论的一部分。所以无论你怎么反对他们，阴谋论者永远是胜利者的姿态。

这就构成一个巨大的矛盾，在一个信息横流的世界里，我们反而不能够知道什么。我们已经不能够就人类如何获知（how

to get knowledge）达成一致了，更不要说界定什么是知识（what is knowledge）。在这样一个传统的知识守门人瓦解、新的知识守门人正在形成但仍然有巨大缺陷的时代，中国一句古老的谚语"假的真不了，真的也假不了"也仿佛失去了效力。好的信息不见得能够战胜坏的信息，弥尔顿的言论自由市场也失效了。

一个典型的表现是，自新冠肺炎疫情发生以来，2022 年出现了一个新的社会现象——信息流行病。2020 年 2 月 2 日，世界卫生组织宣称："新的冠状病毒的暴发与反应，伴随着一场大规模的信息流行病。"

"信息流行病"这个词是一个组合词，英文是 infodemic，是由 information（信息）+epidemic（流行病）组合而成。世卫组织给了信息流行病一个定义，特指信息过多，有些准确而有些不准确，这使得人们在需要时难以找到可信赖的来源和可靠的指南。世卫组织不是一个学术机构，它的定义是我们所谓的 working definition，是一个工作定义，但是我觉得这个工作定义已经足够了，因为它指出了关于信息流行病的基本元素。

第一，信息出现大规模集聚。信息流行病的前提是有太多的信息，信息是淤积的、超载的，而它的流行乃是在大量传播信息时，多种人类和非人类（即机器人，bot）资源同时行动的结果。其中，需要注意的是，非人类账户已成为社交媒体中噪声的重要来源。

第二，信息以极快的速度到处流传。一方面，是因为社交媒体和移动设备的信息呈现方式要求人们在极短的时间内摄取信息；另一方面，不可靠或误导性的信息也比基于事实的新闻传播得更快。当用户反复受到来自不同来源的给定信息的冲击时，等于间接验证了它们的可靠性和相关性，导致用户反过来亦积极传播这些信息，并成为误导性信息的载体。

第三，世卫组织的定义仍留有余地：信息"有些准确而有些不准确"。其实，可以直截了当地讲，这些信息当中大部分是不准确的。换言之，我们看到信息流行病当中的信息，基本上都是错误信息、伪传信息、阴谋论，甚至是赤裸裸的谎言。我从来不用"谣言"这个词（如果你有兴趣可以读读我的一篇论文《谣言作为一种社会抗议》）。我对谣言的讲法跟大多数流行的传播学讲法是不一样的。但在这里我为什么要区分错误信息和伪传信息？这当然不是我做的区分，世界上很多研究信息的人都做这样的区分，这个区分在中文语境下很难讲清楚，因为一个叫作 misinformation，另一个叫作 disinformation，这两者其实有很大的差别。因为 disinformation 这个词更多讲的是有些人有意传播的假信息，还不简单只是错误的信息，所以我把它翻译成"伪传信息"。阴谋论就是一种特殊的伪传信息。所有信息流行病当中，流行的信息大部分是这一类信息。

信息超载和信息传播速度过快会导致一个直接结果，就是你没有办法在众多信息当中找到关于某个问题的解决办法。这跟上文所讲的相呼应，当某个事情被"洗牌机"洗了以后，我们不知道下一张牌是什么。也就是说，获得信息和采取行动之间的纽带被一刀切断，你会陷入无所适从。信息流行病其实最终要达到一个结果：让你在行动上完全陷入麻痹状态，没有办法行动。

为了给信息流行病做注脚，2020年9月22日，世卫组织联合多个国际组织发表声明说："（新冠肺炎疫情是）新型冠状病毒历史上第一场大流行，在其中人们大规模使用技术和社交媒体来保持安全、知情、生产和联系。然而与此同时，我们赖以保持联系和知情的技术正在启动和扩大一种信息流行病，持续破坏全球应对措施，并危及控制大流行的措施。"

为什么从2020年2月到9月，世卫组织一直持续地大张旗鼓地说这个事情？因为信息流行病愈演愈烈，一方面有大量的错误信息，另一方面有大量的伪传信息，这两者各有各的目标。错误信息在流行病中一定会导致生命的损失。比如某位市民相信某种中药能够医治新冠病毒，他出门去买这种药的时候感染了新冠病毒，这就是一条错误信息所造成的现实结果。而伪传信息主要打击的目标是公共辩论，其目的是扩大仇恨言论，增加冲突和暴力，最终威胁到有关民主、人权、社会凝聚力等的一切东西。

作为一个国际机构而不是一个政治机构，世卫组织发现，如果不同时对信息流行病进行某种程度的联合遏制，我们就不能够完全地处理疫情。这是全世界的共识，必须解决信息流行病。在《柳叶刀》这样的专业杂志上，专家们都出来呼吁，必须遏制这个所谓的 infodemic，如果不在社会科学上对信息流行病进行辨别，它会直接影响应对疫情的科学措施。有句谚语说："历史总是会重演。"其实历史不大会重演，但是历史有时候会非常押韵，比如说"信息流行病"这个词并不是世卫组织发明的，它的前身在 SARS（严重急性呼吸综合征）暴发时期就已经出现了。

历史上第一场社交媒体信息流行病

"信息流行病"这个词最早出现，是美国一个智库的 CEO 大卫·罗斯科夫（David J. Rothkopf）于 2003 年在《华盛顿邮报》上发表了一篇文章，标题是 *When the Buzz Bites Back*。在这篇文章里，罗斯科夫说得很清楚：

SARS 不是一种流行病，而是两种，第二种流行病基本不为媒体所注意，但是它的影响却远远大于疾病本身。这是因为造成 SARS 从一个糟糕的区域性健康危机转变为一场全球经济和社会溃变的，不是病毒传染病，而是信息流行病，即 infodemic。

罗斯科夫给信息流行病下了一个定义：

一些事实，加上恐惧、猜测和谣言，被现代信息技术在世界范围内迅速放大和传递，以与根本现实完全不相称的方式影响了国家和国际的经济、政治甚至安全。

他接着讲道：

信息流行病正在成为人类已知的最致命现象之一，能够立即穿越大陆。几乎在所有方面,其表现都与其他疾病一样,具有流行病学所固有的可识别的症状,有知名的携带者,甚至可以直接治愈。迄今为止,许多当权者似乎无法遏制它们或者不愿承认它们的存在……这些由互联网或媒体传播的病毒会造成全球恐慌,引发不合理行为,模糊我们对重要潜在问题的看法,使我们的基础设施不堪重负,打击市场并破坏政府。

这是罗斯科夫的完整论述,即便我们把它原封不动地挪到今天,也基本符合。无论是讨论 SARS 还是新冠肺炎疫情,所谓信息流行病的出现,本质上都是在传递事实、流言、解释和宣传方面的某种组合。上文中,我把信息流行病中的信息分成四类:错误信息、伪传信息、阴谋论和谎言。为什么把谎言放到了最后?因为谎言需要的技术含量偏低,容易被拆穿,而把谎言和事实掺和起来说,才是最有效的策略。

所谓 disinformation 就是这样,它也不是全然说谎,有些东西说得挺对的,但它显然会在重要的地方填充一些误导性的信息,然后再把这样的混合物包装打扮传递给你。所以我们才说信息流行病传递的是事实、流言、解释和宣传的某种组合。"事实"在这里只是扮演着传递其他东西的角色,"事实"被用作一种搅拌的原料,这是崭新的东西。

当然罗斯科夫也讨论到,这里面要分析媒体的作用。信息流行病是一个复杂现象,主要通过媒体来作用。罗斯科夫说,它是一种主流媒体、专业媒体和互联网站以及非正式媒体之间的交互作用所引发的复杂现象。罗斯科夫写这段话的时候是在

2003年，那时还没有社交媒体，大概最接近社交媒体的东西叫作短信。因为我本人是 SARS 肆虐时期的亲历者，在北京，当时很多的消息是通过短信流通的，所以短信在这里就是非正式媒体，可以说信息流行病是正式媒体同非正式媒体彼此作用的一个复杂现象。但不论正式媒体还是非正式媒体，最终传递的东西都是"事实、流言、解释和宣传的某种组合"。

但 SARS 跟今天的新冠病毒之间有一个很大的差别。用《麻省理工科技评论》杂志上的一篇文章来说：新冠病毒带来了历史上第一场社交媒体信息流行病。以往从未有过任何关于新疾病的信息能够比 2020 年的新冠病毒流行在一个互联世界中传播得更快。死亡人数和细节通过 24×7 的滚动报告实时通达全球，数十亿手机用户不断访问新闻，数以亿计的社交媒体来源，构建了永不止歇的对话场。

这是我们今天所见到的东西，尤其考虑到社交隔离，有多少人在家里仅仅凭着社交媒体与外界沟通，从社交媒体上获取信息？随着整座城市的封锁，用于传播信息和开展交往的社交媒体基础设施，正在达到前所未有的新规模。

它是罗斯科夫在写那篇文章的时候不能够想象的，但是有一个东西又是一致的，就是假新闻和伪科学在这个过程当中仍然是一个大杂烩。它是掺杂在一起的，只不过它的范围、广度、深度完全不一样了，所以我把这个现象叫作"全球首次大规模信息恐慌"。之前有过 Zika Virus（寨卡病毒），有过 SARS，有过 MERS（中东呼吸综合征），但是新冠病毒蔓延发生在人类拥有密切的相互联系以及身处应接不暇的信息洪流这样一个前提下，所以出现了社交媒体时代的第一场大规模的信息流行病。

社交媒体的根本属性

为了说明今天的信息流行病与罗斯科夫时代有何不一样，我们就不得不讨论社交媒体的交流特性，因为罗斯科夫没有触及社交媒体。现在，每个人都离不开社交媒体，有没有想过社交媒体根本的属性是什么？

我认为，社交媒体具有两大特性：第一个特性是个人因素，社交媒体的消费者都是个体，而以往大众媒体的消费者不见得是个体。社交媒体的交流发生在有个人关系的人或者是互相欣赏、互相尊重、互相认识的人之间，因此交流在社交媒体上不是一个无名的、面目不清的行为，也不是大众媒介的推送，交流者是你的父母、邻居、朋友、同学、同乡等我们可以想象到的一切亲近的人。相信和人自身相近的人，是人类的天性，这就是为什么会发展出一种叫"社交过滤"的算法。我可以不信仟电视上的广告，但是如果我姐姐说那个东西挺好用的，我第二天就下单了，因为我信任她。这其实是我们人类进化过程当中一种生存的本能，我们会相信跟我们相近的人，同时利用网络节点加上链路这样一个基本的网络结构，个体在社交媒体上发布的帖子具有潜在的到达全球受众的潜力。虽然它是个体的，但是它的确又可以大范围传播。这是《信息时代三部曲：经济、社会与文化》（*The Information Age: Economy,*

Society and Culture）的作者曼纽尔·卡斯特（Manuel Castells）提出的一个现象，他说这叫"大规模自传播"（mass self-communication）。听上去这个词很矛盾，但两种东西同时存在，既可以大规模，但同时又是自传播，可以凭借传统媒介渠道难以实现的方式扩散信息。

第二个社交媒体的特性，我把它叫作"级数效应"。"级数效应"即一个信息可以在社交媒体上重复曝光，可以像病毒一样人传人，这就进入病毒式传播了。你会突然发现，我以前怎么从来没有听说过这么多耸人听闻的新闻？动不动哪个地方就会发生一个让人完全无法索解的社会新闻。以前我怎么不知道这种事？其实以前也有，你可以在小报上读到令人难以置信的故事和耸人听闻的说法。但是今天为什么你觉得这种事情听到得越来越多？因为同样煽情的标题在社交媒体上大量出现，不同的地方只是在于，所有这些东西会反复冲击你的眼球。它会通过各种方法，比如通过分享、评论、热搜，通过被社交媒体算法置于你的信息流顶端，最后让你无处逃避，所以这类社会新闻你想不知道也不可能。

这让人想起麦克卢汉所讲的"部落之鼓"，"部落之鼓"的意思是说在部落时代有人一敲鼓，全部落的人都听到了。在1960年和加拿大广播公司的一次谈话中，麦克卢汉说："世界现在好比一面不断敲响的部落之鼓，每个人时刻都能听到消息……一位公主在英国结婚了，嘭嘭嘭，鼓在敲。我们都听到了。北非地震了，好莱坞明星喝醉了，那面鼓又接着敲。"

在社交媒体时代，敲响"部落之鼓"的可能是很大的事情，也可能是不那么重大的事情，甚至不乏娱乐八卦。但这些事情，不论大小，不论是否重要，也不论你到底想不想听到，最后都会传进你的耳朵里。因为你身处部落当中，所以只要"部落之鼓"在敲响，你就会和别人一样能够听到。这就是"级数效应"。

我们会发现，讨论错误信息或伪传信息的时候，级数效应有一个很重要的作用点，就是反复暴露某一虚假信息，一定会增加这个信息的可信度。三人成虎，第一个人说你不信，第二个人又说，第三次，如果连你最亲近的姑姑也这么说了，你就觉得这件事可能是真的，这叫"真相幻觉效应"。人是一种错误百出的动物，处理真相的时候跟一个傻瓜一样，因为我们评估"什么是真相"不是依据某一个客观的标准，而是有五花八门的认识方法。有一种方法是：如果某一信息我特别熟悉，我就倾向于认为它是真的，因为我会把新信息跟自己以前已知的旧信息进行比较，凡是那些突然冒出来、跟以往的信息不具备相似性的东西，我本能地会觉得那个信息不对，是错的。重复会使一个陈述易于处理，结论显得更加真实，这是社会科学研究的发现。"真相幻觉效应"是被许多实验证明的，熟悉可以压倒理性。如果被反复告知某个事实是错误的或者某个事实是正确的，最终就会影响听众的信念。直到今天，仍有相当多的人认为登月完全是美国政府的一个骗局。很多人认为登月是假的，包括阿姆斯特朗插美国国旗，"这是个人迈出的一小步，但却是人类迈出的一大步"等，都是美国政府伪造的，为的是在"冷战"中向苏联人示威。如果同意这种阴谋论，阿姆斯特朗就不是世界上最伟大的英雄，而是最大的骗子。登月阴谋论在20世纪70年代就开始流传,但这个荒谬的说法,在通过互联网和社交媒体的发酵之后,竟然得到了很多人的认可,而不再感觉自己属于少数派。

"谎言重复多次,就会成为真理",如果看看周遭,你可能开始感觉从广告商到政客都在利用这一人类心理的弱点。而包含虚假信息的社交媒体上的帖子有一个特点,即它会巧妙地激发人们的分享欲,反过来这又进一步扩大了"级数效应"。所以,后真相在社交媒体时代大行其道并非偶然,或者说,后真相已经出现很久了,但是它变成我们不得不应对的一种基本状态,必然是在有社交媒体这样一个基本的技术前提下。

平台、讯息与受众

一个行为者,当他行走于这个世界的时候首先要获取信息,不能获取信息就没办法决策,因而就要面对一个信息生态系统。考察今日的信息生态系统,会发现三个主要的相互关联的元素,我们是围绕这三个元素展开行动的。

第一个元素是社交媒体本身,我们也称之为平台;第二个元素是讯息,就是通过所有信息传递的内容;第三个元素是这些内容的消费者,即受众。社交媒体的这三个元素,前两个——平台和讯息——是相互增强的,这是社交媒体的技术特性所决定的。平台本身设计的目的,就是让信息能够快速地分发给所有信息的消费者,并且这个东西病毒性越高,平台的算法越会把它推到最前面,它的优先传递可以带来流量并由此产生收益的病毒内容。这和平台的利益密切相关，所有的平台都是这么设计的。它考虑的不只是受众的利益，而更多考虑的是自身怎么吸引最多的眼球，眼球怎么转化为广告，关心的是转化率问题。平台的这个特点，导致它天生就容易受到旨在煽动的虚假信息的影响。换言之，凡是那些煽动性地捕捉你的情感的虚假信息在平台上永远拥有优先权。

所以在平台上大行其道的东西，仿佛病毒，本身就是为了引起人们的注意，并且将自身最大限度地予以分享。病毒的特点就是不断地复制自己，找到一个一个的宿主，寄生在他们身上，为了达到这个目的可以无所不用其极。因此在这个意义上，平台和讯息这两方都是高度可疑的。

照这样说，我们岂不是都进入了死胡同？并没有。其实不管平台和讯息怎么样，在这个信息生态系统中，最重要的元素始终是受众，也就是我们自己。虽然虚假信息的生产及传播能力发生了重大变化，但是如果这些虚假信息不是有效利用人性的基本偏见，其实是不可能获得大规模传播的。虚假信息通过算法把自己往前推，动用社交媒体机器人、"水军"、僵尸粉等所有这些东西来加入传播，但如果它不是精确地预测到"人并非信息的理性消费者"这样一个弱点，它也传播不开。换言之，你被攻陷的唯一原因是，你总是寻求对复杂事物的简单答案，你也总是寻求迅速而令人安心的答案，你总是企图获得某种确定感、认同感、归属感。你所有的这些美好的想象在社交媒体平台上，全部会被精妙地利用，这就是"认知闭合"。

认知闭合与互联网模因

什么叫认知闭合？我们个体有很多不确定性，如果我们不是特别相信神谕，但我们又必须做出决定的时候，怎么办？这时，你为问题找到一个明确答案的愿望极其强烈，不管这个答案有多么不完备，但是它总比不确定和混乱要好。人的特点是，在你企图做出新的决定的一刹那，你其实是拒绝接受新信息的。如果这时候你的新信息之门还是打开的，你就再也没有办法决策，在决策那一刹那你需要对自己进行一个认知闭合。在认知闭合的情况下，你会迅速地做出决策，这个时候你看到的是一个黑白两色的世界。其实本来可能有很多选择，但对于你来讲，你似乎只有非死即生的选择，这跟《黑客帝国》里的著名桥段相似，要么吃下蓝药丸，要么吃下红药丸，没有第三种选择。

在这个时候，人和人的差别就出来了。有的人对于闭合的需求比较低，换言之，他避免闭合的需求比较高，此时这个人可以容忍模糊性，但通常我们会说他是优柔寡断的，缺乏决断性。相反，另外一个人会迅速做出决策，他对闭合的需求就会非常高。每个人都不一样。认知闭合是一个连续光谱，每个人处在不同的位置上。

当我们把平台、讯息和受众结合在一起，会看到这是互联网上特别值得研究的东西，也有一个专用术语——互联网模因（internet meme）。模因，这个词有很多种翻译，我个人最喜欢的是中国台湾译者的翻译，叫作"弥因"。这是理查德·道金斯（Richard Dawkins）在 1976 年的畅销书《自私的基因》(The Selfish Gene) 里首创的一个词。道金斯发现文化当中也会有一些行为、一些风格、一些要素、一些观念，特别像人与人之间的跨越散播，会有一些观念胜出，另一些观念失败。这个词后来被互联网完美地借用，特指在社交媒体上散播的风格和行为。当然，汉语是一种特别容易让人望文生义的语言，因为有些文字是象形字。你看到"模因"这个翻译，会觉得模因可能就是为了复制、为了模仿，但是关于互联网模因，这点是不对的。互联网模因从来不试图追求复制的准确性。它是 copy（复制），但是不是一个 perfect copy（完美的复制），则完全不重要。互联网模因的特点恰恰是在传播过程中，对原有的模因进行各种各样的修改，甚至可以把它改造得面目全非，因为它想要的结果只是大获全胜。在《自私的基因》最后一章，讨论用模因来表达文化当中的各种复制的时候，道金斯使用了"病毒式的"这个隐喻。互联网模因与疾病的流行共享一个形容词，这绝对不是巧合。因为病毒暴发需要 3 样东西：第一是传染性足够的病原体。这个病原体必须真的具有传染性，我们炮制出一个模因，这个模因如果不具备流行的基本的基因，我们就不讨论它了，因此病原体的传染性要足够。第二是不同人群之间要有大量的互动。这些人必须蹿来蹿去，病原体才能有机会找到更多的宿主。在大量互动以后就会产生足够多的易感人群，即到达了临界量（critical mass），这是第三样东西。有时候流行学家都分析不清楚，为什么一个东西就流行了呢？它是在某一个门槛上突然跃过那个临界量，突然就从小众的流行变成大众的流行，人人皆知，人人皆用，就像《小苹果》的旋律一样在你脑中不断地回荡。由此来看，任何形式的流行，都是一个社会过程。

在社交媒体上，有3个因素会影响到我们所得到的内容：第一点，我们的一位联系人是否分享了某一个链接？第二点，该内容是否出现在你的信息流（feed）中？第三点也是最重要的一点，我们是否点击了它？它可以出现在你的信息流当中，你可以看到别人的分享，但你可以不点击它，只要你点击它了，这个时候传播就开始了。所有这些链接和出现在信息流中的内容，唯一所做的事情就是呼唤你，"点击我吧"。通过什么方式呼唤你？当然是做标题党，当然是把所有带情感的词放在里面，把你切身感觉安全受到威胁的词汇放在里面，然后你就会情不自禁地点击它，点击完了以后还要转，"不转不是中国人"。你一定要转，首先要把它转给亲人，这个事情这么重要，我的亲人要是不知道怎么办呢？

有些社交媒体公司以及在社交媒体上制造流行的传播者都精通此道，我认为他们本质上都是"流行病学家"。这些人竭力把流行病学知识应用于病毒式营销以及无休止的注意力吸引上，为了达到社交媒体的"级数效应"。所以在这里可以充分看到有些社交媒体的阴暗面，它完全可以被用来进行大规模操纵。人类自从走出洞穴以后，就发明了无数种操纵他人的手段。但是，我们在社交媒体上把这些操纵他人的手段进行翻新、升级、扩充，并且数据化和算法化，最后，所有贪图数据交换便捷性和低成本的消费者都被数据所操纵。

公共利益·个人隐私·群己界限
底层关键词

危机时刻的公共利益与个人隐私

监控的黄金时代

2015 年 12 月 2 日,已婚夫妇赛义德·法鲁克(Syed Farook)和塔什芬·马利克(Tashfeen Malik)在美国加利福尼亚州圣贝纳迪诺的一家社会服务中心发动恐怖袭击,造成 14 人死亡、22 人受伤。两名袭击者随后在与警察的枪战中丧生,死前销毁了他们的个人电话。但法鲁克留下了他为之工作的县公共卫生局发给他的工作电话——一部运行 iOS 9 操作系统的 iPhone 5C,不过已用 4 位密码锁定,并且根据苹果公司的设置,在尝试 10 次密码失败以后,手机将自动清除所有数据。

由于美国国家安全局无法解锁设备,2016 年 2 月,美国联邦调查局要求苹果公司开发一个手机操作系统的新版本,将其安装并运行于手机的随机存取存储器中,以禁用某些安全功能,从而可以打开手机,查看恐怖活动的线索。这一要求为苹果公司所拒绝,它声称自己奉行从不破坏其产品安全功能的政策。联邦调查局成功申请到美国地方法院法官谢里·皮姆（Sherri Pym）的一纸法院命令，强令苹果公司创建并提供所需的软件。

苹果公司再次宣布反对该命令，理由是创建后门会对广大苹果用户构成安全隐患。苹果的加密系统不只是保护一台设备，还保护每一部手机。国家和苹果公司之间的法律大战一触即发。就在此一关键时刻，联邦调查局宣布他们找到了能够协助解锁 iPhone 的第三方，因此撤回了原请求，各方才都松了一口气。

政府和平台在这场"战斗"中利益重大。执法部门显然持有打击犯罪和制止恐怖袭击的充足理由，没有人对此表示怀疑。联邦调查局局长詹姆斯·科米（James Comey）在 2016 年 4 月谈到美国应始终平衡隐私与公共安全，而加密技术却破坏了这种平衡。"强加密的逻辑意味着所有人的生命，包括执法者，都将很快受到影响。"他说，"在我看来，根据我们的历史和我们的价值观，绝对的隐私以及那些认为政府应该把手从民众的手机上拿开的想法没有任何意义。"

问题的焦点是政府是否可以要求科技公司制造带有后门的加密设备。本质上这是矛盾的：如果一个设备留有后门，则它就没有加密性。苹果公司 CEO 蒂姆·库克（Tim Cook）在接受《时代》周刊采访时说，问题不是"隐私与安全之争……而是隐私并安全与安全之争"。不妨理解为：前一个安全指的是个人的数字安全，后一个安全是国家安全。

库克相信："我们现在生活在监控的黄金时代。我们所有人留下的数字足迹到处都是。"因此，这件事并非个例，而关乎"科技民主"："这不是一起单独的个例事件，它将影响未来整个美国，甚至全世界的科技界……这样一个会影响到上亿人的决定不该由任何一个人说了算，不论是法官还是美国联邦调查局。它是需要被讨论的，被所有人共同决定的。"

这是一场典型的公共利益与个人隐私之争。美国政府相信自己代表公共利益；苹果公司义正词严地捍卫个人隐私。而库克的话表明，两者之间的界限并不清晰，而判定公共利益止于何处、个人隐私又始自哪里，本身就是一个重大的公共利益课题。

这场有关安全性和隐私性的公开斗争未开局即告终，给我们留下了太多困惑，人们从来没有得到关于安全性还是隐私性优先的答案。平衡二者的焦点始终在于：代价有多大？公众必须放弃什么？

在现实中，国家安全与企业利润的双重要求，已然妨碍了更大的隐私保护。"隐私"这个东西，在消费者常以其换取方便的今天，听上去不像是什么了不起的需要坚决捍卫的价值。其实这样想就大错特错了：隐私乃是自由的核心，通常会支持其他基本权利和自由。拥有它意味着你可以自由选择如何处理自己的身体，或者谁可以看到你的个人信息，或者不受妨碍地与朋友和同事交流，以及决定谁有权监视你的行为并记录你的生活，又是根据什么理由。

这些全部是十分重大的课题，它们是不可能长期悬而未决的。果不其然，2020年一开始，这些问题又杀回来了，借着

"危机"的名义。

数据密集型的公共卫生监控

庚子开年，前所未闻的新冠病毒蔓延五大洲。2020年2月28日，世界卫生组织宣布将新冠肺炎疫情的全球风险提升至"非常高"，这是该组织对于风险评估水平的最高等级。

当传染病以如此之大的规模暴发时，及时访问数据通常很关键。首先，重要的是要知道谁与感染者紧密接触或乘坐同一班飞机或火车；其次，也要了解谁和谁居于同一个住所中，这些人又身处哪个社区；最后，检查手机定位信息和数字地图，从而了解人群在城市中的旅行踪迹以及全国的迁徙情况，以追踪疾病的潜在传播路径，可能也非常重要。实际上，公共卫生监控是一种数据密集型（data-intensive）实践，必然引发个人隐私问题。

在分析个人隐私受到多大影响之前，首先需要界定何为隐私。隐私，像大多数抽象概念一样，对不同的人可能有着不同的意义。它可以意味着隐居——隐身于一个不必害怕他人窥视的地方。此种意义上的隐私指向一种不受他人打扰、侵犯、为难的私人空间的欲求，此一私人空间也包括身体，正是在这个意义上，强奸构成了对个人隐私权的最大侵害之一。与此同时，隐私也意味着一种控制自己的个人信息的披露时间和方式的能力。隐私权还是一种个人免受不正当的外部干扰做出有关自身的根本性决定（如堕胎）的权利，此种隐私权建立在美国最高法院布兰代斯大法官（Louis Brandeis）的"独处权"（right to be left alone）概念上。

空间性的隐私、信息性的隐私、决策性的隐私，这些隐私权之间并不存在绝对的界限。例如，人们控制自身信息如何获取和使用的权利与自主和自由的体验是深深联系在一起的。失去了对自身信息的控制，失去了自己免受干扰的私人空间，人们又怎么可能做出独立自主的重要决定？

危机时刻，公共利益可以大于个人隐私权？

2020 年 1 月，在新冠肺炎疫情肆虐的同时，美国政府和苹果公司之间的争端再度发酵，FBI（美国联邦调查局）致信苹果公司，要求执行搜查令，取得穆罕默德·赛义德·阿尔沙姆拉尼（Mohammed Saeed Alshamrani）两部手机中的信息。来自沙特阿拉伯的航空学员阿尔沙姆拉尼 2019 年 12 月在佛罗里达州的美国海军基地杀死 3 人，随后被警方击毙。

一旦苹果公司为 FBI 的搜查令开了后门，这就为政府干预打开了潘多拉魔盒。政府可以要求公司以这种方式设计他们的"锁"，而让政府拿着"万能钥匙"吗？用库克的话说，政府"可以打开上亿的锁，从饭店到银行，再到零售店，再到个人的家吗？没有人会觉得这种做法是可以接受的。"

这几乎是 2016 年美国政府与苹果公司那场对决的重演。自那以后，双方的调门都更高了。美国司法部部长威廉·巴尔（William Barr）一直直言不讳地表示，科技公司有义务在执法部门要求时提供对加密设备的访问权,而苹果公司始终坚定地表示,公司不仅不会答应,而且也不能答应。两次斗争,看上去都是要解锁个别恐怖分子的设备,但结果却可能决定美国政府能在多大程度上深入普通人的手机中。一直以来,苹果公司的观点是:如果政府可以强迫它破解一部手机或在其产品中加入后门,那么就没有什么可以阻止政府访问每台设备了。

2020年5月18日,巴尔宣布FBI在没有苹果公司帮助的情况下,成功解锁了枪手的iPhone手机。苹果公司与政府部门再次避免了对簿公堂。尽管如此,美国政府应该会希望树立一个法律先例,以保障将来可以访问加密通信。而果真如此的话,对于苹果公司乃至其他硅谷企业来说,则注定是一场噩梦:执法部门可能会反复要求苹果公司等协助进行刑事调查,从而有效地把科技公司变成政府的代理人。

不论是圣贝纳迪诺案还是佛罗里达案,之所以引起持久的争议,是因为初看上去,双方似乎都在捍卫既令人信服又不可调和的原则。也许你认为,在特定情况下,预防犯罪(尤其是恐怖主义行为)的公共利益应大于个人的隐私权。但是,不妨再问一下自己:历史何曾显示,政府一旦拥有监视工具,会在使用它们时保持谦虚谨慎?

现代智能手机里包含各种各样的个人信息,从保存的电子邮件到财务记录再到私密图片。苹果公司作为智能手机的主要供应商,当然不会在其用户的隐私问题上轻易示弱。它质问道:一旦苹果公司开启了先例,如何阻止政府要求公司编写代码以开启麦克风、激活摄像机、呈现秘密对话记录或打开定位服务跟踪手机用户,"以协助政府监督"?

可以想象,一旦开了先例,将在接下来的几十年中产生深远影响,或许还有可能限制美国人的公民权利。美国联邦调查局和司法部一手设计的高风险摊牌,其影响远远超出一部手机、一起案例甚至是苹果公司本身。尽管加密的确意味着某些信息将不可被执法部门所访问,但如果不加密的话,所有人的所有信息都将受到威胁。如果给好人留后门,最好先预想坏人会如何利用它。

达成公共利益与个人隐私平衡的三原则

苹果公司和美国政府的对阵,是个人隐私同公共安全的博弈。

没有人反对隐私权,但达成隐私法益与其抗衡力量之间的平衡,对哪一国来说都不是易事。尤其是在涉及安全和健康的情况下,很难划定两类信息的界限:哪些信息应作为私人的而加以捍卫?哪些信息在公共利益下须确保各方当事人访问,哪怕本人希望保持为隐私?

首先应该坚持的原则是:将公共利益视为隐私的例外。公众认可那些可以促进其整体福祉的信息或报道的重大价值(如识别不法行为和不法行为者,维护公共安全和国防,遏制大规模流行病的扩散等),处于这些情况下,并适当考虑个案的相对严重性,可以以更大的利益为名克减个人的隐私。但上述情形只能是例外而不是例行。

没有任何有见识的人会声称，可以无视所有与其相竞争的价值观和利益来维护某种绝对的隐私。然而，人权法有一个基本思想：凡是干涉基本人权的法律或政策，必须证明自己的正当性。正当性来自：1.必须符合法律；2.系为实现合法目标所必需；3.与该目标相称。

由此，我们提出第二条原则：如果出于公共利益的考虑而确有必要对隐私进行处理，那么在处理过程中，必须为基本的公民权利和个人利益确立适当的保障。需要认识到，尽管有时为了更广泛的公共利益而不得不对隐私有所限制，然而隐私本身也是至关重要的公共利益。公共利益不只是包括公众共有的事务，例如适当的政府管理或司法正义，在保护和执行个体自由、权利和利益方面，也存在公共利益。如果不能够通过采取有效的补救措施来维护个人的权利，那么就会引发某种无政府状态，因为没有什么会比由于不法侵犯个人权利而产生的不公正感更迅速地滋生出社会混乱。

在特定的危机时刻，个人的隐私权受到限制，并不意味着其要无限度地让位于公共利益。例如，限制迁徙自由权的隔离，只有在合理的、有时间限制的、为必要目的的前提下，尽可能以自愿且以非歧视性的方式进行，才是合法的和合乎人道的。否则，极易产生大面积的歧视和污名化，对个人造成难以弥补的社会伤害。

第三条原则，坚持公平的信息应用。由于海量的个人敏感信息已然被多渠道密集收集，如何安全保存和使用构成了一项重大挑战。

在收集和处理个人信息方面，1980年经济合作与发展组织所颁布的关于保护隐私和私人数据跨国界流动的准则依然适用。这些准则共有8条，包括：收集限制准则、数据质量准则、说明目的准则、利用限制准则、安全保护准则、开放性准则、个人参与准则以及负责任准则。按照这8条准则操作，才能形成"公平的信息应用惯例"。

我们有意愿重建失去的私人空间吗

像其他自由和权利一样，隐私也不是绝对的价值，而是需要与其他重要利益保持平衡。由于隐私是一项基于个人的权利，所以我们时常将其与"共同善"的理念并列，认为的确存在公共利益大于个人对隐私主张的情况。在此，我们将公共利益看作一种促进社会团结和遏制社会危害的实践、价值观和生活安排。它的实现，不能以损害基本的公民权利为前提。

必须再次强调，在公私界限处于滑动状态、无法清晰分界的情况下，我们最终难以避免进行一场公共讨论，以便决定我们希望居住于一个什么样的世界之中——就谁想知道有关其他人的什么而言。在人类历史上的大多数时候，都是根据人口密度、政府权力、家庭习俗等偶然因素来做出选择。现在形势大为不同了。随着人类大量向网上迁徙，我们生活中可以被监视和搜索的部分被极大扩充。信息的社会角色和个人信息的使用方式不断创新，令寻找有关这些问题的公共对话的需求变得越来越迫切。

"这是私人的！"每个人都熟悉，孩子们总是对父母和兄弟姐妹这样大喊大叫。这表明隐私、保密、藏身之处和个人空间的需求是人与生俱来的。它们是我们似乎想要的东西，但是我们对其有拥有权吗？这些权利能够被让渡吗？

隐私坐落在技术、商业和法律的交叉口。商业在利用技术带来的机会，把个人信息变成利润丰厚的商品，法律在不断追赶，试图规范两者。在数字时代，几乎所有交易都记录在网上的某个地方，几乎所有值得保持为隐私的信息都涉及第三方。我们大多数人在云中存储的内容很多。技术的助力导致公权的执法能力大为提高，但是这些能力也可能令社会无处躲藏。

有时我们认为技术会不可避免地侵蚀隐私，但是，究其根本，人类（而非"技术"）才会选择是否设置允许例行访问信息的缺省值。所谓隐私的侵蚀是一种必然的发展，这个说法值得推敲。隐私的丧失并非不可避免，就像它的重建也远非定能实现一样。我们不乏能力重建我们失去的私人空间，关键是，我们有这样的意愿吗？

> 数字排斥·数字包容
> 底层关键词

数字弃民

不知是从什么时候开始，银行普遍把人脸识别技术运用到了日常服务中。银行宣称，通过采集人脸图像，并与身份证照片进行对比识别，在业务办理过程中即可实现"以貌识人"，必要时客户点点头、眨眨眼、张张嘴，便可轻松完成，无须任何其他操作步骤。

我父亲已经94岁高龄，对于他来说，这可并不像银行允诺的那样"轻松"。由于银行规定某些业务必须本人到场，我不得不亲自陪他到银行，在那个所谓的"智能"终端面前，他老人家拄着拐杖，颤巍巍地站在那里，由工作人员指挥着，连续眨了3次昏花的老眼，终端也无法识别。我很生气，最后找到经理，总算"恩准"去柜台窗口办理业务。

对我八十多岁的母亲来说，人脸识别过程简直就是一场灾难了。母亲患有严重的腰疾，出门必须坐轮椅，这一次是不得不去银行。由于机器距离地面有一定高度，银行的机器采集图像时，母亲必须得从轮椅上被扶起来，半搀半抱地对准摄像头，我和工作人员一边一个架着，好不容易才完成了采集。等这一通折腾完,她已经气喘吁吁。

这样的人工智能到底方便了谁呢?随着数字化的普及与渗透,越来越多的地方要求使用互联网来访问关键服务,不论是银行、社保部门还是政府,这对那些没有设备、不能负担数据或 Wi-Fi、无法或不愿使用网络的人造成了很大影响。

众多服务被缺省设置为"数字化",非网络用户因此面临被边缘化的风险,从而对一定人群社会生活的基本权利产生了影响,这一现象可以称为"数字排斥"(digital exclusion)。

用更形象化的比喻来讲,如果我们把数字化进程比作一辆战车,很多人会产生一个误解:人人都会上车,只是时间早晚。这样想会忽略一个极其严重的问题,就是许多人根本就上不了车,而是被彻底地甩在这辆战车之外。

由此,数字化社会产生了一个有害的副产品——数字弃民。

数字弃民是如何产生的

这些人是如何被抛弃的呢?可以把数字化排斥的源头归纳为 4 个:自我排斥、财务排斥、技能排斥以及地理位置排斥。

在诸如"这东西我就是学不会"的声称中可以看到自我排斥,它与厌恶变化和新事物有关,并且相信终身学习超出了自己的能力。由于技术总是在不断变化和发展,许多人可能会感到落伍,因此停止参与数字世界。例如,老年人很可能因为觉得太晚了,而无法开始学习。

财务排斥则显示数字鸿沟与付费能力有关。低收入人群无法为连接的前端成本、具有上网功能的设备和上网本身的持续成本支付费用。

技能排斥是指，一个人的技能和信心是其能否有效使用互联网的前提。对于某些社会群体来说，互联网过于复杂。他们不仅缺乏基本的数字技能，而且缺乏对互联网工作原理的理解。例如，仅仅是上网填表这样一件事情可能就会困住他们。而缺乏数字技能的人又往往没有机会获得支持，以帮助他们使用技术。

地理位置也会产生排斥。在偏远地区，宽带和移动基础设施较差（或根本没有），这意味着农村地区的人们面临着物理服务以及在线服务双重受限的不利条件。

流行病致使数字排斥问题更加凸显。因流行病而实施的社会隔离迅速增加了人们在很多领域（从食物、服务到教育、办公）的互联网依赖。这使得那些无从获得网络服务的人更加与社会隔绝，例如在社会上大多数人都转向互联网来保持社交联系的情况下，并非所有人都拥有这个机会，或掌握这项技能。

在尽情享受数字化带来的便利的同时，我们也不应该忘记那些受困于数字化甚至为此变得寸步难行的群体：因不会或不方便上网而无法购买回家火车票的农民工，不用智能手机无从出示健康码而被公交车司机拒之门外的乘客，被打车软件变相剥夺了打车便利的非打车软件用户，不会操作 App 而无法挂号和就医的患者，未做人脸识别而导致无法领取养老金的老人，乃至因不会下单和团购而有饮食之虞的老人等，他们都属于数字弃民。

由此可见，少数被数字化排斥的群体，其排斥源是多种多样的，包括年龄、教育、残障、收入、失业、地理位置以及文化或语言等。而那些已经处于社会或经济劣势的人，被数字排斥的可能性要高出数倍。必须意识到，数字排斥与社会排斥是密不可分的。

老年人之困：在数字世界中"掉线"

从研究中可以发现，造成排斥的最常见因素是年龄。

老年人一直占互联网非用户的最大比例。在中国，共有2.54亿老年人，其中仅有6000余万人是网民。有将近3/4的老年人不能熟练使用智能手机上网，甚至没有智能手机。

众所周知，数字化往往将老年人和残疾人忽略不顾，开发技术时并不会特意考虑到他们的需求。大量的老年人是技术新手（相当多的人对新技术感到恐惧），并且更有可能患上与衰老相关的残疾。由于这些残疾因素，老年人对新技术的排斥通常更强烈。例如，许多老年人的视力下降与年龄相关，这可能是阻止他们使用新技术的重要因素，在与其他障碍（例如缺乏动力和上网技能）相结合的时候，更加剧了这种状况。

而数字化参与对老年人来说，不仅是一个生活上的实用性问题，还同他们的生命质量相关，可以在很大程度上减少他们的孤独感。老年人被社会隔离的相关风险是巨大的：孤独感会导致抑郁症、心脑血管疾病、身体功能下降乃至死亡。技术可以成为帮助降低这些风险的重要工具，研究表明，能够上网的老年人被社会排斥的可能性会降低很多。

在线交流对于深居简出、与亲人相距甚远或者失去了所依赖的亲人的老年人非常有价值。他们可以通过即时通信、视频聊天软件和社交媒体与亲朋好友建立联系，哪怕不再能够展开实际造访。老年人还可以在"同病相怜"的人群当中找到在线支持，可以通过新闻、流媒体平台等获取外部消息，在无法像过去那样轻松移动的情况下，这构成了他们身心健康的重要层面。与外界保持连接非常重要，随着老年人所习惯的生活被打破，他们正在更深地陷入孤独之中。

掌握数字技术已成为全面参与社会的关键组成部分。老年人通常不太可能在学校和工作场所等机构环境中学习计算机和互联网技能，而他们的活动和认知能力也日趋下降。如果我们的社会不能够为老年人提供技术访问和培训，就是等于把他们关在数字化大门之外，从而会加剧本已令人担忧的老年人孤立和孤独的趋势。

保障信息工具的使用，就是保障平等

数字排斥不仅限于无法使用手机和上网。成为合格的数字化使用者，只是解决了上网问题还远远不够，尚需要足够高的数字素养，以便识别何时需要信息，并具有查找、评估和有效利用在线系统的能力。

其最低要求，首先是以下最基本的使用能力，包括：打开电脑或者手机，将电脑或者手机连接到 Wi-Fi，更新密码，在线联系亲朋好友。

而更高阶的技能，可以从 5 个方面来衡量。

管理信息：使用搜索引擎查找信息，查找之前访问过的网站，下载或保存在线找到的照片。

交流：通过电子邮件或在线讯息服务发送个人消息，知道如何在线共享信息。

交易：从网站或者手机应用程序购买商品或服务，懂得在设备上购买和安装应用程序。

解决问题：在线验证信息来源，或利用在线帮助，处理设备或数字服务的问题。

身份验证和填表：了解如何进行个人身份验证，并完成在线表格。

除此之外，还需具备基本的安全常识，防止被诈骗或盗走个人信息。例如，老年人更有可能成为在线诈骗的受害者，并将自己的个人信息置于危险之中。

然而，通过量身定制的数字素养培训，每个人都可以学会安全地浏览互联网。实践表明，具有基本数字技能的个人可以从中受益的主要领域包括：增加收入、更高的就业能力、更便宜的购物、改善沟通，以及通过在线服务节省时间。

从这个意义上说，数字排斥要求社会采取一系列复杂的政策应对措施，远远超出了仅仅增加硬件提供和提高支持水平就可以假设任何"沟壑"都可被"弥合"的程度。如果仅有一部分社会成员可以使用信息工具，例如在线学习、电子病历和电子政务服务，那么社会将朝着更大的不平等方向发展。

迈向"数字包容"

数字排斥的反面是数字包容（digital inclusion），它指的是人们可以在自己方便的时间和地点访问价格合理且可进入的数字设备和服务，以及拥有足够的动力、技能和信任，可以使用互联网追求并实现有意义的社会和经济成果。

在缺省设置上，有关服务的数字化应采取包容性方法，而不是强制性方法。如果公民不能在线履行义务或觉得过分困难，则不应强迫他们，而是需要对很多服务的运行方式进行一定的更改，来纠正数字排斥的影响。例如，健康服务不应一切都转入网上进行，必须保留必要的面对面服务和在线处理的替代方法。

因老年手机无法扫健康码导致老年人乘公交车、入医院、进商场、乘火车甚至到景点游玩都被拒之于外的情况屡次出现后，终于有数个城市开始采取了行动。

广州启用刷身份证核验健康码的系统，只要将身份证放在识别设备上2秒，电脑屏幕就可以出现"粤康码"的相关信息；在杭州，老年人可以通过刷市民卡显示健康码状态；在北京和深圳，都上线了"老幼健康码助查询"的功能。而子女，也终于可以登录国家政务服务平台小程序，帮爸妈查询健康码了。

2020年11月24日，国务院办公厅印发了《关于切实解决老年人运用智能技术困难的实施方案》，明确不得将"健康码"作为通行唯一凭证，并且要建设社区便民消费服务中心、老年服务站等设施，为无法使用智能技术的老年人提供生活用品代购、餐饮外卖、代收代缴、挂号取药等服务。

很明显，如果不采取线下征集订单的方式，或者是志愿者帮助团购，老年人因不熟悉智能手机操作和电商购物，就会发生买菜和买药的困难。虽然老年人较多的社区，平常都有很多常规的助老服务措施，但这些原有的服务体系有时会陷入停顿。由此我们得到的教训是：并非所有的事情都可以线上解决，对老年人来说，安度晚年，更多依赖于长期存在、执行有效的老龄社区服务体系。

与此同时，对于相当一部分人，消除数字访问的特定物理或财务障碍，就足以使他们受益于数字包容。政府必须将互联网接入作为基本需求，而扩大数字技能培训的范围也应该是政府和第三部门的主要任务之一。

技能培训可以显著提高老年人和其他群体对技术的使用以及对数字化世界的信任。应该投入资金，建立更广范围的技能培训，并将其嵌入现有的社区组织中，鼓励技术公司、非政府组织和有影响力的投资者参与进来。技术公司的支持可以采取多种形式，除了扩大设备捐赠、支持技能培训之外，技术公司还需要认识到，设备、服务和内容的设计对于数字包容性也非常重要。

从根本上，有必要消除更广泛的社会和经济障碍，以便为专门就提高数字包容性而设计的干预措施创造出更有利的条件。

即使互联网连接已经很普及了，并且许多服务都变成了仅在线上提供，排斥现象仍然持久存在。在此情况下，重要的是试图发现，为什么人们选择不去利用互联网提供的机会。这些"选择"在何种程度上是真正自由的？还是说它们实际上是受到社会经济环境的压迫而不得不做出的？

令人担忧的是，对那些继续处于离线状态的人，社会的触达可能将更加困难，因为他们显然遭受着复合性不利条件的影响，这也表明数字排斥在社会上最脆弱的人群当中正在变得根深蒂固。干预措施需要通过多种策略来解决这些越来越难以触达的群体所面临的困难，同时对阻止他们成为数字公民的问题予以考虑，这些问题既包括技能与意识，也涵盖经验与动机。

随着未来几十年的加速变化，数字包容性的重要意义不会消失。经由无障碍设备、宽带和数字培训方面的大量投资，技术有潜力成为消除"数字弃民"，使他们能够连接、创造和贡献力量的强大工具。关键是要认识到问题的严重性所在，并为此采取迫切有力的行动。

<u>数字化养育·无屏幕生活·无媒体时间</u>
底 层 关 键 词

新数字鸿沟

不是获取技术，而是限制对技术的获取

大约从互联网成为当代社会不可或缺的工具与应用之时，人们就开始谈论所谓"数字鸿沟"了。

对这一鸿沟，惯常的理解是，它是一种在获取、使用或影响信息和通信技术（ICT）方面的经济与社会不平等现象。从一个国家内部来看（如中国的数字鸿沟），它可能是指个人、家庭、社会群体或地理区域之间的不平等，它们通常处于不同的社会经济水平或其他人口统计类别下。

经过这么多年的发展，数字鸿沟在某一部分似乎有所缓解，另外的部分则趋向严重。例如，无法访问计算机（或设备）以及无法访问互联网的情形正在减少，甚至就连上网所需的广泛技能和知识也获得越来越多的普及。然而，在网上参与社会建设、政治进程的意愿以及对平等的经济机会的追求——如果我们将其视为针对弥合数字鸿沟而做的更高阶的努力，则

在全球范围内仍严重缺失。

不仅如此，数字鸿沟在不同的时期对不同的人也代表着不同的意义。例如，研究者们纷纷从城乡差别、数字代沟、数字素养乃至新闻算法等角度对数字鸿沟加以探讨，就显示了这一话题的深广。不过，很少有人注意到最近在发达的数字社会条件下出现的一个新现象，或许构成了"新数字鸿沟"不得不注意的一个深远面向。

20年前，当我们谈论"数字鸿沟"时，指的是诸如低收入人群对计算机和互联网的访问权。但是，根据 Common Sense Media（常识媒体）的一项最新研究，到世纪之交，这一鸿沟已经大大缩小。在美国，家庭年收入低于 30000 美元的家庭中有 70% 拥有计算机，而 75% 的家庭可以使用高速互联网。此外，低收入家庭使用智能手机和平板电脑等移动设备的人数接近全美平均水平。与此同时，另一个数字鸿沟却正在出现，并有可能带来更危险的长期后果。

同样来自 Common Sense Media 的数据显示，低收入的青少年平均每天花费 8 小时 7 分钟使用屏幕进行娱乐，而高收入的青少年每天花费的时间为 5 小时 42 分钟。两项针对不同族裔的使用研究发现，白人儿童的屏幕使用时间明显低于非裔和拉美裔儿童。

为什么要把关注点放在儿童和青少年身上？因为研究人员发现了许多有关大脑发育和人格形成的知识，这方面的教训不断凸显现实世界的经验和面对面人际互动的重要性，尤其是在童年时期。

有问题的网络使用可能与较低的同理心和社会福祉相关。许多研究人员指出，儿童的自恋倾向越来越明显，而移情特质却在下降，电子游戏和社交媒体正是推动这种变化的原因。这是因为沉浸于网络必然侵蚀面对面的时间，少年儿童由此失去了通过与人的表情和声音信号进行交互从而习得同理心的机会。

另一个忧虑之处事关青少年的注意力问题。数字化的生活方式，包括频繁的多任务处理，或许正在损害我们下一代保持专注的能力。在成长过程中，青少年被技术和媒介（如电脑、手机、电视）所包围，平行世界的入口无处不在。保持青少年的眼睛远离屏幕将是一项艰巨的任务。他们喜欢和大人打游击战。

为了应付众多的屏幕，人们学会了在不同媒体间以及在媒体和真实生活之间反复切换。媒体的多任务处理在儿童和成人当中都非常普遍，且对儿童影响尤甚。他们的注意力持续时间在缩短，记忆广度也随之出现问题，走神（分心）由此变成了一场日常搏斗。

2010年一项针对8岁至18岁青少年的调查发现，他们所从事的多任务处理占其媒体总使用量的29%。对263所学校的初中生、高中生和大学生的调查则显示，学生投入学习还不过6分钟，就会切换到令人分心的技术上，比如发信息或是浏览社交媒体。

一些青少年不相信媒体的多任务处理会降低他们完成工作的能力。例如，在做作业的同时，有很高比例的青少年看电视、使用社交媒体甚至打游戏,但大多数青少年并不觉得这样做耽误了学习。

实际上,多任务处理必然会降低工作效率,因为用户在过渡到其他活动后,需要花时间重新定向,反复如此会产生认知疲劳,这导致他们的工作速度下降——这可能是拖延症在年轻人身上越来越普遍的原因。此外,多任务处理模式,使得往常在单线程学习过程中容易形成的可供日后准确检索的记忆,变得越来越困难。

对大学教室中笔记本电脑用户的一项研究发现,就现实表现来看,老师授课时在笔记本电脑上执行多任务的学生,测试成绩比未执行多任务的学生要差不少。它证明,多任务处理者很难过滤掉不相关的信息,对他们来说,信息已然变成分心的事物,变成转移注意力的东西,变成一种娱乐的形式,而不再是赋权的工具和解放的手段。

为了避免出现消极情绪和精神懒惰,许多高收入父母开始限制孩子花在数字设备上的时间。在美国,已然出现了这样的情况:公立学校仍在推广带屏幕的设备进入课堂,而私立学校却开始完全禁止这类设备进入课堂。根据《教育周刊》的报道,美国学校每年在数字内容上的支出为 30 亿美元,每年在硬件和软件上的支出为 80 亿美元,然而到目前为止,这些开支在改善学习方面几乎没有什么出色表现。

吊诡的是,硅谷的父母越来越担心屏幕使用对孩子的影响,并转向无屏幕的生活方式,而穷人和中产阶级则依然依靠屏幕来抚养孩子。这对男孩来说尤其糟糕,因为即使是极短的屏幕暴露时间也会改变他们的行为。

穷人的孩子在对屏幕上瘾，而精英的孩子则回到木制玩具和人际互动上来。《连线》杂志前主编克里斯·安德森（Chris Anderson）总结说："数字鸿沟本来同获取技术有关，等现在每个人都有了入口，新的数字鸿沟反倒体现在对技术获取的限制上。"

"媒体导师"：父母的新角色

媒体和技术的使用已经给许多家庭造成了紧张。例如，在一项针对8岁至13岁的美国孩子及其父母的调查中，54%的孩子认为父母检查他们的设备频率过于频繁，32%的孩子觉得父母对他们的注意力被手机分散了。

另一项针对803个年龄在8岁至17岁的美国孩子的父母的研究发现，所有参与的父母中约有1/3在挣扎该如何限制孩子对媒体和技术的使用。目前尚不清楚成人对儿童使用媒体和技术的频率进行限制是否正在成为一种新的社会规范，或者父母是否低估了媒体和技术对家庭生活的影响。

这方面，成人应该树立角色榜样，以防止孩子出现有问题的媒体使用，平衡的方法包括：提高对媒体与自我关系的认识，拥抱高质量的媒体使用和有选择性的单任务处理，合理安排上网的时间和地点，并重拾人际互动和面对面对话。如果媒体和技术被用来建立更深层次的关系、发挥创造力、探索精神并寻求认同，那么它们同样十分有益于青少年的身心成长。健康的数字生活方式可以而且应该包括对媒体和技术深思熟虑的使用。

要想实现这一点，成年人不仅要具备良好的媒体使用习惯，还要大胆介入，帮助自己的孩子管理媒体。通过与孩子讨论媒体使用（如何使用以及何时何地使用）的最佳做法，并对其设定一系列的合理限制，父母可以扮演孩子的"媒体导师"。那些致力于最小化的技术使用而不是让孩子肆意浸泡在媒体中的父母，他们的子女在网络世界中会更少出现问题行为。

父母要时刻认识到自己的榜样作用，比方说，如果孩子们看到父母在日常生活中很容易被电子小玩意儿分心，那么他们也会效仿并内化这类行为。

我们都要意识到，数字化工具和手段正在对我们的孩子进行历史上最大的一场社交实验：我们还能不能让少年儿童在没有屏幕的环境下成长？如果你的儿子或女儿不能在晚餐时和家人交流，他或她的未来将会怎样？他或她将如何寻找配偶？又如何去面试工作？

随着儿童被吸引到视频、游戏和应用程序中，每个手指的轻触都会带来即时反应，他们的大脑会通过释放神经递质多巴胺来做出回馈。这种化学物质的释放令人上瘾，导致儿童更喜欢这种互动而不是真实世界的联系，从而阻碍了他们的身心发育。

在这种情况下，作为父母，也会被媒体分散注意力，或者，假如成年人自己并没有一个好的媒体使用习惯，就会忽略孩子健康的媒体使用方式。

其实，每一个数字时代的家庭，都应当制订家庭媒体使用计划，为整个家庭（既包括父母也包括孩子）提供指导方针和健康目标。中国父母传统上极为重视规范孩子的线下行为，现在，是对他们的线上行为投以同样重视程度的时候了。

一个基本的原则可能是：始终限制使用媒体的时间和媒体类型，并确保媒体使用不会取代充足的睡眠、身体锻炼和其他对健康至关重要的行为。计划中的其他举措可以包括：和孩子一起商量家庭的"无媒体时间"（如晚餐时段或外出游玩的时光），以及在家中确定"无媒体地点"（如卧室、餐桌和卫生间）。

与此同时，确保在成为负责任的网络使用者和上网安全方面与孩子展开持续沟通，规避孩子在网络世界可能遇到的风险。

一个理想的数字化家庭应该是这样的：家庭可以在屏幕使用时间或在线时间与其他活动之间找到适当的平衡，设置访问内容的边界，指导个人信息的展示，培养适合年龄阶段的批判性思维和数字素养，支持开放的家庭交流和实施有关媒体使用的一致规则。

由此来看，数字鸿沟并不是一个抽象之物，它在我们的私人亲密领域中十分突出。学界需要对青少年进行更多研究，以阐明低、中和高水平的媒体多任务处理对发育中儿童的影响，以及在一个人们经常使用和检查上网设备的环境中，如何开展数字化养育。

屏幕使用时间并非天然就会伤害孩子，但百年以来对儿童发育的研究告诉我们，孩子需要以积极健康的方式成长。他们需要与父母和关爱者进行高质量的互动，需要体育锻炼和自由地玩耍。现在的问题是，屏幕是否正在取代我们所知的这些对儿童成长有利的事物？如果回答是"Yes"，父母就需要采取行动了。

交互式媒介使用·数字化成长
底层关键词

技术改变了青春期的面貌

数字媒介的互动性吸引了大量孩子,因此产生了有问题的交互式媒介使用。它主要包括 4 种表现形式:无节制的视频游戏(主要是男孩),包括在电脑、游戏机或移动设备上过度的在线或离线游戏;无节制的社交媒体使用(主要是女孩),包括强迫性的在线互动,导致苦恼、焦虑和抑郁;观看色情制品,它对更小的孩子们的触动比任何人想象的都要深;最后是"信息狂欢",孩子们"消失在网上的兔子洞里",例如狂刷短视频。

现在大多数青少年几乎全在使用移动媒介进行交流、学习和娱乐,但对一些人来说,以上 4 种行为可能导致学业失败、社会性退缩、行为失范、家庭冲突以及身体和精神健康问题。

这样的问题是如何发生的?数字革命,随着电子屏幕设备的迅速扩散,不仅改变了我们的沟通、教育和娱乐方式,而且也改变了个人和社会的行为方式。没有哪个群体比儿童和青少年受到更深刻的影响。

数字革命开始是良性的。学步儿童被递上电子产品,以保持他们在餐厅的安静。学龄儿童得到智能手机，以便与父母保持联系。十几岁的孩子成为在线视频游戏的高手，与来自世界各地的游戏玩家竞争。高中生在笔记本电脑上打开多个窗口做作业，给朋友发即时信息，在社交媒体上关注和制造戏剧性事件，约会，并互相引诱。

家长鼓励孩子熟练掌握数字技术，这既是为了让孩子在布置越来越多在线作业的学校中茁壮成长，也是为了让孩子为未来的数字工作做好准备。同时，许多家长担心他们的孩子与智能手机和笔记本电脑的联系多于与真实世界的联系——他们的学业和睡眠受到影响，他们没有在户外玩耍，没有从事他们喜欢的运动，也没有花时间与家人和朋友相处。

然而，父母本身也是 24 小时连接着电子设备的，他们把智能手机带到饭桌上，把笔记本电脑带到床上。当父母表达关切时，孩子会觉得自己被要求遵守不同的标准。在大多数情况下，他无视父母控制其数字生活的企图。2016 年，在美国的一项调查中，超过 1/3 的父母透露，他们因为手机的使用而与孩子争吵；一半的年轻人和超过 1/4 的父母认为自己沉迷于电子设备。

2020 年，Instagram 的研究人员公布了一项该应用程序对年轻女性影响的内部研究结果，非常令人不安。32% 的少女报告说，Instagram 让她们对身体的感觉更糟，她们经常感到上瘾，知道看到的东西对自己的心理健康不利，但就是无法停止。

年轻人会对互动媒介的使用成瘾吗？还是说这是一种父母

不理解的划时代行为，就像摇滚乐对前几代人来说一样？焦虑的父母无法理解孩子的成瘾性，也不知道该如何帮助他们。很多父母是在智能手机和社交媒体出现之前的时代长大的，然而这两者已经从根本上改变了青春期的面貌。

即使当一个重大事件，比如战争、技术的飞跃、大规模的社会反叛等，在塑造一群年轻人的过程中发挥了无与伦比的作用，也并没有任何单一的因素可以定义一个时代。父母的教育方式持续改变，学校的课程和全民的文化也是如此。不过，如果我们正视现实，可以发现，智能手机和社交媒体的双重崛起已经引发了一场我们在很长一段时间内从未见过的"大地震"。有令人信服的证据表明，我们放在年轻人手中的电子设备正在对他们的生活产生深远的影响，并使他们很不快乐。

移动互联网·围墙花园
底层关键词

乔布斯：互联网历史上最大的"罪人"

在乔布斯去世 10 周年之际，中文媒体上刊发了许多怀念文章，范围包括他如何打磨产品、撬动营销、颠覆产业、重塑管理甚至影响他人。一家科技媒体做了这样的专题："追忆乔布斯：我们应该纪念他什么"，另一家科技媒体在罗列了乔布斯的"改变"清单（从电脑到软件、从出版到音乐、从广告到零售等诸多领域）之后，提问道：10 年了，我们还会准备去改变什么？

我以为，乔布斯给我们带来的最大改变，是让我们丢失了古典互联网。在这个意义上，他是互联网历史上最大的"罪人"。

与乔布斯相比，我是个微不足道的人。有读者一定会说，你如此哗众取宠，丝毫影响不了乔布斯的伟大。

我当然同意乔布斯是"我们时代最伟大的商业领袖"，哪怕是在硅谷这样一个充斥着超级技术巨星的地方，乔布斯的星光也依然最亮。

但他的伟大之处到底在什么地方？一言以蔽之：他启动了

PC（在此，我指的是广义的个人电脑，而非 IBM PC），又颠覆了 PC。20 世纪 90 年代，硅谷与移动技术几乎没有什么关联。时至今日，硅谷却成为移动革命的"震中地带"。这一切，只缘于苹果开发了 iPhone。iPhone 和 iPad（苹果平板电脑）一起结束了 PC 时代。

2007 年 1 月 9 日，或许是我们这个世纪过去 20 年最值得纪念的一个日子。这一天乔布斯拿出了 iPhone，从此苹果智能手机把计算机和手机融为一体。于是，很多变化都被锁定在一部小小的手机中。

与此同时，乔布斯在第二年做了一个叫"苹果应用商店"（App Store）的东西。他自己都对应用商店的发展感到惊讶，"我不知道苹果应用商店某一天会不会成为一个 10 亿美元级别的市场"。而到 2019 年，苹果应用商店中的应用数量已经超过 200 万，下载量超过 1700 亿，用户在上面花的钱超过 1300 亿美元。

应用商店催生出一种新的经济现象，所有人都不得不在 App 上从事商业活动。从这个角度看，乔布斯是人类技术发展史上贡献最大的人之一，他一手颠覆了我们的生活方式。

作为移动改变生活的受益者，用户应当感谢乔布斯。作为移动互联网大潮的成功淘金者，众多创业者应当感谢乔布斯。难怪 2018 年 9 月，美团在中国香港上市的时候，王兴"特别感谢"乔布斯，"他带来了智能手机和移动互联网的新时代"。

然而，这个新时代自有其 B 面。尽管在向移动应用迁移的过程中，巨大的终端用户利益被生发出来，却也由此产生了重大的不利因素。在我们本来的设想中，互联网是开放的、连接的，但在乔布斯手里却变成了一个有墙的"花园"。

以万维网为核心的互联网是开放的、连接的、透明的和可访问的。相比之下，移动互联网是封闭的，特别是苹果公司在移动领域的战略被描述为旨在创造一个"完全集成的封闭系统"，并"保持对整个产品生态系统的高度控制"。

这些开放性的差异反映在移动互联网中，就是"围墙花园"模式的重新出现。"围墙花园"的比喻出自早期的拨号上网时期，当时互联网服务提供商试图将用户限制在自己的专有内容中，而不是把业务定位为通往整个网络的门户。后来，这种早期的"围墙花园"模式渐渐走入末路，但在移动互联网背景下，它卷土重来，因绕过万维网的移动应用程序的爆炸而得到加强。

设计应用程序，部分是为了弥补基于移动网络访问的各种缺陷。尽管它可以提供高效的和友好的体验，但移动应用程序模式代表着一个比万维网更加不开放的互联网生态系统。例如，主要的应用程序商店（无论是 iTunes App Store 还是 Google Play）发挥着强大的把关作用，而万维网中的内容和应用程序却可以绕过中介机构。这是内容和应用传播上的一个根本变化。

一些批评者认为，限制可用的内容来源和应用程序的范围，可能会扼杀创新。例如，应用程序往往只能通过专有的应用商店获得，这些商店控制其平台对开发者的开放性，并限制用户在不同应用程序之间的切换和连接。开发者被迫为每个平台定制他们的应用程序，这导致了额外的成本。一旦应用程序被应用商店批准，就会受到排名和特色列表的影响，这使得新应用程序打响知名度和在竞争中胜出变得特别困难。

移动互联网的终端设备本身在开放性方面也有根本的不同。移动手持设备（包括平板电脑）远不如个人电脑开放。与个人电脑迥异，移动手机主要是封闭的、专有的技术，人们很难为不同的用途进行调整和编程。通过更封闭、更难编程的设备上网的用户，没有能力提升网络服务，也没有能力获得相应的好处。讽刺的是，苹果电脑诞生的时候充满了黑客精神，而苹果手机却允许苹果公司凭一己好恶对任何应用说"不"。苹果公司把自己变成了著名的"1984"广告的嘲讽对象。

"围墙花园"式平台导致的结果是，今天的互联网被切分成若干个巨大的"电子集中营"，每个"电子集中营"的门口都蹲守着一个巨大的怪兽，人们被关在里面，还以为那是遍地芬芳的花园。

今天，放在我们口袋里的东西不折不扣地变成了手雷，因为手机里有钱、通行证和交往记录，还有能够证明自己是谁的所有证明……失去了手机将寸步难行，而有了手机会步步惊心。

乔布斯已经完全把互联网弄成了它的反面。当一个工具对我们的统治如此彻底的时候，我们是否明白这意味着什么？

如同卡尔·波普尔（Karl Popper）在《开放社会及其敌人》（*The Open Society and It's Enemies*）中所说："伟人可能犯大错。"你若问我，下一个 10 年，应该去改变什么？我会回答：直言不讳地批评那些被公认为是我们技术遗产的一部分，拆掉"围墙花园"，重建开放的互联网。

网络暴力·集体羞辱
底层关键词

社交媒体何以变成愤怒机器

网络流行了这么多年,我们终于明白,如果说到促进对话的能力,在线互动往往比我们现实世界中的互动更糟糕——特别是涉及政治性或者道德性的话题之时。在很大程度上,这是因为社交媒体越来越像一台愤怒机器在运作,它不仅包含挫败感、伤害欲和道德义愤,还促进和鼓励这些东西。

在某些情况下,基于互联网的愤怒文化会带来积极的变化:它揭露了严重的犯罪行为,促进了社会运动,打击了那些令人发指的虐待者。例如,好莱坞著名制片人哈维·韦恩斯坦(Harvey Weinstein)在广泛传播的 #MeToo 运动①中名誉扫地,受到指控并被监禁。然而,关于社交媒体的另一个事实是,它不断寻求通过优先考虑最具道德和情感挑衅性的信息来塑造我们的冲突行为。

在 2017 年的一项研究中,纽约大学的研究人员使用机器

---

① #MeToo 运动是一场反对性虐待和性骚扰的社会运动,人们将性犯罪的指控公之于众。2006 年,"Me Too"这个短语最初在社交媒体上使用,在 Myspace 上,由性侵犯幸存者和女性主义活动家塔拉娜·伯克(Tarana Burke)率先使用。

学习分析了超过 50 万条推文，结果发现，使用更多"道德—情感"类语言（如邪恶、耻辱、毁灭等）的推文更有可能传播开来。根据他们的分析，每当推文中出现一个"道德—情感"类词语，就会使该信息的传播率提高 20%。

这种情形令人非常担忧。网络平台非但没有提供精细的、有分寸的声音，反而放大了那些最情绪化的反馈，而且当它与公共话语的另一个丑陋特征——群体极化结合在一起时，就会慢慢扭曲公众对公共对话的看法，反过来，又会进一步扭曲真实世界。

这在纽约大学的同一项研究中也得到了证明，研究者发现，"'道德—情感'的表达在内群体网络中比在外群体网络中扩散得更厉害"。而一个社会的健康发展，只能通过理性的思想交流和对这种交流有准确认识的公民来实现。如果人们持续生活在情绪化的信息环境中，温和立场的基线就会瓦解，从而使极端言论大行其道。

这种极端性不仅体现在有关政治和道德的共同讨论中，也直接入侵了私人生活。其最直接的体现就是近年来多发的针对个人的公开羞辱，羞辱对象既包括公众人物也包括普通公民。互联网和社交媒体现在允许成千上万的人参与以前不可能的集体羞辱，并放大了人类公开羞辱的影响范围，将受害者从城镇广场带到全球联网的屏幕前。

一些人类学家和进化心理学家认为，羞耻感是生物性的、普遍的，是确保我们生存的一种进化机制。这种情绪有助于保护个人免受不良社会环境的影响，例如成为一个群体之外的异类。羞耻感也可能与厌恶感有关，在这种情况下，厌恶感针对的是作为群体污染源的自我。

来自群体过程的羞耻感,自然有它的益处。然而它作用在个人层面上,有时真的会造成严重破坏,导致个人产生无力感、无价值感和其他心理动荡。我十分怀疑在今天的网络上,没有任何健康羞耻感的位置。让人们感到渺小、无力和无助,对特定当事人的生活乃至存在,会造成怎样的影响?

2021年12月6日,16岁的少年刘学州在网上发布了一条寻亲视频,他不知道这将是一条永久改变他生活的视频。一场推他走上不归路的网络风暴给我们留下了太多的疑问:任何单一的表达失误应该在多大程度上决定一个人的声誉?社交媒体上的羞辱或者对某人的任何堆积如山的批评,何时变成一种霸凌?网民可能从网络救济瞬间转换为网络暴力,谁能用恒定的道德标准来规范他们的行为?法律能管控网络暴力吗?该监管平台,还是禁止发言者?

有一点很清楚,社交媒体并不总是允许人们像在现实生活中那样来回讨论面临的问题。相反,像微博、直播和短视频平台等大多是为广播而设计的,对人们彼此之间的实际沟通和交流少有助益。然而,正因为我们无法脱离互联网,我们的在线行为就是我们的实际行为,这一点正变得越来越明显。

我们学会了通过发布更多愤怒的表情符号来回击一个由愤怒的表情符号管理的世界,即使是事实也必须被放大,以超越噪声。但是,每一个这样的举动也会增加新的喧嚣,要求下一次供应更多的愤怒,以吸引算法并赢得关注。一个市场已经出现——在那里,愤怒是一种商品,而羞辱是一种产业。

在场与缺场·数字游牧
底层关键词

永远生活在别处

曾几何时，身体的在场是第一手体验的一个先决条件。但是，媒介技术的演进改变了这一点。共享的体验原本以日常生活为基础，一代一代传承下来。信息，作为媒介的主要产出，却把生活体验变成了无止无休的新闻标题。通过信息消费而获取的关于事件和人物的知识压倒了有关体验的叙述。信息创造了一个事件丰富但体验匮乏的世界。体验逐渐在我们身外发生，获得了自主的生命，变成了一种奇观（spectacle），而我们则成了这种奇观的观众（spectator）。然而，在这个过程中，事件的传播丧失了叙述的权威。

现在，一个人可以在身体缺场的情况下成为某种社会表演的观众，对于这种表演的舞台，找不到具体的地点标记。结果是，一度把我们的社会分成许多独特的交往环境的物理结构的社会意义日渐降低。传播技术允许公民同身体上缺场的行为主体和社会过程建立某种程度的连接，通过这种连接，他们的体验和行为选择被重新结构化。

对于前现代的人来说，缺场的权力之源，例如君主和教会的扩大化的统治，注定是不可见的和不可渗透的。随着传播技术的扩散，情况变得极为不同。这些技术强化了在某个地方生活的世界和"外面的"世界的侵入之间建立"工作联系"的潜力。与此同时，经由象征的撒播创造了新的远距离关系："亲身体验"和"中介的体验"日益交织在一起。

这一切所指向的是，场所从空间中分离出来，产生了一种崭新的"在场"与"缺场"的关系。在前现代社会，空间和场所总是一致的，对大多数人来说，在大多数情况下，社会生活的空间维度都是受"在场"支配的，即地域性活动支配的。现代性的降临，通过对"缺场"的各种其他要素的孕育，日益把空间从场所中分离了出来，从位置上看，远离了任何给定的面对面的互动情势。

当我们以技术为中介来替代以往的那种社会交往习惯之时，其实从某种意义上来讲，我们在返祖，即我们越来越趋向于原始的游牧民族，好似狩猎者、采集者一样。狩猎者、采集者与土地之间没有忠实关系，"地域感"也绝少，具体行动与具体场所之间缺乏紧密连接的纽带。

网络空间在将原有的现实社会以比特形式复制和重塑时进行了极速扩展，使我们仿佛打破了虚拟与现实的界限，实现了现场缺席和网络在场。但同时无法避免的困扰是，我们在现实中确实缺席，但在网络中是否真正在场？

在当下的互联网上，以及未来的元宇宙中，线上一个ID（身份识别号）、一种影像化的存在即可以表示我们在场，但在这些符号的背后，屏幕那端的个体究竟是谁，其以何种状态与我互动都是未知的,这在在线教育模式中充分显露。尽管信息技术可以让学生有机会获取大量的在线学习资源,也可以通过虚拟现实技术进入沉浸式课堂,还可以自行制作自己的多媒体作品或者进入学习社区获得机器学习的反馈,但基于现实的连接始终缺位,学生缺乏同伴的在场陪伴,师生无法在互动中确认彼此信息的接收度,也缺乏面对面的真切体验。

数字化为我们提供不同步在线也可接收信息的便利之时,也带来了空间感与意义感的消失。我们不无惊讶地发现,通过现实空间与身体在场感传递的意义远非数字化可以模拟,学校、电影院、教堂等场所的存在,正是为了诠释身体在场对于互动仪式和情感意义的重要性。

然而,我们必须承认,"网络化生存"就是我们今天的生存状况。可以说,我们从一个"海内存知己,天涯若比邻"的世界,第一次来到一个"海内存知己,比邻若天涯"的世界。从今而后,由于虚拟世界的干扰,我们永远在场,而又永远缺场。借用小说家的形容,我们永远生活在别处。

# 第三部分

大潮反卷

知识媒介·分布式认知·个体学习
底层关键词

互联网作为知识媒介

大众传播学者长期以来一直研究"知识鸿沟"（Knowledge Gap）现象，该现象首先由美国传播学者蒂奇纳（P. Tichenor）、多诺霍（G. Donohue）和奥里恩（C. Olien）的研究小组揭示。他们发现，由于社会经济地位高者通常能够比社会经济地位低者更快地从媒介环境中汲取信息，所以大众媒介传送的信息越多，这两者之间的知识鸿沟也就越大。

维斯瓦纳特（K. Viswanath）和芬尼甘（J. R. Finnegan）指出，知识鸿沟必须予以重视，因为知识及其控制作用是社会力量和社会行动的基础，知识的不平等将导致权力的不平等。

知识鸿沟理论构成了交流不平等理论的先导。在群体层面上，交流不平等指社会群体之间在信息的生成、操纵和分配上的差异；在个体层面上，交流不平等指个体之间在信息的获取、处理和利用上的差异。

对交流不平等现象可以从 5 个方面考察：对交流技术和信息渠道的获取和使用；对信息的关注与处理；对信息的主动寻求；回忆、知识和理解力；根据相关信息采取行动的能力。

在互联网时代，不仅信息产生爆炸，而且信息生产和接收之间的界限正变得越来越模糊，交流（过程）和信息（内容）之间的界限也是如此。信息时代的特征可以概括为两个相互关联的现象。

从不同来源生成大量数据，这些数据的整合导致"数据洪流"，信息分发平台数量激增。

此种情况下，有关知识鸿沟的若干方面需要重新审视。

知识鸿沟再审视

首先，鉴于互联网巨大的信息潜力以及扩散和使用的多变性，知识鸿沟是继续扩大还是缩小，成为新的争论话题。

唐纳德·达顿（Donald G. Dutton）指出，关于ICT（信息与通信技术）的观点是矛盾的，有些观点指出了技术特征和能力对社会变革的潜在影响，而另一些观点则表明，通常由技术引发的乌托邦设想很少能实现，因为交流创新是由复杂的社会和政治选择决定的。达顿主张采用替代性的"社会塑造"取向，承认用户以及开发者和生产者在结果塑造中的中心地位。为此，需要在现实的社会环境中对互联网的影响进行实证研究。

其次，尽管互联网上有许多提供新闻和公共事务信息的网站和应用，但它也提供了大量的可以被归类为"娱乐"的内容。属于"娱乐"的东西，对减少知识鸿沟很难起到积极作用。因此，需要研究媒体环境中最新增加的内容是否对知识鸿沟有影响，其运作是更像以娱乐为导向的电视媒体，还是以新闻为导向的印刷媒体。

就此而言，对娱乐内容的消费是否加剧了知识鸿沟？例如，喜欢新闻的人利用丰富的政治信息，变得更加有知识，更有可能进行政治参与。与之相反，喜欢娱乐的人放弃了新闻，变得更不可能了解政治和开展政治行动。

最后，信息素养变得极其重要。没有信息素养，人们就会陷入信息的匮乏之中，不得不依赖他人来获取信息和知识，甚至会出现严重的信息焦虑症。联合国教科文组织指出："在我们生活的这个世界中，我们接收的信息的质量在很大程度上决定了我们的选择及随后采取的行动，包括享受基本自由和自我决定与发展的能力。在电信技术进步的推动下，媒体和其他信息提供者的增加使公民得以获取和共享大量信息和知识。评估这些信息的相关性和可靠性由此成为一大挑战。"

数字鸿沟关乎使用质量，而不是访问

互联网发明以后，新的交流技术催生了数字鸿沟的说法，可以视为知识鸿沟的高级形式。经济合作与发展组织将数字鸿沟定义为：个人、家庭、企业和地域的社会经济水平差异所导致的利用信息通信技术及互联网开展广泛活动的机会差距。

英国传播学家丹尼斯·麦奎尔（Denis McQuail）解释说，数字鸿沟意味着"基于计算机的数字通信方式的发展所造成的各种不平等"。研究者认为，高昂的设备成本、对先进基础设施的依赖以及更高的交流技能要求是造成数字鸿沟的因素。

数字鸿沟的问题在于，如果你不能够跨越这条鸿沟，就无法成为数字社会合格的一员，因而也就无法享受数字社会带来的种种利益。例如，参与政治、社会、教育生活的机会会大大减少，在极端情况下，致使某些边缘化群体出现。

随着互联网技术的快速发展和新的数字鸿沟的出现，我们必须超越对网络访问和技术基础设施问题的关注。当今的数字鸿沟关乎的是使用质量，而不是访问。必须致力于解决社会—文化差异，专注于网络技能、网络素养与参与鸿沟。

然而，"数字鸿沟"术语的原始含义，即人们优先考虑的是计算机和连接的物理可获性，而不是内容、语言、教育、素养或社会资源问题等。数字鸿沟旧框架的主要问题在于，它倾向于指向一个"数字解决方案"，即计算机和电信方面的技术方案，而没有使用重要的资源和复杂的干预措施来支持社会包容。

在数字解决方案中，信息技术应用无疑会有所赋能，但如果仅仅将其加于现状之上，无济于造成根本性的改变。从政策的角度来看，在边缘化群体中推动使用 ICT 的目标不是克服数字鸿沟，而是推动社会包容的进程。为此，必须专注于改变，而不是技术。

个体的知识获取与学习

互联网的出现使我们比以往任何时候都能得到更多的信

息。识别有意义的想法而排除错误的信号，首先需要有辨别力。从个人角度来说，如何更好地获取信息和知识，关乎自身是否能够做出更好的决定。

作为消费者，我们现在可以获得比以前更多的信息，来决定购买什么和购买多少；作为劳动者，我们可以获得更多关于可应聘职位和工作条件的信息；作为生产者，我们拥有了更多关于投入供应和产出需求的信息。

成年人遭遇信息，通常是在两种情形之下：一方面是经常通过信息媒介主动寻找信息，另一方面则是被动遇到信息。介于两者之间的信息可以被视为半偶然的：不会主动寻求特定信息，但是有目的地访问信息源。

信息和知识获取与学习过程密切相关，知识经济发展的主要动力将是对终身学习的需求。为此，有必要对学习的类型进行详细的分析。

偶然学习（incidental learning）

这是个体在缺乏动机与刺激的情境下产生的学习，或在没有正式教学的情形下产生的学习。一般相信学习是在动机作用之下产生的，所以凡是在没有明显的学习动机的情形下所发生的学习，便可称为偶然学习。

一个例子是在使用媒体寻求娱乐满足时获得信息，例如看电视。

有意学习（intentional learning）

与偶然学习相对，有意学习是"持续不断地获取、理解和使用各种策略来提高人们获得和应用知识的能力的过程"。根据加拿大多伦多大学卡尔·贝瑞特（Carl Bereiter）和玛琳·斯卡德玛丽亚（Marlene Scardamalia）两位教授在 1989 年的研究，有意学习指的是"将学习作为目标，而不是偶然结果的认知过程"。

终身的有意学习者擅长从各种渠道中辨别、评估、解释和使用信息。

转化学习（transformative learning）

转化学习是认知、分析和有意改变已有假设的过程，使我们得以以某种新的方式思考和行动。转化学习是个体产生批判意识的过程，是个体对预先假设的看法重新建构的过程，包括重新认识个体存在的世界，进而产生决策或新的行动。

从理论上说，转化学习帮助人完成"视角转化"（perspective transformation），转化的过程具有 3 个维度：心理的（对自我的理解发生变化）、信仰的（信仰体系的更换）和行为的（生活方式的变化）。

视角转化的实践步骤有 3 个：对扭曲的社会实在加以察觉；对觉察到的社会实在加以批判；形成对社会实在的新观点，以转化社会实在。

工具学习（instrumental learning）

转化学习可以包括与因果有关、旨在控制环境的工具学习和通过象征性互动来提高洞察力并达成共识的交往学习。两者都是学习周期的重要组成部分。

工具学习的目的是了解事物因果关系的决定过程,并以任务导向作为解决问题的主要方式。它根植于行为科学,常见的学习过程是个体对事物形成假设、进行观察并预测行为的过程,其主要的研究方法为实证分析。

人们寻找特定信息时发生的学习都属于工具学习。在媒体受众中,那些更有动力的群体的知识水平将得到提升。例如,相对于看电视而言,工具学习经常被用来描述报纸读者的特征,他们在阅读过程中投入了更多的脑力。

交往学习(communicative learning)

交往学习,指的是学习理解他人的意思,并通过各种表达方式与他人分享理念,使自我也被他人所了解。交往学习的目的不是控制或操纵,而是与我们的已知世界建立联系。它常常包括情感、意图、价值与道德问题。

它有4个关键步骤:情感识别、开放、对话、反思。

对交往学习的理解要求我们评估语词背后的含义,所传达信息的连贯性、真实性和适当性,发言者的资质和真实性,以及感情表达的本真性。

大多数学习都同时涉及工具性与交往性。在工具学习中,问题解决和探询遵循假设—演绎(hypothetical-deductive)逻辑:检验假设,分析其后果。在交往学习中,探询遵循隐喻—诱导(metaphorical-abductive logic)逻辑,通过打比方,层层加深理解。

工具学习是为了完成任务,旨在获取信息和技能的学习,不偏重批判性质疑；交往学习发展出一种对社会规范和期望的理解，涉及社会上可接受的行为和行动。与工具学习类似，对制度系统的质疑或挑战与交往学习无关。

在工具学习中，通过实证测试来确定某一断言是否为真，我们建立了以问题为导向的信念的有效性。在交往学习中，我们通过理性话语来确定以问题为导向的信念或理解的正当性，从而得出暂时的最佳判断。抛开理性话语，其他为信念辩护的替代方法是诉诸传统、权威或武力。

交往的理想情境

转化学习通常同时采取工具学习中的任务导向形式和问题解决方法，以及交往学习中的自我反思手段。它涉及对假设的批判性反思，这些假设可能既作用于群体互动，又作用于个体。批判性思考是转化学习的核心过程，因此，它也是一种解放的学习过程。在此过程中，个体挣脱于过去认为理所当然的事情，尝试发现许多此前从未想过的另类思考或选择。

只有在涉及对人的思维或行为的根本性质疑或重新排序时，学习才被认为是转化的。换言之，仅凭反思不会带来转化学习，除非反思涉及批判性思考，即对理所当然的假设展开重新认识。

转化学习的理想状况与尤尔根·哈贝马斯（Jürgen Habermas）所说的"交往的理想情境"是相同的。

充分开放，不仅对于参与者保持开放，对于议题、程序以及其他相关的事项都保持开放。

人人平等，即所有参与者一律平等，交往中唯一的力量是那些令人信服的理由。

真诚表达，参与者真实地表达自己的意见，如果言不由衷或委曲求全，自己就会忍受由此而带来的不利后果。如果出于个人的利益和偏好而对他人施加策略性影响，就会在面对质疑和批判提供论证理由时变得捉襟见肘。

自由沟通，即交往中任何人都可以提出自己的主张、要求或建议，但是所有主张、要求或建议都必须接受批判的检验，而受到批判的主张者应提供理由为自己辩护。只有那些理由充分的主张、要求或建议才具有更多的机会得到人们的认可。

知识媒介

今天，不论是哪种学习，都需要借助知识媒介来进行。

知识媒介是具有半自动化服务的信息网络，用于知识的生成、分发和使用。从这个角度来看，知识媒介可以被理解为自主的非生物中介系统。

马克·斯特菲克（Mark Stefik）认为，"知识媒介"概念的特点是标准化的交流语言和在互动数字媒介中对知识的表征。托马斯·格鲁伯（Thomas Gruber）、杰伊·特南鲍姆（Jay Tenenbaum）和杰伊·韦伯（Jay Webe）将该术语定义为："一个计算环境，在这个环境中，显性表征的知识成为人和他们的程序之间的交流媒介。"

毕特·施密德（Beat Schmid）则将知识媒介等同为一个平台，它为一定范围内人类行为者和人工代理人的社区内的知识管理和交换提供了空间。马克·艾森斯塔特（Marc Eisenstadt）和汤姆·文森特（Tom Vincent）提出，知识媒介是对"使用几种不同的媒介产生、理解和分享知识的过程，以及对不同媒介的使用如何形成这些过程的理解"。

马丁·埃普勒（Martin Eppler）和阿尔齐里尼亚·索萨（Alzirinha Souza）在更广阔的视野上看知识媒介，前者认为，知识媒介是"基于信息技术的基础设施，使知识的编纂和转移成为可能"；后者将知识媒介理解为"任何机械的、电子的和数字的中介系统，具有一定的自主性，能产生新的信息并模拟知识过程"，突出强调"知识生产的程序性自主"和"在社会行动中到达用户手中"的独特条件。

更进一步地，卡特里娜·斯塔诺耶夫斯卡－斯拉贝娃（Katarina Stanoevska-Slabeva）将广义的知识媒介定义为"能够在空间和时间上存储和传输显性知识的自身延伸"，但同时又解释说，该术语在狭义上应被理解为"与数字媒介一起产生的交流知识的空间"（或曰"场"）。

不论如何定义，知识媒介都意味着计算、通信、认知科学和学习科学之间的融合。它使思想、经验和方法的交流成为可能，并可以通过信息和通信技术传递和聚集知识。它的出现为教育领域提供了一个新的视野，将信息通信技术的发展与社会语境和教育背景联系起来。由此，知识媒介可以根据其目标群体进行区分，如科学知识媒介、公共知识媒介、专业知识媒介等。

知识媒介包括以下组件：逻辑空间，它定义媒介所应用的通用语言以及媒介所表现和管理的知识的通用语法和语义；（交互式）渠道，能够在空间和时间上存储和传输知识；组织结构，描述了媒介的协调和合作模式，规定了功能角色、代理人的行为规则以及为知识的创建、共享和使用而实施的流程。

知识媒介要求分布式认知

从学习的角度看，互联网作为一种互动媒介，可以促进更多的有意学习，但是互联网冲浪者也可以通过偶然学习获得大量知识。同时，互联网也是一种可以在广泛的知识领域中寻求信息的工具。技术和互联网资源可以为转化学习提供更多选择，锻炼学习者的批判性思考能力，深入检验假设和论辩，促进自我审视，以尽力克服社会问题，推动公民参与。

从知识的角度看，互联网改变了知识的性质："知识不再是对象，而是网络和流……新知识是过程而不是产品……它不是在个人的思想中产生的，而是在人与人之间的相互作用中产生的。"（曼纽尔·卡斯特语）

这意味着，传统学科之间的界限正在消失，代表知识的传统方式（书籍、学术论文等）变得不那么重要，传统学者或专家的作用正在发生重大变化。

那么，应该如何来看待互联网作为一种知识媒介的功用呢？

在最广泛的意义上，我们遵循斯卡德玛丽亚对知识媒介的定义，但我们把"自身延伸"理解为扩展的心智。一些认知过程实际上超越了有机体的心智或大脑。

在网络环境中，被有机体同化的工具和手段可以作为感知、记忆、推理、交流甚至社会认知过程中的能力延伸而发挥作用。工具和手段不再被理解为物体，而是被同化为人在知识获取、保留和分享过程中的认知能力的延伸。知识媒介首先表达的是有机体与工具和手段的整合，因而提高了认识论层面上的交流功能的潜力。

从狭义上讲，我们对知识媒介的结构性质持一种不连续的和动态的观点，包括理解知识媒介不仅仅是计算环境、系统、平台、信息网络或基于信息技术的基础设施，而是一种技术—社会组合。它可以是一个系统，也可以是一个网络。如果它是一个基于 ICT 的系统，它将强调 ICT 和代理人之间的相互依存关系。如果它是一个基于 ICT 的网络，它将突出 ICT 和代理人之间各种可能的关系结构。但如果它是一种技术—社会组合，则意味着它通过人类和人工代理的整合，产生、传播和反馈对社会至关重要的知识。

由人类和人工代理组成的群组生产知识的关键特征是，任务被分解为小的组成部分并分配给小组的不同成员。分布式认知方法可以被描述为一个生产知识的系统，其中小组的每一位成员在整个系统中都有一个特定的功能。因此，知识媒介要求人类和人工代理之间或人类和技术设备之间实现分布式认知。

在此情况下，知识媒介通过整合技术和代理，改变了人与知识之间的基本关系。将一种媒介定性为知识性的，意味着它不仅在程度上而且在种类上都是不同的，因为它将"知识放在第一位"。

大众媒体·社交网络
底 层 关 键 词

历史的"插入语"

我们曾经如此习惯于由大型报纸和电视网构成的大众媒体世界，以至于将其看作天经地义的事情。可是，大众媒体会不会只是历史上的一个异常现象呢？

汤姆·斯丹达奇（Tom Standage）曾在《经济学人》杂志上撰写了一系列有关数字媒体本质的文章，认为社交媒体和所谓"网络化新闻"（networked journalism）的互联性，不过映射了报纸被发明之前的媒介运作方式。那时，参与者网络、地方的小酒馆和咖啡屋扮演着信息生态系统的中心角色。

当年的社交共享可以产生振奋人心的效果：马丁·路德（Martin Luther）1517年10月31日钉在维滕贝格（Wittenberg）教堂门口的"95条论纲"，被印刷出来并一次又一次地传递，两周之内传遍德国，一个月之内就在欧洲广为人知。

路德代表的新的宗教学说是如何深入人心的？首先，教堂大门本身就可以说是某种社交媒介，人们在那儿张贴希望教会加以讨论的议程。其次，"95条论纲"原系拉丁语撰写，因为路德心目当中的阅读对象是宗教学者和教会管理者。数月后，路德的一些朋友将其译为德语并印成小册子，迈出了传播扩散的决定性一步。路德自己也意识到必须面向更广泛的公众，因而改用德语撰写了一批新的宗教小册子和儿童入门读物。除了小册子，还有传单、民谣和木刻，将新思想撒播到各地——它们堪称那个年代的新媒介。

与日后的大众媒体环境不同，当时的媒介环境是一个分散的系统，由参与者负责分发，他们共同决定通过共享和推荐来放大哪些信息。现代媒体理论家会将此类系统的参与者称作"网络公众"而不是"受众"，因为这些人所做的不只是消费信息而已。小册子印刷起来又快又便宜，路德的同情者会四处推荐给朋友，书商会大肆推销，而旅行的商人和传教士则不断把重印本带往其他城镇。如果它们在外地激发了人们足够的兴趣，当地印刷商就会迅速制作自己的版本，以期从中获利。因此，一本受欢迎的小册子，在没有作者参与的情况下得以迅速传播。

路德所要做的，仅仅是将新的小册子的文本传递给友好的印刷商，然后静待其在遍及德国的印刷中心网络中发酵。到1517年，路德已成为约翰内斯·谷登堡（Johannes Gutenberg）发明印刷机之后销量第一的作者，并将这一纪录一直保持到16世纪末。

两个半个世纪之后，托马斯·潘恩（Thomas Paine）煽动性的反英小册子《常识》（*Common Sense*），在北美殖民地的传播过程与路德的"95条论纲"大致相同。潘恩以清晰而有说服力的散文写作，阐发了一系列道德和政治论据，鼓励殖民地的普通平民为一个平等主义的政府而战。《常识》于 1776 年 1 月 10 日初次匿名发表，到该年年底，已在 13 个殖民地重印了 19 次，并在一个不到 50 万个家庭的地域范围内，发行量超过 10 万。

除了小册子印刷品本身，还有许多手写的摘要和完整的抄本广为流传。潘恩还向提出重印要求的几乎所有出版商授予版权，并包括多个国际版本。人们在小酒馆和咖啡馆大声朗读它，在报纸上辩论它，通过书信、小册子和传单传播它。以当时殖民地的人口数量（250 万人）来考量，《常识》保持了美国历史上出版过的所有书籍中销售量与发行量最大的纪录。

路德和潘恩的例子都说明了，改进的出版技术和社交网络的结合，成为在先前失败的地方促发社会变革的催化剂。由此，我们看媒介，不能仅仅盯着技术的维度，而是要更多地观察媒介邀请人们扮演的角色：我们是顺流而下的事实、意见和信息的被动接收器，还是带有参与意识的过滤者，与他人分享我们喜欢的内容，在这个过程中修正或评论？后者特别构成了互联网和社交媒体的特点，然而这些特点也并不那么具有革命性。相反，20 世纪大众媒体的消费者才是意外和不正常的。来到今天这个回归、提升、逆转并行发生的新媒介环境中，倒回去看大众媒体，或许只是历史性的昙花一现。

换言之，在人类漫长的传播史上，大众媒体不过构成了其中的一个"插入语"。

失忆陷阱·人类经验实验室
底层关键词

没有历史感会怎样

2009年,我在第五届中文网志年会上演讲时说:"在精神文化领域,如何让80后一代知道昨天呢?从历史课本、语文课本中吗?好在有了网络,否则他们得是多么营养不良的一代人。他们'没有昨天',并不是主动的个人选择,而是无奈的先天不足。"

我错了。对于一些90后乃至00后,网络不是用来解决营养不良,而是用来吞食过量塑料的。而且,躲避历史,绝非出于无奈,而是变成了主动的个人选择。

于是,一些完全不知道昨天、只看到今天的年轻人,横空出世。

无视历史的人,没有现在

科幻小说家罗伯特·海因莱因(Robert A. Heinlein)说:"无视历史的一代人,既没有过去,也没有未来。"

其实海因莱因说得不对,无视历史的人,最大的麻烦是没有现在。我们都知道,我们无法改变过去,对未来也只能施加部分影响。为什么我们如此说的时候,根本不提现在?这是因为,你一旦想到现在,它就已经成为过去。"现在"其实是不存在的。

"现在"来了,越来越近,感觉就要抓住它了。然而,就在那一刻,它又离开了你。

认真想想,你的生活完全是由一系列"过去"构成的。"未来"还没有到来,"现在"却不停地消失,所以,你能做的是和"过去"打交道,而那里蕴含着做出最好决定的秘密。正视过去,才能够为未来做出正确的决定。过去会告诉你应该做什么,更重要的是,应该不做什么。

抛开个体,如果从群体的角度看,"没有历史的一代人不仅会失去一个民族的记忆,而且会失去对人何以为人的感觉"。这是英国历史学家西蒙·沙玛(Simon Schama)的真知灼见。

如果一个民族抹杀自己的过去,无异于一场巨大的悲剧。历史具有多重作用:追溯过去的物质文化,了解失去的共同体,绘制文明的兴衰。最重要的是,历史与认同如此紧密地联系在一起。历史构成了一种积极的自我意识的基础:无论是国家还是文明都建基于其上。事实上,历史成为现代学科,正是缘于它在塑造民族认同中起到的作用——它与民族国家一同兴起。

毫无疑问,现代人学习历史的一个强大动力在于:历史是人类的课堂。这是我们中国人熟悉的"以史为鉴":吸取过去的教训,以保证未来按正确方向行进。如同乔治·桑塔亚那(George Santayana)所说:"那些不能从过去的错误中学习的人注定要重蹈覆辙。"

然而，这并非一个好的学习历史的理由：历史过于复杂，无法教授简单的课程。即便如此，了解历史却是理解当前复杂性的关键。历史可以传授分析与情感能力，并传达有关现实世界的真实知识。历史会启发我们思索摆在我们面前的遗产是什么，从而解放我们的头脑去应对未来的挑战。

与此同时，历史为我们提供集体记忆，赋予我们一种与地点、时间和共同体的联系感。当记忆消失时，我们的身份也将一同消失。正是我们对那些特殊的和与众不同的回忆的把握，使我们成为自己，也使人成为人，并使人与人之间保持关系成为可能。

记忆的失散会把我们推入深渊，因为我们失去了与自己以及与我们最亲近的人的关系延续性。

但日复一日，对集体记忆的敏感性却在不断丧失。正如埃里克·霍布斯鲍姆（Eric Hobsbawm）所说："对过去的破坏，或者更准确地说，对一种将个人的当代经验与前几代人的经验联系起来的社会机制的破坏，是20世纪晚期最具标志性的怪诞现象之一。世纪末的大多数年轻人在一种永远的当下的环境中成长，与其所生活的时代的公共历史缺乏任何有机联系。"

简而言之，他们是浮萍、是蜉蝣。

什么在抹除我们的记忆

美国文学批评家莱昂内尔·特里林（Lionel Trilling）认

为，到 19 世纪末叶，人们经历了从诚挚性（sincerity）到本真性（authenticity）的变化。前者意味着对他人诚实，即进行社会交往时应避免表里不一；后者意味着对自己诚实，即现代社会崇尚的所谓"追随自己的内心"。

相信本真性的人，持有一种无意识的信念，即他们是自我创立、自我产生、从自己的头脑里蹦出来的，因此完全自主，可以自我决定一切。只有在这样的"没有历史的一代"中，人们才能想象自身不假外求的自定义能力，从而使得现时代成为"我们所知的唯一一个认定自我的真实存在可以与过去彻底区分的时代"（特里·伊格尔顿语）。

同时，我们对过去的记忆也并不局限于对历史的简单保存或回溯，而是各种政治社会群体在有差别的价值观念引导下，对"过去"进行刻意筛选与过滤的结果。被权力操弄过后让特定社群在特定时期普遍信以为真的历史，最后"深入人心"，成为集体无意识。

正是如此，奥威尔才会在《一九八四》中断言："谁控制过去就控制未来，谁控制现在就控制过去。"

如果不能确保每个人都拥有民族的过去，那么它就会保存在某些权力者手中，而他们一定会夸饰历史的某种版本，以其定义符合他们利益的民族叙事。为了反抗历史的单一叙述，我们需要揭示过去那些不和谐、不舒服、令人不快的声音，更需要记录权力者犯过的历史错误。

当我们谈论历史，很容易陷入"必然性陷阱"，即我们停止捍卫或促进我们认为正确的事业，是因为我们相信，它们的最终胜利是不可避免的；当发生令人不安的事件时，我们也倾向于认为它们是不可避免的。

这样的想法会带来一种对历史的消极态度，在历史决定论与未来不确定性的双重夹击下，历史看起来似乎毫无用处，与更加"现代"的关注完全无关。

然而，正如政治学者阿伦特所教导我们的，人类须对自身的历史负责。因为历史总是在被不断创造之中，在结果发生之前，一切皆非必然，而当人们行动时，社会和人类事务总是可以改变的。

历史对年轻人有什么用

在应试时代，学生的价值取决于他的考试成绩，教育评价体系也不会衡量学生的情感教育与心灵成长。历史对青少年教育的整体结构没有多大影响。

沙玛说，作为历史学者，他有一个很大的担心：除非赢得青少年对历史的喜爱，否则"他们的想象力将被捆绑在永远的当下的铁笼中"。

如果他的担忧成真，孩子们将如何鉴识自己的过去的重要性？他们将如何使用历史来定义自己的现在？又如何了解什么力量会塑造自己的未来？在不了解人类存在的故事的情况下，他们将如何欣赏不同、纠正不公、讨论分歧或建立同盟？而历史可以传授所有这些东西，同时为每个孩子（无论种族、信仰、性别或国籍）提供一个识别自己的框架以及解释其周围世界的能力。

历史准备了一种文化素养,可以用来理解历史人物、时代、事件和概念。除此之外,也许更重要的是,历史赋予我们以意义。它使我们能够批判性地思考随着时间的流逝而发展出来的种种叙事,并以此训练我们提出必要的有意义的解释,对塑造现代社会的因素进行探询和审视。

此外,对历史的研究可能封装了来自不同群体、性别或阶层对过去所发生事件的不同看法,他们需要一个平台进行真诚的讨论,以达成妥协,并培养同理心。所有这些在一个复杂多变的世界中都构成了积极的公民身份的基本要素。

对处于求知年龄的孩子来说,历史是有关意图、运动、实验和人类生产的一堂课,可以为孩子建立诚信和品格。人类具有内在的善吗?多年来谁控制权力和财富的分配?对历史的研究要求学习者提出诸如此类的复杂问题。

最后,历史叙事为我们提供了谦卑、勇气、智慧和最重要的关于希望的故事。记忆不仅带我们了解过去,还帮助我们适应世界。本质上,历史教会我们前进,让我们认识错误并从中学习,最终为所有人创造更好的生存。

由于这些原因,全面的历史教育理应成为每个年轻人所受教育的重要部分。知从何来才能知往何去。

在数字时代历史还重要吗

现在,有一种论调是,人类未来30年将发生非常"激进"

的变化,以至于历史不会起到多大帮助作用。不乏有人开始怀疑,历史在了解近期(以及远期)方面的重要性越来越低。

我毫不怀疑,未来30年可能会带来巨大的动荡。姑且不谈别的,仅仅由于气候变化,我们也可能面临全球范围的灾难。极有可能的是,在未来几十年里,许多目前的生命形式将无法适应地球。这是史无前例的吗?或许是的。然而,如果没有对过去的任何知识或了解,我们将无法进入未来。

我们从历史上(而不是仅仅从气候学或古生物学上)知道在环境出现灾难期间会发生什么,比如大规模的迁移和人口统计学的急剧变化会导致何种结果。我们知道这些事件过去是如何发生的——对富人和穷人,对来自全球北部和全球南部的人,对男人、女人和孩子,事件的结果都相当不同。

在这类事情上,如果我们能从过去当中学到东西,人类作为一个整体将得以明智地采取行动,以负责任的态度做长远打算,并保持行为的公正。

人们之所以觉得历史不再重要,是因为与其他学科相比,历史研究的成果很少是有形的,有时也并不那么直接。然而,任何研究主题都需要论证:其倡导者必须解释为什么它值得关注。在过去,很多理由让我们相信,学习历史是合理的。例如,历史之所以在当前的教育中还占有一席之地,是因为早期的教育理念认为,了解某些历史事实有助于区分受过教育的人和未受过教育的人。从中国到美国,许多社会都使用历史事实作为筛选手段,这种习惯在某种程度上仍与我们同在。不幸的是,以此来筛选人可能鼓励死记硬背,反而减少了历史学习的吸引力。

有很多讨论学科真正功能的方式，但是，对历史效用的所有定义都取决于两个基本事实。其一是，历史帮助我们了解人与社会。历史为人和社会的行为提供了一个信息库。虽然许多学科都在尝试了解人类和社会的运作，但它们离真正成功还很遥远。一些社会科学家试图形成有关人类行为的定律或理论。但是，即使这些努力也都依赖于历史信息，除了在有限的通常是人为的情况下，可以设计实验以确定人们的行为方式。社会运作的主要方面，例如大规模选举或建立军事同盟，不能视为精确的实验。因此，无论有多么不完美，历史都必须作为我们的实验室。过去的数据必须作为我们最重要的证据，也就是我们不可避免地寻求了解，为什么一个复杂物种在社会环境中会如此表现的证据。从根本上讲，这就是我们不能远离历史的原因，它提供了唯一的具有广泛证据的基础，让我们来思考和分析社会的运作方式，而人们需要对社会如何运作有所了解，哪怕仅仅是为了让自己活得更好一些。

学习历史的第二个原因，是过去导致现在，也将导致未来。无论何时，只要我们想知道为什么会发生某些事情，就必须致力于寻找导致这种情况的较早的因素。历史帮助我们了解变化何来又何往，包括导致变化的所有条件。历史的重要性在此显示为，评估过去变化示例的经验对理解当今的变化是至关重要的。我们不断被告知，我们面临一个"不断变化的世界"，因而评估过去的变化构成了一项基本的生活技能。对变化的分析意味着发展特定能力来确定变化的幅度和重要性，因为某些变化比其他变化更为根本。同时，即使是最为戏剧性的变化，也伴随着某种连续性，识别这种连续性的能力也来自研究历史，更不用说确定变化的原因的能力。例如，某项技术创新，到底是由一个主要因素实现的，还是许多因素结合起来达成的结果？

由上可知，历史提供了唯一可用的研究人类境况的广泛材料。历史是非常有用的，更是必不可少的。我们通过历史进入人类经验实验室。当我们对历史进行良好的研究以后，可以获得有益的心智习惯、较强的知情公民能力、批判性思维和对事物的觉知，以及对影响我们生活的有关力量的洞察。这些并非功利主义的狭隘目的，而是在发现历史之美和智力挑战的途中，真正洞察世界运作的方式。

最重要的世纪·存在风险
底层关键词

人类历史的枢纽期

英国作家伊安·莫蒂默（Ian Mortimer）在《欧罗巴一千年：打破边界的历史》（*Centuries of Change*）中，讨论了这样一个问题：哪个世纪我们看到的变革最多？莫蒂默认为，11世纪最重要的东西是城堡，12世纪是法律和秩序，13世纪最重要的发明是市场，14世纪最大的变化是瘟疫（当时黑死病横扫整个欧洲，死掉1/3的人口），15世纪是哥伦布，16世纪是个人暴力的减少，17世纪最关键的是科学革命，18世纪是法国革命，19世纪是通信，而20世纪最重要的变革是对未来的发明。

毫无疑问，技术极大地改变了我们在20世纪的生存和死亡方式。但是，它也标记了可能更为深刻的变化。1900年，很少有人认真考虑过未来，而今天，我们几乎预测所有事情：天气会怎样，股市又如何，我们需要什么样的住房，我们的退休金将有多少，等等。我们越来越多地讲述将要发生的事情，而不是已经发生的事情。在这个意义上，我们把20世纪视为现代世界开始的起点——人类从此开始考虑未来。

21世纪，迄今已迈过22年，如果说20世纪是现代世界的起点，那么，我们又将如何描述21世纪？

我认为，21世纪是人类历史上最重要的世纪，虽然这个世纪还远未结束。这并不是因为你我身处这个世纪，而是我们都知道，人类拥有一种将自己的时代看成前所未有、独一无二的倾向。这里存在3个核心论点，可以证明我们生活在人类历史的关键时刻。

危险时刻

第一个论点可以叫作"危险时刻"理据。

这个理据很简单：21世纪我们只有克服巨大的挑战才能拥有任何未来，仅此一点，就足以使其成为迄今为止所有世纪中最重要的世纪。假如被这些挑战所击败，人类就将处于毁灭的边缘，这也令21世纪比未来的世纪更加关键。

牛津大学的哲学家托比·奥尔德（Toby Ord）说："按照人类历史的标准，我们目前正处于一个非常特殊的时期，我们的行为可能会破坏我们的世界。"他的同事尼克·波斯特洛姆（Nick Bostrom）将此称为人类的"存在风险"（existential risk），即某些威胁可能导致人类灭绝或摧毁起源于地球的智慧生命。

过去，人类不可能完全消灭自己。然而，在1945年，人类在战争中首次使用了核武器，发展出灭绝自身的能力。从那以后，我们不断磨炼这种"死亡"能力，现在地球上有了成千上万的核武器。专家们对核战争到底会带来多大的灾难持不同看法。

我们也朝着其他威胁文明的方式迈进——从气候变化到流行病，从基因技术到人工智能。随着我们侵占自然并把地球人口数量扩大到 80 亿，病毒可能反复来袭，这是与我们作为一个成功物种（过去长期这样以为）必然相伴的灾难。气候变化不会使地球变得无法居住，但它肯定会使其变得更脆弱，弹性更低，全球协调性下降，并且更容易受到生态系统或地缘政治环境的其他冲击源的影响。人工智能研究者对于颠覆性 AI 技术究竟是 10 年还是 200 年到来并没有共识，但许多人同意，除非经过精心设计，否则它的降临将会是灾难性的。

根据存在风险论，从发明各种自毁方法到某种形式的全球治理浮现，那些可以通过协调和系统的方式解决挑战而不是依赖运气的时期，构成历史上的枢纽期（the hinge of history）。只有我们在接下来的时间内采取明智的行动，人类才将得以度过最危险和最具决定性的时期。没有度过这个时期之前，你我他，我们每一个人，都是凭借着运气生活，存在着巨大的偶然性。

目前还不能确定这个非常特殊的时期正好是一个世纪之久，也许它很容易持续数百年。但极其明显的是，枢纽期将不会永远持续下去。如果我们每年仅靠运气生存，那么到了某些年份，我们会倒霉。

美国人口生态学家保罗·艾里奇（Paul R. Ehrlich）最有名的著作是 1968 年出版的轰动一时的 *The Population Bomb*（意

为"人口炸弹"），该书认为世界人口当时已经超过了地球生态环境的承载能力，正威胁着整个人类的生存。由于出版社的决定，他的妻子安妮·艾里奇（Anne H.Ehrlich）没有成为 *The Population Bomb* 一书的共同作者。但之后的很多书和文章都署名为艾里奇夫妇。

这对夫妇还写过一本书，叫 *Extinction*（意为"灭绝"），在前言里讲了一个寓言故事，很快就在生态学术圈中流传开来，就像"人口炸弹"的比喻对外界产生巨大影响一样。

这个故事讲述的是，一名旅客注意到一个机修工正从他将要乘坐的飞机机翼上敲出铆钉。机修工解释说航空公司将因此获得一大笔钱。同时，机修工也向这名震惊的旅客保证，飞机上有上千颗铆钉，绝对是万无一失的。事实上他已经这样做一阵子了，也没见有飞机掉下来。

这则寓言的重点在于，我们无从知晓究竟哪一颗铆钉是导致飞机失事的"最后一根稻草"。对于乘客而言，哪怕敲掉一颗铆钉都是疯狂的行为。然而艾里奇教授却严正指出，在地球这艘大型宇宙船上，人类正在以越来越快的速度敲掉一颗颗的"铆钉"："生态学家并不能预言失去一个物种的结果，正如乘客无法估计飞机失去一颗铆钉会有什么后果一样。"

这个寓言精妙地显示了，我们每一年都在依靠运气生存。因此，存在风险意识的研究者希望我们能够结束导致危险的全球局势，而不是仅仅试图度过每一年的危险。如果我们能够做到这一点，它将对未来产生巨大的决定性影响。

价值锁定

第二种理据叫作"价值锁定"。

"价值锁定"观点认为，在不久的将来，人们可以通过某些方式，为更遥远的人类后代锁定一种特定的路线。如果这样做，我们需要确保我们不会锁定未来道德进步的潜力。

一些研究人员认为，开发更先进的技术将意味着，把有关人类价值观的许多最重要的问题，有效地置于人类控制之外。如果我们对率先问世的先进计算机系统进行编程，让它分享我们的价值观，那就是它会做的，哪怕我们后来决定我们想要某种不同的东西。

第二次世界大战期间，阿兰·图灵（Alan Turing）密码破译小组的首席统计师兼数学家 I.J. 古德（I. J. Good）大概是清晰阐述人工智能未来图景的第一人。在那段写于 1965 年且后来被经常引用的名言中，他这样写道：

> 我们把超智能机器定义为具备超越所有聪慧人类智能活动的机器。考虑到设计机器是智能活动的一部分，那么超智能机器甚至能够设计出更好的机器。毫无疑问，肯定会出现诸如"智能爆发"这样的局面，人类智能会被远远地甩在后面。因此，第一台超智能机器将是人类创造的最后一台机器，当然前提条件是这台机器足够听话并告诉我们要怎样才能控制它。

在《超级智能》（*Superintelligence*）一书中，波斯特洛姆循着古德的思想认为：

如果有一天我们发明了超越人类大脑的智能机器大脑，那么这种超级智能将会非常强大。并且，正如现在大猩猩的命运更多地取决于人类而不是它们自身一样，人类的命运将取决于超级智能机器。……一旦不友好的超级智能出现，它就会阻止我们将其替换或者更改其偏好设置，而我们的命运就因此被锁定了。

所以，超级智能带来的挑战很可能是人类面对的最重要和最可怕的挑战。而且，不管我们成功还是失败，这大概都是我们将要面对的最后一个挑战。"我们要的不仅仅是娴熟的技术以引燃智能爆炸，我们还要能在更高水平上掌握控制权，以免我们在爆炸中身首异处。"

大多数关注"价值锁定"的研究人员都在考虑人工智能问题，不过还有一种更一般的说法。牛津大学学者威尔·麦克斯基尔（Will Macskill）将其总结为："最关键的点是我们如何开发用于设计谋划人类后代的动力和价值的技术（可能通过 AI，但也可能通过其他技术，例如基因工程或先进的洗脑技术）。"换句话说，如果我们在这一步形成的是足够专制和强大的威权，新技术可能意味着子孙后代将无力推翻或改革它。

群体行动

关于 21 世纪如何与众不同，还有最后一种理据。在大多数历史上，即使人类就某一种行动方针达成一致，整个世界也无法围绕这种方针进行协调，而全球通信技术改变了这一点。

在涉及人类交往的情况下，群体行动问题无处不在，因此它也是经济学和政治科学的核心。例如，诺贝尔经济学奖获得者埃莉诺·奥斯特罗姆（Elinor Ostrom）就声称，"群体行动理论是政治学的中心主题"。任何时候，只要个人在不付出时间和精力的情况下可以从他人的昂贵行动中受益时，社会就会面临群体行动的困境。而在这种困境中，人类并非一筹莫展，而是可以找到应对机制的。21世纪的一个关键任务，就是去发现并实行这样的应对机制，由此在全人类的层面上达成一致并开展共同行动。

同样，在大多数历史上，经济增长缓慢或者根本没有增长。而现在，经济正在快速地增长，各行各业都充满了变革性。有人认为这不可能持续到遥远的未来，因为各国仍然在使用20世纪的标准来衡量幸福感，这个标准就是国内生产总值（GDP）。为了全球经济的可持续发展，我们既需要捕捉生产资本和金融资本，也需要重视劳动力技能（人力资本）、社会凝聚力（社会资本）和环境价值（自然资本）。

形成未来的两条道路

所有这一切，使得21世纪成为一个不寻常的世纪，也许是决心改变世界的人们被赋予这样做的非同寻常的权力的世纪。有关21世纪是否可以称为"人类历史上最重要的世纪"，不论你同意也好，不同意也好，似乎都是主观抽象的看法。然而对这个问题的回答，其实绝非无关紧要。

如果 21 世纪是一个非常关键的世纪，那么对长期未来而言，最好将重点放在我们面前的紧迫挑战上，比如将我们所有的资源都用于应对即将到来的最大威胁。而如果它并不那么关键，那么我们专注于如何塑造子孙后代就更有意义了——也许建立新的长期机构，资助哲学和伦理研究，以及努力改善网络时代的教育，对未来才是更重要的。

一些研究远景的人认为，我们最需要采取有针对性的干预措施以使远景变得美好。所谓有针对性的干预好有一比，就像阻止小行星撞击地球一样。其他人则倾向于以非常广泛的方式来帮助构建遥远的未来，例如使民众变得更加利他、受到良好教育或富有同情心，相信无论未来遇到什么问题，这些方式都可能提供帮助。由此，判定 21 世纪是否独特，或者至少是非同寻常，可能会影响到一个决断：到底是有针对性的干预好，还是广泛的帮助更好？

我想引用过去 10 年来量子技术的快速发展来进一步说明这一点。未来虽仍然是不可预测的，但幸运的是，量子理论告诉我们，不可预测不一定是一件坏事。实际上，可以将两个量子位锁定在一起，以使它们各自都不确定，但同时它们又可以完美地实现同步——两个量子位均为 0 或均为 1。也许它也为我们如何面对未来提供了一个教训。通过负责任的计划，同时也包含未来的不确定性，人类可以提高为未来做好准备的概率。

简而言之，我们如何看待 21 世纪的威胁，可能会大大影响我们如何应对这些威胁。而当全世界最需要大国携手处理一些关键事情的时候，有的国家却渐行渐远。这进一步加剧了我们面临的风险，更加使得21世纪成为人类历史上最重要的世纪。

水平化·多极化
底层关键词

全球化已在我们身后

《纽约时报》的国际事务专栏作家托马斯·弗里德曼（Thomas L. Friedman）在2005年推出了他的又一部有关全球化趋势的专著《世界是平的：21世纪简史》(*The World Is Flat: A Brief History of the Twenty-first Century*)，用一种无可置疑的口气宣称，"世界是平的"，就像当年克里斯托弗·哥伦布（Christopher Columbus）航行至新大陆，然后向西班牙国王斐迪南二世（Ferdinand Ⅱ）和女王伊莎贝拉一世（Isabella I of Castile）报告"地球是圆的"一样，他自认为有了一个惊天动地的大发现。

"世界是平的"，意味着在今天这样一个因信息技术而紧密互联的世界中，全球市场、劳动力和产品都可以被整个世界共享，一切都有可能通过最有效率和最低成本的方式实现。弗里德曼这里所谓的"平"，实际上意指一种紧密相连的状态：贸易和政治壁垒的减少、数字化革命的急剧发展，这一切都使得我们几乎可以和地球上亿万同胞同时做生意，甚至同时做任何其他的事情。

个人的全球化时代：从垂直到水平

在弗里德曼的上一部畅销书《世界是平的：" 凌志汽车 " 和 " 橄榄树 " 的视角》（ *The Lexus and the Olive Tree: Understanding Globalization* ）中，我们已经知道，他是一个全球化福音书的布道者。在这部著作中，弗里德曼更新了他对全球化的认识，将全球化分为 3 个阶段，并利用网络术语分别称之为 1.0、2.0 和 3.0 版本的全球化。

1.0 版的全球化主要是国家的全球化。达·伽马（ Vasco da Gama ）和哥伦布代表他们的国家利益探索世界，从而使他们的国家参与全球化，这时 1.0 版的全球化就开始了，直到最后随着第一次世界大战的爆发而结束。这一段时间决定性的因素是国力的强弱，包括武力、马力、风力和后来的蒸汽动力，它将世界从 " 大号 " 缩小到 " 中号 "。

这之后，开始了 2.0 版的全球化，即公司的全球化，该阶段从第二次世界大战后一直延续到 2000 年，它真正目睹了全球化经济的诞生：跨国公司为了市场和劳力开始进行全球性的议价套利，使世界继续从 " 中号 " 缩小为 " 小号 "。（《世界是平的：" 凌志汽车 " 和 " 橄榄树 " 的视角》写的就是这一阶段的情况。）

全球化的最新阶段则从 2000 年开始，3.0 版的全球化将世界从 " 小号 " 缩为 " 极小号 "，同时夷平了全球的经济舞台。

但这一时代真正独特的地方在于，它不是国家全球化，不是公司全球化，而是个人持续的全球化。个人必须越来越以全球化的角度思考，将自己置于全球化的浪潮之中。如果说前两个阶段全球化的驱动力是蒸汽船、铁路、电话、电报和电脑等硬件，那么最新阶段全球化的驱动力则是软件和网络，它们将全球紧密地联系在一起，"海内存知己，天涯若比邻"。如果说前两个阶段的全球化主要由欧美发动，那么最新阶段的全球化则向全球各种肤色的人都敞开了大门。

弗里德曼说，在个人全球化的时代，我们每个人都必须将自己"水平化"。我们必须改变自身的工作习惯、学习习惯，必须有创意地修正这些习惯去适应崭新的平台。这是因为，我们正在离开一个以垂直控制与指挥来创造价值的世界，而走入一个与他人联结、与他人合作来创造价值的世界。人类社会目前处于这一巨变的前端，一切都在从垂直变得水平。

经济学家保罗·大卫（Paul A. David）写了一篇关于电力的文章，给弗里德曼的说法提供了注脚。他问了一个问题：当电力首次出现的时候，为什么人类的生产力没有突然增加？他研究的结果是，要获得电力马达取代蒸汽引擎的生产力提升，人们必须先重新设计建筑，把高大的可以容纳蒸汽引擎和各种滑轮的多层建筑物改成小型的低矮建筑，让工厂可利用电力马达运转。此后，管理者还要改变他们的管理方法，工人必须修正他们的生产方式，有难以计数的习惯和结构等待改变。一旦这些改变在某个转折点产生汇集，轰的一声，人类就会真正获得电力所导致的生产力大幅提升。弗里德曼认为，今天我们身处如同电力的改变所显示的进程一样，每个人都需要学习改变习惯，将自己水平化。

弗里德曼说，全球化无可阻挡，美国的工人、财务人员、工程师和程序员现在必须与远在中国和印度的那些同样优秀或同样差劲的劳动力竞争，他们中更有竞争力的将会胜出。书中甚至煽情地写道："小时候我常听爸妈说：ّ儿子啊，乖乖把饭吃完，因为中国跟印度的小孩没饭吃。'现在我则说：ّ女儿啊，乖乖把书念完，因为中国跟印度的小孩正等着抢你的饭碗。'"

可以看出，弗里德曼把全球化当作"顺我者昌，逆我者亡"的力量，他的这种信念到了不乏偏执的地步，以至于有人嘲讽他患了必然性综合征（The Inevitability Syndrome，TIS）。

托马斯·弗兰克（Thomas Frank）尖锐地批评说，弗里德曼的策略是"强行把全球化作为人类文明的终极目标灌入人们的大脑，宣扬全球化可以令我们致富，给我们自由，提升所有地方的所有人与事"。企业首脑、金融分析师和主流政策制定者无疑会赞赏他的新自由主义全球化不可避免的论调。然而，来自各界的反对全球化的声音，在弗里德曼那里却好像产生不了多少回响。

距离没有消亡，地理边界依然无处不在

问题的本质在于，这个世界是否确如弗里德曼所说，是"平"的。约翰·格雷（John Grey）和约瑟夫·施蒂格利茨（Joseph E. Stiglitz）几年前对全球自由市场的批评，今天对弗里德曼依然有效——尽管全球化在所难免，但它并不等同于全球自由市场。弗里德曼未能检讨经济自由主义令人遗憾的后

果——它对教育、健康和环境的负面影响；劳动者收入份额的下降；更大的经济不平等；不受公众约束的企业力量的增长；等等。

《世界是平的：21世纪简史》一书写得引人入胜，作者信手拈来的论据似乎也令人信服，但保罗·克鲁格曼（Paul R.Krugman）的评论一针见血：令人信服的东西不一定是真实的。弗里德曼的主张无疑包含了真相。例如，运输和通信技术的创新的确压缩了时空。但是，尽管世界相对而言已经缩小了，这种缩小却一直并将继续是高度不平衡的。时空的高度可塑性意味着，有些部分会收缩，而其他部分则会相对扩张。绝非任何地方都能从技术创新中受益。从这个意义上来看，世界肯定不是平的。

与"距离的消亡"和"无边界的世界"等迥异，地理边界在今天仍然无处不在，甚至延伸到网络空间。如果说在某个领域中边界应该变得毫无意义，那就应该是互联网。然而，国家和地区内的Web流量增长速度远远快于国家和地区之间的Web流量增长速度。就像在现实世界中一样，互联网连接随着距离而衰减。世界各地的人们可能会越来越紧密地连接在一起，但彼此之间却没有联系。

不仅如此，绝大多数的商业、投资和其他互动都仍然发生在国家内部而不是国家之间。尽管我们到处听到一个新的连线世界浮现，信息、思想、金钱和人员都比以往任何时候更快地在地球上移动，但全球化实际上只存在于一小部分地方。而且，更加致命的是，即使是这样很小程度的全球化也很可能会消失。

一言以蔽之，全球化的未来比你所知道的还要脆弱。不如承认这个现实吧：全球化已经在我们身后。我们应该告别它，并把目光投向新兴的多极世界。这一新兴世界将至少由三大区域所主导：美国、欧盟和以中国为中心的亚洲。它们将在经济政策、自由、安全、技术和社会方面采取截然不同的做法。中型国家将很难在世界上找到自己的位置，同时新的小规模的地区联盟将可能出现。而20世纪的国际机构——世界银行、国际货币基金组织和世界贸易组织等——将变得越来越无足轻重。

世界的未来：多极化

"杀死"全球化的有好几股力量。

首先，全球化的副作用日益显现：财富不平等、跨国公司的统治以及全球供应链的分散，这些都已成为热门的政治问题，使得在政治上反对全球化成为一种时尚。诸如民粹主义在多国的兴起，监管、贸易和制造业的变化以及对世界各地人员流动的日益严格限制等因素，似乎正在促成一种新的趋势：去全球化，或是撤退到地方主义或民族主义。

其次，和弗里德曼所认定的技术令世界变平的看法迥异，科技公司似乎正在推动去全球化趋势，或者它们成为各国政府实施此类变化的工具。例如，当多个企业由于新冠肺炎疫情突然意识到依赖于复杂全球供应链的风险，它们面临3种选择：第一种是从中国向越南或印度尼西亚等其他亚洲经济体转移，实现多元化经营。第二种是缩短供应链，比如美国公司将生产转移到墨西哥，欧洲公司则转移到东欧或土耳其。第三种是发达经济体投资于机器人和 3D 打印，以在本地更接近消费者的地方生产。最后，这一选择将会是技术大显身手的地方。

还有，新冠肺炎疫情成为本土主义者和保护主义者的"天赐礼物"，很可能对人员和货物的自由流动产生长期影响。它可能减少全球商务旅行者的高度流动性；促使许多企业重塑其供应链，并投资于更具弹性且通常更加本地化的生产模式。而且，毫无疑问地，它会为偏爱更多贸易保护和移民管制的民族主义者提供政治饲料。新冠病毒在全球范围内的传播速度，使人们感觉自己可以轻易受到看似遥远的来自外国的威胁，从而为那些认为关闭边界是解决各种祸害的方法的人提供了更大的合法性。可以预见，新冠病毒危机或许意味着我们将迎来一个全球化程度较低的世界。就算大流行和恐慌症消退，那些认为对世界各地的人和产品保持开放通常是好事的人，将需要以新颖和有说服力的方式为全球化辩护。

在多极世界中，日益不同的做事方式之间的摩擦、误解和冲突的可能性很高。从本质上来说，多极化意味着不同的主导区域不会讲一种通用语言，即使多极化基于经济实力的日益分散和区域化，它也会以其他方式表达，尤其是军事力量、政治和网络自由、技术成熟度、金融部门的增长以及对文化优势和信心的更高意识。人员、思想和资本的流动可能不那么全球化，而是更具区域性。世界见证了西方式自由民主的峰值，而一个更加多极化的世界可能构成一个分水岭，标志着各极为争夺体制实力、治国方略和控制权而展开的全面角逐。

生产率悖论·技术解决主义
底层关键词

"技术解决主义"的愚蠢

当你听到"技术"一词时会作何想？你认为它是喷气式飞机、太阳能发电和水下养殖业，还是它意味着智能手机和机器学习算法？

人们的回答大概率是后者。当电视财经节目中一位神情严肃的播音员说"今天的科技股下跌"时，我们都知道他指的是 Amazon 和 Apple，而不是波音和辉瑞。当我们说技术公司控制了我们的生活时，并不是在谈论食品工业或者医疗产业对日常生活的影响，而是在讲我们离开 Facebook 和微信就寸步难行。这些都标志着当代生活中的一个深层次问题，即我们对什么是技术的定义已然大大缩小，而这种缩小并不是偶然的。

风险资本家彼得·泰尔（Peter Thiel）说："技术现在被定义为'快速变化的技术'。如果其他东西没有被定义为'技术'，我们会把它们过滤掉，甚至完全不去看它们。"

这说明，我们对其他领域的进展十分失望，也不再相信那些领域里存在更大的可能性。如此普遍的认识显示出我们对自己眼里技术的深切希望，但它同时也意味着，人类解决自身所面临问题的视野，正在日益狭窄化，而这可能会产生非常严重的后果。

技术进步了，还是停滞不前？

泰尔常说的一句话是："我们想要会飞的车，但我们得到的却是 140 个字符（指推特）。"20 世纪 50 年代和 60 年代的未来学家预测，到 2000 年，飞行汽车将成为我们日常生活的一部分，但这并没有实现。相反，我们生活在一个以直播、智能手机和社交网络为主的世界中。

《企业家》杂志列举的 10 项可能改变世界的技术。除了 CRISPR、再生医学（regenerative medicine）和火箭再利用，其他 7 项，从量子计算、人工智能和自动化到机器人助理和语音助手，从虚拟与混合现实、无人驾驶到加密货币，无不与遵循摩尔定律的计算机和数据科学相关。该杂志言之凿凿地说，我们正处于另一次技术繁荣的边缘。这些技术将很快成为主流，从而改变整个世界。

其实，只需要反向思考一下就可以认识到，我们正处于其他技术停滞不前的状态。

经济学中最接近技术进步的指标被称为"全要素生产率"（Total Factor Productivity，TFP）。这个概念有点奇怪：它计算在劳动力增长和资本投资之后剩余的生产力增长。当全要素生产率上升时，意味着相同数量的劳力，使用相同数量的土地和机器，工作产出却比以前还多。这是我们衡量难以定义的创新和改进的最佳尝试，正是这些创新和改进，借用乔布斯的著名说法，即做到"更聪明地工作"，不断提高着人类的生活水平。简而言之，如果 TFP 持平，那么生活水平也将停滞。

根据任教于美国西北大学的罗伯特·戈登（Robert Gordon）——一位杰出的宏观经济学家和经济历史学家——的计算，与那些时时给未来涂抹玫瑰色的技术主义者的论调相异，近几十年来，TFP 基本处于持平状态。自 1970 年以来，全要素生产率仅及 1920 年至 1970 年的增长速度的 1/3。如果换成经济学外行也能听懂的话，这意味着我们更穷，工作时间更长，给我们的孙辈留下了一个比我们从祖辈那里所继承的更糟的世界。

在美国，近 20 年来，中位数收入一直停滞不前甚至趋向恶化，即便医疗保健和住房等高价消费项目都日益变得更加昂贵。中产阶级因失业和工资下降而走向"空心化"，美国皮尤研究中心的报告称，从 2000 年到 2014 年，中产阶级占比从 2000 年的 55% 降至 2014 年的 51%。在 25% 的大城市，中产阶级已不足城市半数人口。

如今，美国的社会流动性（即人们在社会阶层结构上的上升跃迁）比大多数欧洲国家都低，这对于这个号称"机会之地"的国家来说构成了一个极度令人不安的事实。创业能力正在下降（技术行业最近取得的惊人成就是例外，而不是规则），工资和福利的发放占 GDP 的百分比也在下降。

那么问题就来了：为什么超级精明的硅谷创始人和风险投资家却在显而易见的社会下行趋势中保持足够的乐观和自满？或许只能用自私自利来解释。经济上其他部类的乏善可陈使硅谷变得更富有、更重要，也更有价值。由于正反馈效应的影响，钱和声望几乎都流向一个领域，它因此获得了足够的势能，不仅自身不断发展壮大，而且还凶猛蚕食其他领域。泰尔形容说："如果你身处 IT 业，就仿佛大饥荒中的农场主。"而饥荒中的农场主处于这样的情形：别人越悲惨，你就越有利可图。

为技术所甩下的……

这些所谓"快速变化的技术"造成了我们的近视。泰尔所比较的"会飞的车 vs 140 个字符"本质上描绘了变化缓慢的原子与飞速变化的比特之间的矛盾。相对于比特世界中的创新，原子世界中的创新极其迟缓。波音 747 第一次飞行是 1969 年，它是全世界首款宽体民用飞机，现在仍然是远途飞行的主力。汽车使用了更少的汽油，也更安全了，只是在高速公路上的行驶速度更快了，但就此而言，与 100 年前相比并无革命性的变化。

比特则不然。四十多年前的手机像砖头一样大，十多年前它开始变得小而轻，但还是手机。今天它集照相机、摄像机、收音机、电视机、信用卡、健康管理设备和办公工具的功能于一体。

也许手机这类电子设备的进步分散了我们对社区停滞的注意力。屏幕到处都是，它们是分散注意力的好工具，有效地阻止了我们观察周围的环境。其实，如果把快速变化理解为技术的核心本质，那么就意味着，必定有许多组织、政策和实践都被抛在了后面。最可怕的就是，整个社会群体被甩下高速奔驰的列车。

仅以老年群体为例。当青少年通过 Zoom（一款多人手机云视频会议软件）彼此庆祝生日，孩子们一边打游戏一边与小伙伴聊天，年轻人通过 App 叫外卖、打出租车时，可曾想到很多老年人对这些技术的恐惧和不适？

根据欧盟统计局（Eurostat）2018 年的数据，在欧盟，年龄在 75 岁以上的人中，有 87% 的人从未上过网。大多数为网络交流而设计的技术都依赖于看、听和读的能力，这意味着出于健康状况，很大一部分老年人无缘网络。

在欧盟，75 岁以上的老年人中有 9% 患有严重的视力障碍，有 18% 存在严重的听力障碍。而皮尤研究中心 2014 年的统计数据显示，美国 23% 的老年人表示他们的身体或健康状况使他们无法顺畅地阅读。可以相信，这些统计数据中所包含的群体无法完全参与主流技术。

除了健康以外，关于技术的知识对于网络交流也非常重要，而缺乏这种知识是阻止许多老年人参与技术的一个关键因素。老年人的反应灵敏度下降，这使得他们跟上快节奏的技术变得更加困难。多达 77% 的美国老年人报告说，在尝试学习如何使用智能手机或平板电脑时，他们将需要帮助。此外，在那些已经上网但尚未使用社交网站的人中，有 56% 的人报告说，如果没人帮助，他们不知道如何与亲朋好友建立联系。

由于 TMT[①] 技术一路高歌，它已把自身化作了成员全面参与社会的关键前提。但如果这个社会不为老年人提供对技术的访问和培训，就等于将他们拒之门外，从而加剧本已令人担忧的老年孤立和孤独的趋势。

如果一位老人在生命的最后一年或最后一个季度被困在养老院或家中的房间内，无法看到和接触到他人，那么这样的晚景也相当悲惨。这一点也再次证明了技术的无能：无论网络多么高歌猛进，技术也无法取代人的接触。

第三次工业革命：有限的增长引擎

有一种论证方法叫作"所有人都知道"，这是技术解决主义者最常用的方法。

什么叫"技术解决主义"？按照互联网批评家叶夫根尼·莫罗佐夫（Evgeny Morozov）的定义，这是一种狭窄的意识形态，把政治、公共卫生、教育和执法等复杂的社会现象重新设定为"定义简单干脆、具有确定的可计算解决方案的问题"，或将其当作某种透明且不言而喻的流程，只要有合适的算法，就可以轻松地进行优化。

一个技术解决主义者常常会宣称，我们身处的时代是一个革命性的、颠覆一切的时代。比如，所有人都知道，技术创新

---

① TMT 是科技（Technology）、媒体（Media）和电信（Telecom）3 个单词的首字母缩写，TMT 产业是以互联网等媒体为基础将高科技公司和电信业等行业连接起来的新兴产业。

正在以前所未有的速度重塑世界。证据看上去到处都是：它在我们的口袋里，一个小小的设备，里面存放着近乎与人类生产的总体知识相近的东西；它在我们的孩子中，让他们整日盯着屏幕，离开屏幕的中介，就不知道该如何与整个世界发生关系；它在我们的股票市场内，大技术公司争戴地球上市值最高公司的桂冠。2020年8月，苹果公司市值率先突破2万亿美元，而从1万亿美元到2万亿美元仅仅用时2年。看到这些，谁还能够怀疑我们不是生活在一个技术奇迹主导的时代？

然而，经济学家们却长期困惑于一个现象：找不到新技术带来的生产率提升的证据。美国著名经济学家拉里·萨默斯（Larry Summers）在2015年的一次演讲中说："一方面，我们拥有大量证据，表明技术具有巨大而普遍的影响；另一方面，过去12年的生产率统计数据令人沮丧。任何完全令人满意的观点都必须使这两个观察结果相吻合，而我还没有听到吻合的解释。"

如果追溯历史，我们发现，第二次工业革命的全要素生产率远远高于第三次工业革命。罗伯特·戈登在《美国增长的起落》（*The Rise and Fall of American Growth*）这本书里用大量数据来分析全要素生产率，他的样本是以1970年为分界线，此前增长迅猛，此后增长一路放缓。1970年以来的几十年并没有发生1870—1970年那样的革命性变化。数据显示，第三次工业革命的全要素生产率只有第二次工业革命的1/3。

在1870年至1970年的一个世纪里，一场经济变革席卷美国，使美国人民的生活水平空前提高。在美国的这个"独特世纪"中，劳动生产率加速提升，尤其是在 1928—1950 年的"大跨越"时期，美国劳动生产率在短短 22 年间翻了一番。为什么产生了这样的生产率增长奇迹？这是因为，第二次工业革命的增长引擎非常之多，新发明层出不穷。

具体而言，戈登认为，电力、城市卫生、化学与制药、内燃机和现代通信这"五大发明"推动了从 1870 年到 1970 年这 100 年间的经济发展，而信息科技革命与其中任何一项发明都无法比拟。生活在这个百年间的人见证了内燃机、电力、电灯、室内管道、洗衣机、汽车、电话、飞机、空调等革命性技术，从电力到家电，从服装到高速公路，新出现的东西可以延续很长时间的增长。相比之下，第三次工业革命仅限于信息和通信领域，对整体经济增长率的贡献影响小、时间短。

IT 投资有回报吗

这种历史比较是不是让你感觉很意外？戈登是现代经济增长理论大家罗伯特·索洛（Robert Solow）的学生。对于技术的态度，两人有些接近，都认为技术可能远没有大家所想的那么神奇。《美国增长的起落》预测美国可能会面临经济低迷，主要原因在于未来的发明不可能像 1870 年到 1970 年那个"独特世纪"里的创造那样具有革命性。这一观点在技术解决主义大行其道的今天，注定引发巨大的争议。

索洛在 1987 年有句名言："到处都可以看到计算机时代，只有生产率统计除外。"为了看看戈登所言是否正确，不妨也回顾一下计算机时代的经济史。

美国经济自 1991 年 3 月起持续增长 112 个月,创造了第二次世界大战后经济史上的奇迹。1996 年 12 月 30 日,美国《商业周刊》率先提出"新经济"的概念,认为其主要动力是信息技术革命和经济全球化浪潮。但是这一命名旋即招致多种质疑,其根源可以追溯到索洛提出的"生产率悖论":在他看来,信息技术革命似乎只是在投入上轰轰烈烈,在产出绩效上并不显著。

表面上看,20 世纪 90 年代末期生产率的突然提高似乎解决了索洛的悖论,那时,新发表的学术研究成果有力地论证了计算机化与生产率之间的关系。美国联邦储备委员会的两位经济学家史蒂芬·欧莱纳(Stephen D. Oliner)和丹尼尔·西彻尔(Daniel E. Sichel)在 2000 年 2 月的报告中指出,计算机在 20 世纪 90 年代早期"只做出了相对较小的贡献","但这种贡献在 20 世纪 90 年代的后 5 年里突然一下就提升了"。这两位研究者得出结论:"IT 是隐藏在生产率增长之后的关键因素。"

在 2000 年 3 月 6 日的一次演讲中,一向以谨慎出名的美联储主席艾伦·格林斯潘(Alan Greenspan)明确地把"生产率增长的复苏"归因于"信息技术的革命"。他热情洋溢的评论标志着牛市的顶峰和 IT 支出的增长达到鼎盛时期。

只是到了后来,人们才认识到,IT 投资在 20 世纪 90 年代大部分表面上的"高收益率"最后都没有给企业带来任何形式的回报,有一部分采购的东西竟然连用都没有用过。麦肯锡公司对 20 世纪 90 年代 10 年间生产率增长情况的研究发现,收益主要集中在少数几个行业，尤其是计算机及其相关产品的制造业。在1993—2000年间，美国整个生产率增长的36%来自半导体、计算机集成和电信这3个与IT相关的部门，而它们在美国经济中仅占8%的份额。生产率增长的40%来自零售、批发和证券经纪3个行业，它们占整个美国经济的24%。总的来说，代表了GDP的32%的6个行业占到了生产率增长的76%。其他的行业要么是微利行业，要么就处于实际的下滑阶段。而生产率增长的行业中，尽管IT应用上的创新十分重要，但是"竞争的不断加剧"才是"最关键的催化剂"。

信息通信技术革命是否带来美国生产率的提高和经济的结构性变化，由此成为一个争论不休的问题。2003年5月《哈佛商业评论》发表尼古拉斯·卡尔（Nicholas G. Carr）的文章，认为IT不再重要（IT Doesn't Matter），引发了一场世界范围内关于IT重要性的广泛而激烈的争论。卡尔后来把自己的观点进一步充实完善，出版了《冷眼看IT》（*Does IT Matter? Information Technology and the Corrosion of Competitive Advantage*）一书，指出尽管计算机应用于商业已有50多年历史，然而它对整个商业的影响，尤其是对企业绩效方面的影响，却尚无定论。对他的论点，反对者和支持者各执一词，微软公司前首席执行官史蒂夫·鲍尔默（Steve Ballmer）称卡尔"胡说八道"，《新闻周刊》却载文赞扬卡尔"戳破了某些IT圈内人士不切实际和自私自利的虚伪之词"。

测定IT对生产率的影响绝非小事。它有助于经济学家和政治家们对未来的经济形势做出更准确的预测，也对企业怎样投资以及在哪里投资的决策大有裨益；同时，它还有助于推动国家和地区 IT 基础设施的发展。

美国商务部自 1998 年开始发布数字经济年报，实证性地解析新经济的绩效。它论证的基本思路从促进增长、抑制通货膨胀和增加就业这 3 个宏观经济目标的角度入手。区别于往年的报告，在 2003 年的报告中，人们第一次得到了在一个完整的经济周期各个阶段上新经济的数据检验。索洛曾经提出，只有当经济经受住 IT 时代的首次衰退，IT 对于生产率的持久作用才能明朗。随着经济衰退的结束和经济复苏的到来，对新经济的观测也第一次取得了衰退期和复苏期的数据。

在以往案例归纳的基础上，美国商务部的报告一方面认为，在 IT 上投资的企业比没有 IT 投资的企业更具生产能力，运营得更好；另一方面又指出，"单纯地购买 IT 并不必然产生利润，其他投资，例如重组工作流程和对于劳动力的再培训也同样不可或缺"。这和经济学家的意见是一致的。例如，埃里克·布莱恩约弗森（Erik Brynjolfsson）和洛林·希特（Lorin Hitt）证明，IT 在大幅度提升企业的生产率方面需要花费多年时间，并且企业的收益不仅取决于技术本身，还取决于相关的企业流程和组织创新。

看来，实情似乎是：在一些行业，IT 有相当大的甚至是变革性的推动作用，但是只有当商业实践、竞争以及制度发生更大的变化并与 IT 结合后，这种作用才会发生。

硅谷的反对之声：生产率衡量了错误的东西

很多高科技产业人士提出，生产率或许是在衡量错误的事物。

比如，比尔·盖茨（Bill Gates）就认为，近年来改善我们生活的若干服务——数码照片，更轻松的酒店预订，便宜的GPS（全球定位系统），与朋友的几乎无成本的交流等，不能被生产率数据很好地捕捉到。生产率的衡量标准是基于经济体生产的商品和服务的总和。但是许多数字时代的产品都是免费赠送的，因此永远没有机会在GDP统计数据中展示自己。

以手机地图为例，对那些从来搞不清楚方向的人，手机地图改变了他们的生活。按道理他们应该为这样的产品支付上千元。但实际上，用户什么钱也不付。就其对GDP的直接贡献而言，手机地图厂商通过将用户数据反馈给公司来促进广告业务，以便他们可以更精准地推送广告，也会增加用户为电信运营商付出的流量费用。但这点钱对于手机地图厂商或整个经济而言，根本无足轻重。

这就是我们眼下衡量GDP的系统性问题：它擅长为企业捕捉价值，但不擅长为个人捕捉价值。当GPS技术被卡车公司和物流公司采用时，生产率会翻倍，但该技术的价格在手机上基本降为零。它被个人和家庭采用，因此，有理由相信个人和家庭生产率会提高，可这种提高又不被生产率统计数据真正衡量。

用户为手机地图支付的价格与自身从中获得的价值之间的

差距被称为"消费者剩余"（consumer surplus），这是硅谷针对生产率悖论的最佳辩护。其关键在于如此众多的了不起的新技术对消费者免费或几乎免费。这就是风险投资家马克·安迪森（Mark Andreessen）所说的，硅谷的创新"本质上是通缩的"，即使是快速发展的科技也可能不会出现在GDP或生产率数据上。也许我们生活在一个瞬息万变的时代——我们使用的产品变得越来越好，更新也越来越快，以至于我们试图解释技术进步的正常方法正在瓦解。

再考虑一下手机地图的例子。的确，使用这样的应用程序是免费的。但是，它所带来的生产率的提高应该体现在经济的其他部分。如果我们能更快、更可靠地到达目的地，那将使我们能够制造更多的东西，举行更多的会议，建立更多的联系，创造更多的价值。汽车和火车就是这样：它们对经济的真正价值不仅仅是出售汽车、车票或汽油，而在于它们彻底改变了我们的工作和生活。

评估数字时代进步的最好方法可能是尝试依照使用Facebook之类的服务的时间来定价。消费者在Facebook和谷歌等服务上花费的主要成本不是宽带访问、手机服务、平板电脑或计算机的售价，而是时间的机会成本。

而这个机会成本有一个重要维度：时间并不主要花在工作和生产上，而是花在娱乐和放松上。换句话说，为什么我们老是感受不到技术对改善经济的影响？一个简单的解释是，它并没有在很大程度上改变我们的工作方式，而是改变了我们的娱乐和休闲。

数字技术改变了媒体和娱乐产业中的少数领域，但它们却占据了不成比例的头脑份额。机器人并没有取代我们的工作，而是正在接管我们的休闲。来自美国时间使用调查的数据表明，美国人平均花费约 23% 的清醒时间看电视、阅读或游戏。有了 Netflix、高清电视、Kindle、iPad 以及其他东西，很容易给人一种印象，即生活已经被数字技术彻底改变。

不妨说，技术的确改变了我们的生活方式，但它需要改变我们的工作方式才行。

效率和优化不能压倒一切

由上可知，谈论技术创新以前所未有的速度重塑了经济，证据并不像表面上看起来那样充分。因此，技术解决主义为我们提供的出路，也并没有呈现玫瑰色。

莫罗佐夫对技术解决主义提出了两点质疑。首先，技术解决主义者经常把公共问题化作更小的私人问题。公共政策由此变异成为鼓励人们优化自己的行为，做出更好的个人选择。其次，技术解决主义者急于"治愈"一切"恶习"。殊不知，生活中的一些美好事物来自无知而非知识，来自不透明而非透明，来自矛盾性而非确定性，来自模糊性而非精确性，来自混乱的思考而非简洁的效率。

肯·奥尔德（Ken Alder）写过一部关于工程师和法国革命的书，他认为工程师实际上是最具革命性的职业之一，因为工程师非常热衷于"破坏"，总是渴望寻找最有效的解决方案。

他写道："工程学的运作基于一个简单而又激进的假设：现在只不过是构建一个更好的未来的原材料。在这个过程中，没有任何现有的安排被认为是神圣不可侵犯的，一切都要根据目前的愿望来审查，所有的做法都要根据理性的要求来重新塑造。"

必须承认，这种革命精神有很多值得我们喜欢的地方，至少在理论上。我们都不想做处于现状的卫道士，但这并不意味着所有的东西都该被破坏，特别是当效率成为我们的指导性原则时。技术解决主义者可能没有深刻意识到，当代的许多政治和社会安排都建立在这样一种想法之上：隐含地将低效率作为提高其他重要价值的必要成本。

有个说法是，用更少的人来完成更多更好的工作，所以所有机构的目的都是不断地提高效率。但是效率的极限在哪里？有没有可能出现一种情况，只有少数人在一个地方通过高效的工作获得很好的回报，同时有相当多的人被这辆效率列车给甩掉？

技术解决主义热衷于发现待修复的问题，但莫罗佐夫精辟地指出，一些"问题"之所以成为问题，只是因为我们被某些工具所武装，使我们偏向于将它们确定为问题。现实世界中极其复杂、多变和有争议的问题，并不需要用技术解决主义者所定义的那种单一的、包罗万象的方式来定义。所以，讨论技术解决的时候，首先还不是看解决方案，而是看解决者对问题本身的定义。

而且，很多问题既无法通过技术手段得到解决，更有可能在技术解决的过程中产生意想不到的后果，最终可能比他们试图解决的问题造成更大的损害。

如果城市配备大量摄像头和运动传感器，监视街道上人们的一举一动，虽然可能会降低犯罪率，但人们却也因此不再生活在自由的世界。如果进入地铁需要安检，开始你只是觉得不便，然后你发现更糟糕的是在入站口有人查你的身份证，安检反而能够接受，其实监控技术就是这样一步步让你容忍它的。通过类似的许多小步骤，安全与自由的关系悄然发生了巨大的变化。

监控技术大行其道，并非因为犯罪威胁增加了，而是因为现在有了施行这种技术的可能性。在此，可以很清楚地看到，技术投入的方式因其自身的存在而决定，非关技术的用途。

越多的技术决定人们的生活，人们就越不能训练自己的判断力，也就不能决断自己的道德行为。打破技术解决主义的唯一办法，是以人为中心，让技术适应人，而不是强迫人适应某种特定的技术。如果技术自我膨胀，为了自己的目的限制人的权利与自由，更甚一步，意欲替人类代行道德判断，那么，就是抛弃这种技术的时候了。

图书在版编目（CIP）数据

流行之道：在潮流中把握真实世界 / 胡泳著 . -- 北京：北京联合出版公司, 2022.11
ISBN 978-7-5596-6304-7

Ⅰ.①流… Ⅱ.①胡… Ⅲ.①传播学-研究 Ⅳ.① G206

中国版本图书馆 CIP 数据核字（2022）第 112729 号

流行之道：在潮流中把握真实世界
作　　者：胡　泳
出 品 人：赵红仕
策　　划：张　缘
责任编辑：孙志文
封面设计：合和工作室
版式设计：张　敏
责任编审：赵　娜

北京联合出版公司出版
（北京市西城区德外大街 83 号楼 9 层 100088）
北京华景时代文化传媒有限公司发行
北京中科印刷有限公司印刷　　新华书店经销
字数 233 千字　　880 毫米 ×1230 毫米　　1/32　　11 印张
2022 年 11 月第 1 版　　2022 年 11 月第 1 次印刷
ISBN 978-7-5596-6304-7
定价：68.00 元

版权所有，侵权必究
未经许可，不得以任何方式复制或抄袭本书部分或全部内容
本书若有质量问题，请与本公司图书销售中心联系调换。电话：（010）83626929